당신도 명리의 고수가 될 수 있다

# 四柱命理 완전정복
<sub>사 주 명 리</sub>

4
운세 활용
대운·세운

사주명리 완전정복 운세활용 - 대운·세운(활용 4)

초판발행 2019년 01월 01일
초판인쇄 2019년 01월 01일

지 은 이   무공無空 김낙범
펴 낸 이   김 민 철
펴 낸 곳   문 원 북
디 자 인   정 한 얼 (haneol0426@gmail.com)
일러스트   김 유 나 (lacryma83@naver.com)
등록번호   제 4-197호
등록일자   1992년 12월 5일
주    소   서울시 마포구 토정로 222 한국출판콘텐츠센터 422
대표전화   02-2634-9846   팩 스 02-2365-9846
이 메 일   wellpine@hanmail.net
홈페이지   http://cafe.daum.net/samjai

ISBN 978-89-7461-429-4

이 책은 저작권법에 의해 보호를 받는 저작물이므로 저자와 출판사의 동의 없이 내용의 일부를 인용하거나 발췌하는 것을 금합니다. 이 도서의 국립중앙도서관 출판사도서목록(CIP)은 서지정보유통지원 시스템 홈페이지(http://seoji.nl.go.kr)와 국가자료공동목록시스템(http://www.nl.go.kr/kolisnet)에서 이용하실 수 있습니다. (CIP제어번호 : CIP2018040004)

※ 파손된 책은 구입처에서 교환해 드립니다.

## 들어가며

### 사주팔자를 쉽게 통변할 수 없을까?

나름대로 사주명리를 공부하였지만 막상 사주팔자를 펼쳐 놓고 보면
통변을 하지 못하여 답답한 경우가 많았습니다.
사주명리를 공부하는 사람이라면 누구나 겪는 문제입니다.

무엇이 문제인가?
음양오행에 대한 이해를 하였고 육신과 육친을 이해를 하였으며
격국용신과 억부용신 그리고 조후용신을 이해하였으며
각종 신살도 이해하였지만 통변을 하려고 하면 안 되는 것입니다.

통변이 안 되는 이유가 도대체 무엇인지 알기 위하여 수년간을 통변 연구에 매진하면서 깨달은 것은 수박 겉만 보았지 정작 속을 맛보지 못하였다는 것입니다.

사주의 각종 이론을 섭렵하였으나 사주팔자와 대운과 세운이 원하는 것이 무엇인지를 몰랐던 것입니다. 사주팔자와 대운과 세운은 세월의 변화를 겪는 과정에서 자연적으로 변화하는 운세를 감지하고 적절하게 삶을 변화시키라고 주문하고 있는 것을 알아차리지 못하였던 것입니다.

사주팔자가 기본적으로 가지고 있는 성격과 적성 그리고 능력은 세월에 의하여 변하는 것이 자연의 법칙입니다. 이러한 자연의 법칙을 간과하고 사주팔자의 겉모습만 보고 판단하려고 하였던 것입니다.

통변이란 사주팔자에 있는 여덟 글자가 대운과 세운과 결합하여
움직이는 현상을 보고 삶이 변화하는 패턴을 알아내는 것입니다.

사주팔자는 스스로 변화한다는 것을 알아야 합니다.
태어날 때 사주팔자가 정해지는 것은 당연합니다.
탯줄을 끊어내고 스스로 호흡을 하는 그 순간부터 자신의 운명은 시작되는 것입니다. 제왕절개로 태어나면서 사주팔자를 인위적으로 조절하여도 역시 스스로 호흡하는 순간부터 운명은 시작되는 것입니다.

사람이 태어나면서 스스로 성장을 하듯이 사주팔자도 스스로 성장을 하면서 운세에 따라 운명을 스스로 변화시키는 것이 사주팔자와 운의 역할입니다.

자연의 대기의 압력이 일정하다면 바람이 불지 않고 태풍이 일어나지 않습니다.
기압의 태과불급에 의하여 고기압과 저기압의 편차로 인하여 바람과 태풍이 부는 것입니다. 편차가 작으면 작은 바람이 불지만 편차가 크면 큰 바람이 불기 마련입니다.

사주팔자가 변화한다는 것은 자연의 현상과 같아서 음양오행의 태과불급에 의하여 발생한 편차로 인하여 삶의 변화가 생기는 것입니다. 이것은 사주팔자가 스스로 균형을 유지하는 자연적인 변화이며 흐름이기 때문에 사주팔자의 변화에 대처하지 못하면 삶은 어렵고 힘들어 지는 것입니다.

운세의 변화로 운명이 변화하는 것입니다.
운세運勢란 사주팔자의 기세氣勢가 세월에 의하여 운행하는 것을 말합니다.
사주팔자는 기세의 태과불급의 균형을 유지하기 위하여 운세를 스스로 변화시키며 운명도 변화시키고 있는 것입니다.
통변은 바로 이러한 운세의 변화를 읽어야 하는 것입니다.

사주명리를 공부하는 목적은 운명의 변화를 알고
적절하게 대처하며 자유의지에 의한 개운으로 현명한 선택을 하여
삶을 편안하고 행복하게 만들기 위함입니다.

운세運勢의 태과불급을 조절하는 것을 용신이라고 합니다.
기세의 태과불급을 조절하는 운세의 작용이 운명의 변화이므로 이러한 변화를 읽어야 통변을 할 수 있는 것입니다.
운세의 변화를 읽고자 한다면 사주팔자와 대운에서 작용하는 태과불급의 정도를 파악하고 이를 조절하는 용신을 제대로 파악할 수 있어야 하는 것입니다.

용신이란 운세의 태과불급을 조절하는 기준이 되는 것입니다.
용신의 목적에 따라 격국용신, 억부용신, 조후용신 등으로 구별되지만 각자의 역할이 있으므로 다른 것입니다.
용신의 변화를 알면 운명의 변화를 알 수 있습니다.
용신을 공부하기 어려운 것은 운세에 의한 용신의 변화를 제대로 파악하지 못하였기 때문입니다.
용신의 용도는 용신마다 다르지만 태과불급을 조절하는 역할은 모든 용신이 같다고 할 수 있습니다.
용신을 알기 위하여서는 사주팔자의 운세의 균형과 흐름을 파악할 줄 알아야 하는 것입니다. 그래야 운세를 활용할 수 있는 것입니다.

사주팔자에서 주어진 운세의 역량을 파악하고
운세의 태과불급을 조절하는 용신을 파악하고
대운에서 변화하는 작용을 살피며 세운에서 작용하는 것을 안다면
통변은 그리 어려운 것이 아닙니다.

통변은 운세의 기미를 알아차리는 것입니다.
운세의 기미를 알아야 개운으로 삶을 변화시킬 수 있는 것입니다.

무술년 하반기에
무공서원에서

## Contents

들어가며 • 3p

## 제1장 운세의 등급

1. 운세의 개념 • 17p

2. 운세의 등급 • 21p
    1) 운세의 등급이란 • 21p
    2) 운세 등급의 고저 • 24p
        (1) 높은 등급의 운세 • 24p
        (2) 낮은 등급의 운세 • 28p
    3) 성장운세와 하락운세 • 31p
        (1) 안정운세 • 31p
        (2) 성장운세 • 33p
        (3) 하락운세 • 36p
    4) 운세의 등급 조절 • 39p
        (1) 기세의 태과불급 조절 • 39p
        (2) 대운의 기세 조절 작용 • 41p

3. 운세의 변화 • 44p
    1) 운세의 변화 요인 • 44p
    2) 태과불급을 조절하는 운세 • 45p
    3) 대운의 운세 변화 작용 • 46p
    4) 개운 시기 • 49p

4. 운세의 활용 • 54p

  1) 운세에 의한 변화 • 54p

  2) 운세의 작용 시기 • 55p

  3) 세운의 운세 활용 • 57p

5. 기세의 심리 • 58p

  1) 기는 욕구와 자신감 그리고 정신력 • 59p

  2) 세는 능력과 추진력 • 60p

# 제2장 기세의 강약

1. 기세의 개념 • 69p

2. 월령의 기세 • 70p

  1) 월령의 기운 • 70p

  2) 월령의 발현 • 75p

  3) 월령의 변화 • 78p

3. 기의 왕쇠 • 84p

  1) 계절의 왕상휴수 • 84p

  2) 십이운성 • 85p

  3) 토기의 왕쇠 개념화 • 89p

4. 세의 강약 • 93p

  1) 지장간의 세력 • 93p

  2) 세력의 강약 • 96p

5. 기세를 측정하는 방법 • 98p

  1) 지지의 세력으로 측정 • 98p

  2) 십이운성으로 측정 • 103p

  3) 지장간으로 측정 • 106p

6. 천간의 기세판단 • 109p

  1) 음양간의 기세 • 109p

   (1) 음양간의 발전과 성장 • 110p

   (2) 음간과 양간의 기질 • 112p

  2) 천간합의 기세 • 116p

7. 지지의 기세판단 • 119p

  1) 형의 기세 • 119p

   (1) 방합과 삼합에 의한 형작용 • 119p

   (2) 삼형의 기세 • 121p

  2) 충의 기세 • 124p

  3) 방합의 기세 • 128p

  4) 삼합의 기세 • 129p

  5) 지지합의 기세 • 133p

8. 기세의 통변 • 135p

# 제3장 운세의 청탁

1. 운세의 청탁 요인 • 149p
    1) 기세의 태과불급 • 150p
    2) 대운의 작용 • 152p

2. 기세의 청탁 • 153p
    1) 기세 청탁의 유형 • 153p
    2) 기세의 흐름 • 154p
    3) 기세의 균형 • 157p
    4) 순일한 기세의 청탁 • 160p
    5) 대운에 의한 용신의 청탁기능 조절작용 • 167p
        (1) 격국용신의 청탁 • 168p
        (2) 억부용신의 청탁 • 184p
        (3) 전왕용신의 청탁 • 188p
        (4) 조후용신의 청탁 • 190p

# 제4장 운세의 활용

1. 운세의 활용 • 197p

　　1) 운세의 활용시기 • 197p

　　2) 운세의 활용분야 • 198p

2. 학업운세 • 199p

　　1) 학업운세의 개념 • 199p

　　2) 용신에 작용에 의한 학업운세 • 204p

　　3) 추구성향에 따른 학업운세 • 207p

3. 직업운세 • 212p

　　1) 직업의 개념 • 212p

　　　　(1) 직업이란 생존 욕구를 충족하기 위한 수단 • 212p

　　　　(2) 직업이란 사회적 사명을 성취하기 위한 수단 • 213p

　　2) 직업의 적성과 능력 • 214p

　　　　(1) 적성은 하늘에서 부여한 기세의 재능 • 215p

　　　　(2) 능력은 하늘에서 부여한 기세의 역량 • 217p

　　3) 사회적 욕구에 의한 적성과 능력 • 219p

　　　　(1) 명예와 재물에 대한 인식 • 219p

　　　　(2) 재물추구형의 적성과 능력 • 223p

　　　　(3) 명예추구형의 적성과 능력 • 231p

4) 적성과 능력의 운세 활용 • 239p

   (1) 적성과 능력의 성향 • 239p

   (2) 적성과 능력의 계발 • 240p

5) 격용신으로 보는 직업의 적성과 재능 • 247p

   (1) 격용신의 적성과 재능 • 248p

   (2) 식상격의 생산과 인기를 발산하는 재능 • 251p

   (3) 재격의 재물을 소유하거나 관리하는 재능 • 253p

   (4) 관살격의 조직을 관리하고 경영하는 재능 • 255p

   (5) 인수격의 자격으로 인정받는 재능 • 257p

   (6) 록겁격의 독자적이고 자주적인 재능 • 259p

4. 가정운세 • 262p

  1) 가정의 개념 • 262p

    (1) 가정이란 가족이 함께 사는 공간 • 262p

    (2) 금수저와 흙수저의 가정환경 • 263p

    (3) 가정이란 행복을 충족하는 공간 • 265p

  2) 결혼과 배우자 운세 • 266p

    (1) 이상적인 배우자의 조건 • 266p

    (2) 현대적 의미의 겉궁합과 속궁합 • 268p

    (3) 배우자의 성격 • 273p

    (4) 배우자의 직업 • 281p

    (5) 배우자의 집안 • 284p

5. 건강운세 • 285p

　　1) 건강을 지키는 분수 • 285p

　　2) 기세의 태과불급에 의한 질병발생 원인 • 286p

　　3) 사상의 태과불급으로 발생하는 질병 • 287p


6. 성격운세 • 289p

　　1) 성격의 분류 • 290p

　　2) 사주팔자의 선천적 성격과 대운의 후천적 성격 • 292p

　　3) 음양과 사상의 성격적인 특징 • 293p

　　4) 오행의 성격적인 특징 • 296p

　　5) 오행의 심리 • 299p

　　6) 천간과 지장간의 심리 • 301p

　　7) 합극의 심리 • 303p


◆ 마치며 • 316p

# 제1장
# 운세등급

運勢等級

**운세運勢란**
**사주팔자의 청탁으로 운세등급을 정하고**
**대운으로 흐르면서 성장운세와 하락운세를 만들면서**
**운세등급을 조절하는 기세입니다.**

운세등급이 높아지려면
사주팔자의 기세가 강하고
사주팔자의 기세가 균형을 이루고
사주팔자의 기세가 맑아야 하며
대운에서 기세의 흐름이 순조롭고 조화되어야 합니다.

대운에서 기세가 조화되면 성장운세가 만들어지고
운세등급이 높아질 수 있지만
기세가 조화되지 않으면 하락운세가 만들어지고
운세등급이 낮아지게 됩니다.

가장 좋은 삶은 청소년기에 성장운세가 되어
성장과 발전으로 운세등급이 높아지는 것이며
장노년기에 안정운세가 유지되며 결실을 맺는 것입니다.

운세를 통변하는 목적은
운세의 기미를 알아차리고
개운으로 삶에 대처하고자 하는 것입니다.

# 01 운세의 개념

운세運勢란 변화하는 기세氣勢로서 운명을 예측하는 것입니다.

**운명을 예측하기 위하여 점술이 발달하게 됩니다.**
그리스 델포이 신전은 과거 현재 미래를 아는 아폴론이라는 신의 입김이 나오는 곳인데 이곳에서 영감이 발달된 사제들은 아폴론의 입김을 마시고 신탁에 대한 답을 해주었다고 합니다.

신탁神託이란 신에게 운명을 묻는 것으로 사람들은 큰일을 앞두고 일의 결과를 알기 위하여 신에게 제물을 바치며 신탁을 하고 답을 얻어 실행할지의 여부를 판단하였다고 합니다. 신에게 제물을 바치는 행위는 현대까지 전해져 내려오는데 점을 치거나 사주명리로 운세를 예측하기 위하여 지불하는 돈을 복채卜債 또는 복돈이라고 합니다.

고대 중국의 제왕들은 거북의 등껍질을 태워 나오는 무늬를 보고 이것을 해석하여 전쟁 등 큰일을 시행할지 여부를 점쳤다고 합니다.
이후 복희씨伏羲氏가 전한 역易으로 문왕文王과 주공周公이 괘사卦辭와 효사爻辭를 짓고 공자가 십익十翼을 달아 주역周易을 완성하고 법도에 따라 산가지를 뽑아 운명을 점쳤다고 합니다.

주역점은 소강절邵康節에 의하여 매화역수로 발전되고 경방京房에 의하여 육효점六爻占으로 발전되는 등 여러 가지 점술이 개발되어 사람들에게 운명의 궁금증을 풀어 주는 역할을 하였습니다.

또한 제갈공명이나 동방삭東方朔 등은 하도 낙서의 원리에서 개발된 구궁법으로 만들어진 기문둔갑을 병법에 활용하였으며 육임六壬과 태을太乙로 일상사를 점치는 점술이 발달하였다고 합니다.

도교의 진희이陳希夷가 개발한 자미두수는 북극성을 중심으로 변화하는 별들의 움직임으로 인간의 운명을 예측하기도 하였답니다.

이후 당나라 시대에 당사주가 개발되어 민간에 널리 알려지고 서자평徐子平에 의하여 현대 사주명리가 개발되어 오늘날 사람들의 사주팔자의 운세로서 운명을 예측하고 있는 것입니다.

이와 같이 오래전부터 사람들은 자신들의 운명에 관심이 많았습니다. 처음에는 국가의 운명을 점치던 일이 점차 개인의 운명을 점치는 것으로 발전하며 사람들은 자신의 운명에 대한 궁금증을 해소하기 위하여 여러 가지 방법으로 점을 치게 된 것입니다.

**사주명리는 과학적으로 운명을 예측하는 학문입니다.**
점이나 주술은 신神적이고 영험한 존재가 개입하여 운명을 예측하는 것이므로 불확실하며 비과학적이고 애매모호하지만 사주명리는 태어날 때 정하여진 사주팔자를 구성하고 있는 음양오행과 천간 지지의 기세를 판단하고 대운과 세운의 작용으로 운세를 측정하여 운명을 확실하게 예측하는 학문이므로 과학적이고 정확하다고 할 수 있습니다.

음양오행은 우주를 구성하고 있는 원소로서 우주의 시공간을 표현하고 있습니다. 인간은 소우주로서 삶의 시공간인 운명을 음양오행으로 표현한 것이 사주팔자이고 사주팔자의 기세가 대운과 세운으로 인하여 변화하는 것을 운세라고 하며 이를 해석하여 운명을 예측하는 학문이 사주명리입니다.

음양오행의 변화는 일정한 법칙이 있으므로 변화의 패턴만 알 수 있다면 우주의 시공간이 변화하는 것을 알 수 있듯이 인간의 삶의 운명이 변화하는 것을 알 수 있으며 변화의 기미를 알아차리고 개운을 할 수 있는 것입니다.
이는 마치 빅데이터를 활용하여 패턴을 인식하고 다음에 할 행동을 미리 예측하여 대처할 수 있는 방안을 찾는 것과 마찬가지입니다.

**운세의 변화패턴을 읽고 삶에 대처하는 학문이 사주명리입니다.**
자연은 음양오행으로 이루어져 있으며
음양오행의 변화에 의하여 자연이 변화하는 것입니다.
인간의 사주팔자도 음양오행으로 이루어져 있으며
역시 음양오행의 변화에 의하여 사주팔자가 변화하는 것입니다.

사주명리는 음양오행의 변화에 의하여 발생하는 운세의 변화로
삶의 변화를 읽어내는 학문입니다.

자연을 이루는 음양오행은 균형과 조화로 생멸소장하므로
한 치의 어긋남도 없이 움직이고 있으며
음양오행이 태과불급되면 스스로 지진이나 태풍을 일으키며 자정작용을 통하여
균형과 조화를 꾀하고자 움직이는 것입니다.

이러한 원리는 사주팔자에서도 동일하게 작용하며 움직이므로
스스로 태과불급을 조절하며 생극제화와 형충회합으로 균형과 조화를 꾀하며
운세의 변화로 운명을 만들어 가고 있는 것입니다.

자연의 음양오행이 태과불급을 조절하며 변화하는 패턴이 있듯이 삶에도 음양오행이 태과불급을 조절하며 변화하는 패턴이 있습니다.

사주팔자는 삶의 음양오행이므로 삶의 여러 가지 태과불급을 조절하며 운명이 변화하는데 이러한 패턴을 읽고 앞으로의 삶을 미리 예측하여 대처하며 운명을 개척하는 것을 개운이라고 합니다.

삶의 질을 높이고자 한다면
사주팔자에서 운세의 기세를 관찰하여 미리 파악하고
개운을 통하여 안정운세를 유지하거나 성장운세를 만들어야 합니다.
이것이 사주명리를 공부하는 목적이라고 할 수 있습니다.

# 02 운세의 등급

**운세에는 높은 등급의 운세와 낮은 등급의 운세가 있습니다.**

### 1 운세의 등급이란

자동차의 등급이 크면 고가브랜드의 고급자동차라고 하며 등급이 작으면 저가브랜드로서 무시당하는 경우가 많이 있습니다. 사주팔자도 이와 같이 운세가 강하면 고가브랜드의 사주이고 운세가 약하면 저가브랜드의 사주라고 합니다.

인격에는 등급이 없지만 사주팔자에는 등급이 있는 것입니다. 인격은 정신이고 사주팔자는 인생이기 때문입니다. 사주팔자의 등급을 결정하는 것은 운세의 왕쇠강약과 청탁이며 운세의 고저에 따라 부귀한 사주와 빈천한 사주로 나누어집니다.

흙수저로 출발한 인생은 등급이 낮은 등급의 운세로 출발한 것입니다.
이는 부모의 영향이 가장 큰 것으로 가난한 집안에서 출생하여 어릴 때 고생하고 교육의 기회도 제대로 받지 못하였기 때문입니다. 그러나 사주팔자의 기세가 맑다면 아무리 흙수저로 태어났을지라도 높은 등급의 운세로 상승하며 성장하고 발전할 수 있습니다.

금수저로 출발한 인생은 등급이 높은 운세로 출발한 것입니다.
부모의 혜택으로 양질의 교육의 기회가 제공되고 해외 유학 등을 통하여 적성과 능력을 계발하였기 때문입니다.

그러나 아무리 금수저일지라도 사주팔자의 기세가 탁하다면 부모에게 의존하며 자신의 능력을 발휘하지 못하므로 결국 낮은 등급의 운세로 떨어지며 어렵고 힘든 삶을 살 수 밖에 없는 것입니다.

운세등급은 사주팔자와 용신의 기세로 정해집니다.

사주팔자의 기세가 맑으면 운세등급이 높다고 하는 것이고
사주팔자의 기세가 탁하면 운세등급이 낮다고 하는 것입니다.

사주팔자의 기세가 맑아야 운세등급이 높은 것입니다.
기세가 맑다는 것은 기세의 균형이 이루어지고 기세의 태과불급이 없어야 합니다.
기세의 태과불급은 기세를 탁하게 만들어 운세등급을 낮추게 하는 요인이 됩니다.

사주팔자의 기세가 탁한 것을 맑게 조절하여 주는 것이 용신입니다. 용신은 사주팔자의 기세의 태과불급에 따라 용신의 기세의 의하여 사주팔자의 탁함을 맑게 조절하며 운세등급이 정하여지는 것입니다.

격국용신은 운세의 용도를 만드는 것인데
기세의 태과불급으로 인하여 격국이 탁하다면 운세등급이 낮아집니다.
용신의 기세가 강하다면 격국의 기세를 강하게 만들어 운세의 등급의 높아지지만 용신의 기세가 약하다면 격국의 기세를 강하게 만들지 못하므로 운세등급이 낮아지는 것입니다.

억부용신은 운세의 능력을 만드는 것인데
기세의 태과불급으로 인하여 기세가 탁하다면 운세등급이 낮아집니다.
용신은 기세의 태과불급을 조절하여 사주팔자의 기세를 맑게 만들어 운세등급을 높여주는 역할을 하게 됩니다.
용신의 기세가 약하여 기세의 태과불급을 조절하는 능력이 부족하다면 탁함을 제거하지 못하므로 운세등급을 높일 수 없습니다.

조후용신 역시 기세의 태과불급으로 한난조습을 조절하여
사주팔자를 쾌적하게 만들어 운세등급을 높여주는 역할을 합니다.

대운에 의하여 운세등급이 변화합니다.

대운의 기세에 의하여 운세등급이 변화하며
세운의 기세에 의하여 운세의 쓰임이 달라지는 것입니다.

대운의 기세는 사주팔자의 기세에 작용하여 태과불급을 조절하는 역할을 하며 운세등급을 조절하게 됩니다. 사주팔자의 기세를 조절하는 역할을 용신이 한다면 대운의 기세는 용신을 도와 사주팔자의 기세를 조절하게 됩니다.

운세의 등급은 용신의 기세를 통하여 운세등급을 파악할 수 있으며 대운의 기세를 통하여 운세등급이 변화하는 것을 살펴볼 수 있습니다.
사주팔자의 기세를 파악하여야 용신의 기세를 파악하고 대운에 의하여 변화하는 기세를 관찰하여 성장운세와 하락운세를 파악하여야 운세의 등급에 따른 변화를 예측할 수 있는 것입니다.

대운은 사주팔자의 운세등급을 변화시키므로 성장운세를 하락운세로 변화시켜 운세등급을 낮추고 하락운세를 성장운세로 변화시키며 운세등급을 높여주게 됩니다.

대운에서 벌어지는 운세의 변화를 예측한다면 삶의 변화를 예측할 수 있으며 성장의 기회와 개운의 기회를 포착하여 할 때와 멈출 때를 알 수 있으므로 성공할 가능성이 많은 것입니다.

하락운세에는 하던 일도 멈추고 과정을 점검하며 내실을 기하여야 운세의 등급이 떨어지지 않고 안정운세를 유지할 수 있는 것입니다.
성장운세에는 성장과 발전이 가능하므로 투자를 확대하고
시장을 개척하며 확장시켜야 이익을 극대화할 수 있는 것입니다.

## 2 운세등급의 고저

| 높은 운세 등급 | 낮은 운세 등급 |
|---|---|
| 기세가 강하고<br>흐름이 좋고 균형 잡혀<br>맑은 사주 | 기세가 약하고<br>흐름이 나쁘고 불균형으로<br>탁한 사주 |

## (1) 높은 등급의 운세

사주팔자의 기세가 강하며 기세의 흐름이 원활하여야 좋고 기세의 균형이 조화되어 있으면 사주팔자의 기세가 맑다고 하며 등급이 높은 사주팔자가 될 수 있습니다.

산에서 솟아나는 샘물의 수량이 풍부하고 계곡이 발달하여
맑은 시냇물이 잘 흘러서 강을 이루고 푸른 바다에 머물 수 있듯이
월령에서 나오는 기세가 강하고 사주팔자에서 원활하게 흘러야
맑은 기세가 유지되며 성공할 수 있는 등급이 높다고 하는 것입니다.

천간의 오행이 뿌리 깊어야 샘물의 수량이 풍부한 것이고 각각의 오행의 기세가 서로 비슷하여 태과불급이 없어야 맑음을 유지하며 흐르고 성공적으로 바다에 머물 수 있는 것입니다.

**기세가 강한 오행이 사주팔자의 장점이 되는 것입니다.**
기세가 강하여야 경쟁력이 생기고 성장과 발전을 유도할 수 있습니다. 기세가 약하다면 경쟁력에서 뒤처지며 할 일을 제대로 하지 못하여 무력해지기 마련입니다.

월령의 기세가 강하여야 사주팔자에 골고루 흐르면서
사주팔자가 맑아지고 운세의 등급의 높아집니다.
격국에서 월령의 기세가 약하면 격용신으로 세우지 못하고
기세가 강한 오행으로 격용신을 대신하는 이유입니다.

**격국도 기세가 강하고 균형이 잡혀야 운세등급이 높다고 합니다.**
격국이 성격되었다고 하여도 기세가 균형을 이루어야 경쟁력이 생기며 격국의 질이 높아지는 것입니다. 기세가 강한 격국은 능력이 있다고 하는 것이고 기세가 약한 격국은 능력이 약하다고 하는 것입니다.

신왕재왕격은 일간과 재성의 기세가 균형을 이룬 격국입니다.
일간과 재성의 기세가 강하고 균형을 이루면 격국의 질이 높다고 할 수 있으나 기세가 강하여도 균형을 이루지 못하였다면 격국의 질이 낮아지는 것입니다.

일간의 기세가 약하고 재성의 기세가 강하다면
재다신약의 사주팔자로서 어려운 삶을 살게 됩니다.
일간의 기세가 강한데 재성의 기세가 약하다면
군겁쟁재나 군비쟁재의 사주팔자로 역시 어려운 삶을 살게 됩니다.

| 시 | 일 | 월 | 년 | 구분 |
|---|---|---|---|---|
| 丁 | 庚 | 丁 | 乙 | 천간 |
| 丑 | 申 | 亥 | 卯 | 지지 |
| 己 庚 辛 壬 | | 癸 甲 乙 丙 | | 대운 |
| 卯 辰 巳 午 | | 未 申 酉 戌 | | |

지지에 亥卯합으로 인하여 木국의 재성국이 만들어지고 년간에 乙木재성이 투출하여 재격의 기세가 강한 사주입니다.
일간 庚金은 일지 申金 록지에 앉아 기세가 약하지 않으므로 서방金대운에 신왕재왕의 격국으로 성장운세로 발전하게 되며 운세등급을 높이게 됩니다.

丁火관성은 비록 뿌리가 없어 약하지만 마침 남방火대운을 맞이하여 재왕생관의 격국을 이루며 성장운세로 이어지니 높은 등급의 운세가 만들어지며 성장하고 발전하여 재벌기업을 이루게 됩니다.

억부도 기세가 강하고 균형이 잡혀야 운세등급이 높다고 합니다.
木火와 金水가 서로 대립하고 있는데 木火의 기세가 약하고 金水의 기세가 강하다면 金水에게 패배할 것이므로 木火의 기능을 제대로 발휘하기 어렵습니다. 이때 대운에서 동남방木火대운으로 흐른다면 성장운세가 되어 발전할 것이지만 서북방金水대운으로 흐른다면 하락운세가 되어 어려운 삶을 살게 되는 것입니다.

반대로 木火의 기세가 강하고 金水의 기세가 약하다면 金水가 木火에게 오히려 패할 것이니 金水의 기능을 발휘하기 어렵습니다. 이때 대운에서 서북방金水대운으로 흐른다면 성장운세가 되어 발전할 것이지만 동남방木火대운으로 흐른다면 하락운세로 추락하게 됩니다.


대운에서 흐름이 좋으면 운세등급이 높아집니다.
대운의 흐름은 성장운세와 하락운세로 운세등급을 결정짓는 중요한 역할을 합니다. 그러므로 사주팔자의 기세가 대운에서 어떻게 흐르는 가를 살피는 것이 통변의 주요 관점이라고 할 수 있습니다.

기세가 강한 사주팔자라고 하여도 대운의 흐름이 좋아야 합니다.
대운에서 기세의 흐름을 도와주는 성장운세에는 성장과 발전을 하며 운세등급이 높아지며 성공할 수 있습니다.

대운의 흐름이 좋지 않다면 아무리 기세가 강한 사주팔자라고 하여도 기세의 흐름이 막히어 정체되거나 지체되므로 성장운세가 하락운세로 돌변하면서 운세등급이 낮아지며 뜻하지 않은 불상사를 겪을 수 있는 것입니다.

木火와 金水의 기세가 강하고 서로 비슷하여 균형이 잡혀야 경쟁력이 생기며 운세등급이 높아지게 됩니다.

대운에서 기세의 균형을 이루면서 발전해야 운세등급이 높아집니다.

**대운에서 강한 기세의 균형은 성장과 발전을 하는 성장운세가
높은 등급의 운세를 만들어주는 역할을 할 수 있습니다.**

木과 金의 기세가 강하면서 대립하는 사주팔자일지라도 청소년기에 동남방木火대운으로 흐르면 木의 기세가 발전할 수 있는 것이고
장노년기에 서북방金水대운으로 흐르면 金의 기세로 결실을 맺으면서 높은 등급의 운세로 살아갈 수 있는 것입니다.

그러나 木과 金의 기세가 강하면서 대립하는 사주팔자일지라도 청소년기에 서남방金火대운으로 흐르면 木의 기세가 발전하지 못하므로 지체되며 하락운세로 운세의 등급이 낮아지고 어려움이 생기는 것입니다.
역시 장노년기에 북동방水木대운으로 흘러도 金의 기세가 발전하지 못하므로 지체되며 운세등급이 낮아지는 하락운세가 되는 것입니다.

| 시 | | 일 | | 월 | | 년 | | 구분 |
|---|---|---|---|---|---|---|---|---|
| 丁 | | 庚 | | 甲 | | 戊 | | 천간 |
| 丑 | | 午 | | 子 | | 申 | | 지지 |
| 壬 | 辛 | 庚 | 己 | 戊 | 丁 | 丙 | 乙 | 대운 |
| 申 | 未 | 午 | 巳 | 辰 | 卯 | 寅 | 丑 | |

지지에 申子합이 있고 庚金일간이 월령을 도우니 월령 水의 기세가 강하다고 합니다.
丁火관성은 午火에 뿌리를 두고 甲木의 생을 받고 있으나 甲木의 뿌리가 없어 木火의 기세가 약합니다.
마침 동남방木火대운으로 흐르며 丁火관성을 도우니 기세의 균형이 이루어지고 운세등급이 높아져 승상의 지위에 오릅니다.

## (2) 낮은 등급의 운세

**사주팔자의 기세가 약하며 기세의 흐름이 막혀서 지체되고 있고 기세의 태과불급으로 인하여 불균형하다면 운세등급이 낮은 것입니다.**

약한 기세의 사주팔자는 삶의 경쟁력을 약화시킵니다.
서로 상대되는 기세가 비슷하다면 성장과 발전을 할 수 있지만
기세가 약하다면 강한 기세에게 패배하기 쉬운 것이므로 경쟁력이 없다고 하는 것입니다.

산에서 솟아나는 샘물의 수량이 적고 계곡이 발달되어 있지 않아 시냇물이 잘 흐르지 못하고 웅덩이가 많아 흐름이 지체된다면 바다에 성공적으로 머물기 어렵듯이 월령에서 나오는 기세가 약하고 사주팔자에서 원활하게 흐르지 못한다면 실패할 확률이 높아 운세등급이 낮다고 하는 것입니다.

| 시 | | 일 | | 월 | | 년 | | 구분 |
|---|---|---|---|---|---|---|---|---|
| 癸 | | 丙 | | 辛 | | 戊 | | 천간 |
| 巳 | | 午 | | 酉 | | 辰 | | 지지 |
| 己 | 戊 | 丁 | 丙 | 乙 | 甲 | 癸 | 壬 | 대운 |
| 巳 | 辰 | 卯 | 寅 | 丑 | 子 | 亥 | 戌 | |

酉월 가을에는 일간 丙火의 기세가 약하고 지지에 巳午火의 세력이 있어도 木기가 없어 火기를 생하지 못하므로 기세가 약하다고 합니다. 더구나 巳火는 巳酉합으로 金기편이 되어 있습니다.

북방水대운에는 丙火의 세력이 극도로 약해지는 때이며 월령 金기도 역시 설기를 당하며 사주팔자의 기세가 전반적으로 약하므로 성장운세를 발현하기 어려우므로 하락운세로 이어집니다.

**기세의 태과불급은 운세등급이 낮아지는 원인이 됩니다.**
기세가 태과불급되어 균형이 이루어지지 않는 사주팔자는 균형이 어그러져 있으므로 기세의 능력을 발휘하기 어렵습니다. 마치 절름발이가 걸음을 제대로 걷지 못하는 것과 같습니다.
한쪽의 기세가 강하고 다른 기세들이 매우 미약하다면 종격으로 갈 수 있지만 종격 역시 절름발이이므로 오래 가지 못합니다.
물론 강한 기세로 잠시 능력을 발휘하며 성장운세가 되어 높은 등급의 운세를 누릴 수 있겠지만 대운에서 거스른다면 넘어지기 일쑤이므로 하락운세가 되어 낮은 등급의 운세로 급락할 수 있는 것입니다.

**대운에서 흐름이 나쁘면 낮은 등급의 운세가 만들어집니다.**
대운에서 흐름이 좋다면 성장운세가 되면서 운세등급이 높아지겠지만 대운의 흐름이 끊기거나 지체되거나 정체된다면 하락운세가 되면서 운세등급이 나빠지므로 삶의 질이 어려워진다고 할 수 있습니다.

사주팔자의 흐름이 좋지 않아도 대운의 흐름이 좋다면 성장운세가 되면서 운세등급이 높아지며 성공할 수 있는 여건이 됩니다. 사주팔자가 나빠도 운이 좋으면 성공할 수 있다는 고전의 말이 이것을 말해주는 것입니다.
그러나 대운에서 기세의 흐름을 거스른다면 하락운세가 되어 운세등급이 낮아지므로 어려움을 겪게 되는 것입니다. 사주팔자에서 기세가 강하고 균형이 잡혀있다면 대운의 영향을 적게 받지만 기세가 태과불급되어 기세의 균형이 어그러져 있는 사주팔자는 대운의 영향을 많이 받습니다.

대운에서 기세의 균형을 잡아준다면 성장운세가 되어 높은 등급의 운세가 될 수 있지만 기세의 균형을 더욱 어그러지게 한다면 하락운세가 되어 낮은 등급의 운세가 될 수 있는 것입니다. 특히 기세가 약한 사주팔자는 대운의 영향에 의하여 좌지우지되는 경우가 많습니다. 대운에서 도와준다면 잠시 좋아지기는 하겠지만 기세의 태과불급을 심하게 만들어준다면 오히려 급락하는 하락운세로 인하여 운세의 등급이 급격히 나빠지기 때문입니다.

| 구분 | 년 | 월 | 일 | 시 |
|---|---|---|---|---|
| 천간 | 甲 | 丁 | 乙 | 丁 |
| 지지 | 寅 | 卯 | 未 | 亥 |
| 대운 | 戊 辰 | 己 巳 | 庚 午 | 辛 未 | 壬 申 | 癸 酉 | 甲 戌 | 乙 亥 |

지지에 亥卯未 木국과 寅木이 있어 乙木일간의 기세가 매우 강합니다. 丁火식신이 있으나 기세가 미약하여 기세의 태과불급의 상태가 매우 심하므로 운세의 등급의 낮아지게 됩니다.

남방火대운에 丁火식신을 도와 木의 기세를 설기하면서 성장운세가 발현되어 벼슬길이 평탄하여 운세등급이 높아졌으나 서방金대운에 왕신인 木의 기세가 힘을 쓰지 못하고 丁火마저 꺼져버리니 하락운세가 되면서 운세등급이 낮아지고 군대에서 전사하였다고 합니다.

| 구분 | 년 | 월 | 일 | 시 |
|---|---|---|---|---|
| 천간 | 己 | 丙 | 癸 | 戊 |
| 지지 | 酉 | 子 | 未 | 午 |
| 대운 | 乙 亥 | 甲 戌 | 癸 酉 | 壬 申 | 辛 未 | 庚 午 | 己 巳 | 戊 辰 |

子월에 일간의 기세가 강한 듯하지만 戊己土관살이 혼잡하여 기세의 흐름이 원활하지 못합니다.

마침 서방金대운에 기세의 흐름이 맑게 이어지며 관찰사의 직급에 오르며 운세등급이 높아지지만 남방火대운에서 혼잡된 관살을 도우니 재앙을 면치 못합니다.

## 3 성장운세와 하락운세

성장운세에 성장과 발전을 할 수 있으며
하락운세에는 지체되고 정체되어 발전을 하기 어렵습니다.

### (1) 안정운세
안정운세란 삶의 굴곡이 적으며 안정된 삶을 유지하는 패턴으로 사주팔자의 기세의 등급에 따라 높은 등급의 안정운세와 중간 등급의 안정운세 그리고 낮은 등급의 안정운세가 있습니다.

안정운세는 등급의 차이는 있어도 비교적 삶이 안정화되어 있으므로 평범한 삶이라고 할 수 있습니다. 삶의 굴곡이 적으므로 대체적으로 원만한 성품을 갖고 안정된 생활을 하는 편으로 무난한 삶이 되는 것입니다.

사주팔자의 기세가 균형이 완벽하게 잡혀있으면 대체로 대운의 영향을 적게 받으므로 안정운세를 유지할 수 있는 것입니다. 그러나 기세가 태과불급되어 있다면 대운에서 균형이 이루어질 때 성장운세가 되는 것이고 균형이 더욱 심하게 어그러질 때 하락운세가 되는 것입니다.

◆ 높은 등급

| 노년기 | | 장년기 | | 청년기 | | 소년기 | | 대운 |
|---|---|---|---|---|---|---|---|---|
| 8 | 7 | 6 | 5 | 4 | 3 | 2 | 1 | |

사주팔자의 기세가 강하고 운에서 거스르지 않으며 순리대로 흐른다면 안정화된 운세로서 높은 등급의 운세가 되므로 삶의 질이 높아지며 안정된 삶을 살게 됩니다.

◆ 중간 등급

| 노년기 | | 장년기 | | 청년기 | | 소년기 | | 대운 |
|---|---|---|---|---|---|---|---|---|
| 8 | 7 | 6 | 5 | 4 | 3 | 2 | 1 | |
| | | | | | | | | |

사주팔자의 기세가 중간 정도이고 운에서 거스르지 않으며 순리대로 흐른다면 안정화된 운세로서 중간 등급의 운세로서 중간 정도의 삶의 질로 안정된 삶이 됩니다.

◆ 낮은 등급

| 노년기 | | 장년기 | | 청년기 | | 소년기 | | 대운 |
|---|---|---|---|---|---|---|---|---|
| 8 | 7 | 6 | 5 | 4 | 3 | 2 | 1 | |
| | | | | | | | | |

사주팔자의 기세가 약하고 운에서 거스르지 않으며 순리대로 흐른다면 안정화된 운세로서 낮은 등급의 운세이지만 안정된 삶이 됩니다.

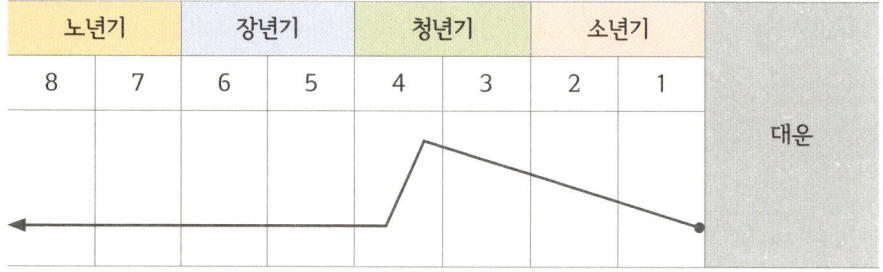

낮은 등급의 사주팔자는 기세가 약하므로 대운의 기세에 따라 굴곡이 발생할 수 있습니다.
대운의 기세가 갑자기 강하게 들어온다면 이로 인하여 급상승하는 운세가 될 수 있지만 기세가 꺼지면 바로 추락하는 삶으로 결국 어려움을 겪기도 하는 것입니다.

## (2) 성장운세

성장운세란 사주팔자의 기세의 태과불급을 대운에서 조절하여 균형을 이루면서 성장과 발전을 할 수 있는 여건을 만들어 주며 성장하는 운세를 말합니다.

성장하는 운세는 유형에 따라 여러 가지로 나눌 수 있으나 대체적으로 낮은 등급에서 높은 등급으로 올라가는 경우가 있으며 올라가다가 하락하는 경우도 있습니다.

◆ 낮은 등급에서 높은 등급으로 발전하는 성장운세

| 노년기 | | 장년기 | | 청년기 | | 소년기 | | |
|---|---|---|---|---|---|---|---|---|
| 8 | 7 | 6 | 5 | 4 | 3 | 2 | 1 | 대운 |

소년기에 가난한 집안출신으로 어렵게 출발하였지만 대운의 작용으로 청년기에 운세의 흐름이 상승하여 높은 등급의 성장운세로 변하면서 성장과 발전을 하고 장년기 이후부터 높은 등급의 안정운세를 유지하며 성공한 삶을 사는 유형입니다. 자수성가로 재벌기업을 이룬 창업주들의 대표적인 성장운세입니다.

◆ 낮은 등급에서 중간 등급으로 발전하는 성장운세

| 노년기 | | 장년기 | | 청년기 | | 소년기 | | |
|---|---|---|---|---|---|---|---|---|
| 8 | 7 | 6 | 5 | 4 | 3 | 2 | 1 | 대운 |

소년기에 가난한 집안출신으로 어렵게 출발하였지만 대운의 작용으로 청년기에 운세의 흐름이 성장운세를 맞이하여 성장과 발전을 하고 장년기부터 중간 등급의 안정운세를 유지하는 형태입니다. 중소기업을 이룬 창업주들의 대표적인 성장운세입니다.

◆ 낮은 등급에서 중년 이후 발전하는 성장운세

| 노년기 | | 장년기 | | 청년기 | | 소년기 | | |
|---|---|---|---|---|---|---|---|---|
| 8 | 7 | 6 | 5 | 4 | 3 | 2 | 1 | 대운 |

사주팔자의 기세의 균형이 어그러져 청소년기에 어려움을 겪다가 중년기 이후 대운의 영향으로 성장운세가 되면서 높은 등급으로 발전하는 유형입니다. 사업가나 정치가에게 많은 성장운세입니다.

◆ 높은 등급에서 하락하다가 발전하는 성장운세

| 노년기 | | 장년기 | | 청년기 | | 소년기 | | |
|---|---|---|---|---|---|---|---|---|
| 8 | 7 | 6 | 5 | 4 | 3 | 2 | 1 | 대운 |

높은 등급 또는 중간 등급의 집안에서 태어나지만 부모의 도움을 받지 못하고 청년기에 많은 실패를 경험하다가 장년기부터 서서히 성장운세를 회복하는 경우입니다. 대체로 사업가나 정치가에게 많은 형태입니다.

◆ 높은 등급에서 갑자기 하락하다가 성장하는 운세

| 노년기 | | 장년기 | | 청년기 | | 소년기 | | |
|---|---|---|---|---|---|---|---|---|
| 8 | 7 | 6 | 5 | 4 | 3 | 2 | 1 | 대운 |

높은 등급으로 태어나 부모의 몰락으로 하락하지만 스스로 자수성가로 일어서는 경우입니다. 대체로 기세가 좋은 사자팔자이며 대운의 도움과 각고의 노력으로 높은 등급에 오르는 경우입니다.

| 시 | 일 | 월 | 년 | 구분 |
|---|---|---|---|---|
| 甲 | 丁 | 甲 | 癸 | 천간 |
| 辰 | 酉 | 子 | 巳 | 지지 |
| 丙 辰 | 丁 巳 | 戊 午 | 己 未 | 庚 申 | 辛 酉 | 壬 戌 | 癸 亥 | 대운 |

| 노년기 | | 장년기 | | 청년기 | | 소년기 | | |
|---|---|---|---|---|---|---|---|---|
| 8 | 7 | 6 | 5 | 4 | 3 | 2 | 1 | 대운 |

낮은 등급에서 출발하여 높은 등급으로 성장하는 명식입니다.
소년기 대운에서 水월령의 기세를 보충하여 내력을 기르고
청년기 대운에서 강한 金의 기세로 水월령의 기세를 도와 성장하고
장년기 대운에서 강한 火土의 기세로 권력을 유지합니다.

| 시 | 일 | 월 | 년 | 구분 |
|---|---|---|---|---|
| 丁 | 庚 | 丁 | 乙 | 천간 |
| 丑 | 申 | 亥 | 卯 | 지지 |
| 己 卯 | 庚 辰 | 辛 巳 | 壬 午 | 癸 未 | 甲 申 | 乙 酉 | 丙 戌 | 대운 |

| 노년기 | | 장년기 | | 청년기 | | 소년기 | | |
|---|---|---|---|---|---|---|---|---|
| 8 | 7 | 6 | 5 | 4 | 3 | 2 | 1 | 대운 |

낮은 등급에서 출발하여 높은 등급으로 성장하는 명식입니다.
소년기 대운에 金木기의 균형된 기세로 성장운세를 만들고
청년기 대운에 재왕생관의 형태가 발현되어 사업가로서 성장하며
장년기 대운에 水火의 균형된 기세로 성장하며 재벌기업을 이룹니다.

## (3) 하락운세

하락운세는 대부분 사주팔자의 태과불급한 기세를 대운에서 조절을 하지 못하거나 태과불급이 더욱 심해져 기세의 균형이 어그러지며 운세가 하락하는 현상으로 어려운 삶을 살게 됩니다.

하락운세에는 여러 가지 유형이 있을 수 있으나 대체로 높은 등급에서 낮은 등급으로 하락하는 경우가 대부분입니다.

◆ 높은 등급에서 서서히 쇠퇴하는 하락운세

| 노년기 | | 장년기 | | 청년기 | | 소년기 | | |
|---|---|---|---|---|---|---|---|---|
| 8 | 7 | 6 | 5 | 4 | 3 | 2 | 1 | 대운 |

청소년기에는 부모의 도움으로 높은 등급을 유지하였으나 부모의 도움이 끊어지며 서서히 낮은 등급으로 하락하는 형태입니다. 이러한 사주팔자는 대체로 기세가 약한 것이 특징이며 청소년기의 대운에서 부모의 도움으로 어느 정도 기세를 유지한다고 하여도 장년기 이후의 대운에서는 기세를 유지하지 못하므로 하락합니다.

◆ 높은 등급에서 갑자기 쇠퇴하는 하락운세

| 노년기 | | 장년기 | | 청년기 | | 소년기 | | |
|---|---|---|---|---|---|---|---|---|
| 8 | 7 | 6 | 5 | 4 | 3 | 2 | 1 | 대운 |

부모덕에 금수저로 태어나 호황을 누리다가 집안의 가세가 기울기 시작하면서 스스로 일어서지 못하고 낮은 등급의 안정운세를 유지하는 경우입니다. 이 경우는 사주팔자의 기세가 약하므로 스스로 일어설 수 있는 능력이 부족하기 때문입니다.

◆ 낮은 등급에서 높은 등급으로 오르다가 하락하는 운세

| 노년기 | | 장년기 | | 청년기 | | 소년기 | | |
|---|---|---|---|---|---|---|---|---|
| 8 | 7 | 6 | 5 | 4 | 3 | 2 | 1 | 대운 |
| | | | | | | | | |

낮은 등급에서 출발하여 스스로 노력하여 높은 등급으로 오르지만 점차 낮은 등급으로 하락하는 운세입니다. 이러한 경우는 사주팔자의 기세가 대운의 도움을 받으며 성장하다가 대운에서 사주팔자의 기세를 거스르며 균형이 어그러져 발생하는 현상입니다.

◆ 청년기에 높은 등급으로 오르다가 하락하는 운세

| 노년기 | | 장년기 | | 청년기 | | 소년기 | | |
|---|---|---|---|---|---|---|---|---|
| 8 | 7 | 6 | 5 | 4 | 3 | 2 | 1 | 대운 |
| | | | | | | | | |

소년기에 무난한 운세를 보내고 청년기에 노력하여 높은 등급으로 성장하였으나 대운에서 기세를 거스르며 갑자기 하락하는 운세를 겪게 됩니다. 하지만 사주팔자의 기세가 강하므로 다시 반등하고자 노력하지만 대운에서 도와주지 않으므로 높은 등급으로 오르기는 어려운 경우입니다.

◆ 굴곡이 많은 운세

| 노년기 | | 장년기 | | 청년기 | | 소년기 | | |
|---|---|---|---|---|---|---|---|---|
| 8 | 7 | 6 | 5 | 4 | 3 | 2 | 1 | 대운 |
| | | | | | | | | |

굴곡이 많은 삶으로 좋을 때도 있지만 어려울 때도 많습니다.

| 시 | | 일 | | 월 | | 년 | | 구분 |
|---|---|---|---|---|---|---|---|---|
| 癸 | | 戊 | | 辛 | | 丙 | | 천간 |
| 亥 | | 午 | | 丑 | | 子 | | 지지 |
| 己 | 戊 | 丁 | 丙 | 乙 | 甲 | 癸 | 壬 | 대운 |
| 酉 | 申 | 未 | 午 | 巳 | 辰 | 卯 | 寅 | |

| 노년기 | | 장년기 | | 청년기 | | 소년기 | | |
|---|---|---|---|---|---|---|---|---|
| 8 | 7 | 6 | 5 | 4 | 3 | 2 | 1 | 대운 |

소년기에 어려움이 많았지만 학업에 열중하며 자신의 실력을 기르고
청년기에는 기세의 흐름이 원활한 성장운세로서 순조롭게 성장하고
장년기에는 무리한 사업 확장으로 추락하게 됩니다.

| 시 | | 일 | | 월 | | 년 | | 구분 |
|---|---|---|---|---|---|---|---|---|
| 己 | | 甲 | | 乙 | | 甲 | | 천간 |
| 巳 | | 申 | | 亥 | | 辰 | | 지지 |
| 癸 | 壬 | 辛 | 庚 | 己 | 戊 | 丁 | 丙 | 대운 |
| 未 | 午 | 巳 | 辰 | 卯 | 寅 | 丑 | 子 | |

| 노년기 | | 장년기 | | 청년기 | | 소년기 | | |
|---|---|---|---|---|---|---|---|---|
| 8 | 7 | 6 | 5 | 4 | 3 | 2 | 1 | 대운 |

사주팔자의 기세가 미약하여 대운에 의존하는 삶이 됩니다.
소년기에 미약한 木의 기세가 희망을 품고 성장하였으며 청년기에 추진력이 강한
성장운세로서 정치계에 입문하게 됩니다. 장년기에 성장운세로 발전하지만 기세
의 흐름이 막히며 하락합니다.

## 4 운세의 등급 조절

| 사주팔자의 용신 | 대운 |
|---|---|
| 기세의 태과불급 조절 | 사주팔자의 운세 등급 조절 |

사주팔자에서 용신은 사주팔자의 기세의 태과불급을 조절하는 역할을 하며 대운에서는 사주팔자의 운세의 등급을 조절하는 역할을 합니다.

### (1) 기세의 태과불급 조절

사주팔자의 용신은 기세의 태과불급을 조절하는 역할을 합니다.

**사주팔자의 흐름이 좋아야 삶이 원활해지는 것입니다.**
기세는 오행의 흐름에 순응하며 잘 흘러야 사주팔자가 맑아지며
성장운세가 이어지며 운세의 등급이 높아지는 것입니다.
물이 위에서 아래로 흐르듯이 기세도 역시 강한 곳에서
기세가 약한 곳으로 흐르는 것이 자연의 이치입니다.

월령의 기세가 강하여 사주팔자에 골고루 흐르면 사주팔자가 맑아지며 삶이 원활하여지지만 기세의 태과불급으로 인하여 기세가 불균형이 되면 중간에 막히거나 지체되고 삶 역시 막히거나 지체되어 어려운 삶이 되는 것입니다.

고속도로를 달리다보면 4차선에서 갑자기 2차선으로 줄어드는 경우
병목현상으로 인하여 차량이 정체되거나 지체되어 흐름이 막히듯이
사주팔자의 기세도 이와 같아 기세의 태과불급으로 인한 불균형은
기세의 병목현상을 유발하여 정체되거나 지체되어 삶이 어려워지는 것입니다.

**기세의 태과불급을 조절하는 것이 용신입니다.**

기세의 태과불급은 기세의 불균형을 초래하며 운세의 등급을 떨어뜨리게 됩니다. 그러므로 기세의 태과불급을 조절하여 기세의 균형을 맞추어준다면 사주팔자가 맑아지고 운세의 등급이 높아지는 것입니다.

격국용신은 월령의 격용신의 기세를 활용하는 것으로 월령의 격용신의 기세가 강하다면 사주팔자 전체로 잘 흐르며 상신과 조화를 이루어야 질이 좋은 격국이 되고 운세의 등급이 높아지는 것입니다.
만약에 월령의 격용신의 기세는 강한데 상신의 기세가 약하다면 월령의 격용신을 제대로 도와주지 못하므로 격국의 질은 떨어지고 운세의 등급도 내려가는 것입니다.

억부용신은 오행의 기세를 활용하는 것으로 오행의 태과불급을 조절하는 용신의 기세가 강하여 사주팔자의 오행의 기세가 흐름이 좋게 하거나 대립되는 오행끼리 기세의 균형을 이루게 하여 준다면 운세의 등급이 높은 사주팔자가 되지만
오행의 태과불급을 조절하는 용신의 역할이 약하여 기세의 조절이 어렵다면 운세의 등급이 낮아지게 되는 것입니다.

조후용신에서 한난조습의 조절을 하는 용신의 기세가 강하다면 기후가 조절 되어 쾌적한 환경이 되므로 운세의 등급이 높아지겠지만 용신의 기세가 약하여 조절 능력이 떨어진다면 역시 운세의 등급이 낮아진다고 할 수 있습니다.

사주팔자에서 격국용신이나 억부용신이나 조후용신은 사주팔자의 기세를 조절하는 역할을 하는 것입니다.
용신은 기세가 강하여야 역할을 할 수 있는 것이며 기세가 약하다면 용신의 역할이 어렵습니다. 특히 사주팔자의 용신은 대운에서 도와주어야 성장운세가 되는 것이며 대운에서 거스른다면 하락운세가 되는 것이므로 운세등급에 매우 중요한 역할을 합니다.

## (2) 대운의 기세 조절 작용

사주팔자의 기세를 조절하여 균형을 이루는 대운을 성장운세라고 하며 반대로 기세의 균형을 깨뜨리는 대운을 하락운세라고 합니다.

**대운은 사주팔자의 기세를 조절하는 작용이 있습니다.**
성장운세는 사주팔자의 용신을 돕는 대운으로 사주팔자를 맑게 하여주며,
하락운세는 사주팔자의 용신을 배반하며 극하는 대운으로 사주팔자를 탁하게
하는 작용을 합니다.

격국용신에서 성장운세는 격국을 도와주는 대운이며 패격된 격국을 성격시키는 대운입니다. 하락운세는 격국을 패격으로 이끄는 대운을 말합니다. 가령 정관격에 상관운이 온다면 패격이 되는 것이니 사주팔자에 인성이 없다면 정관을 보호하지 못하므로 상관대운의 기간에는 조직에서 어려움을 겪게 되는 것입니다.

억부용신에서 성장운세는 용신의 능력을 도와주는 대운이며 하락운세는 용신의 능력을 극제하는 대운을 말합니다. 가령 신강하여 식상을 억부용신으로 쓰고 있는데 인성대운이 온다면 용신을 극하는 운이므로 발전하기 어려운 것입니다.

전왕용신에서 성장운세는 왕기를 돕거나 설기하는 대운이며 하락운세는 왕신을 극제하는 대운을 말합니다. 가령 木이 전왕용신인데 북동방水木대운은 용신을 돕지만 서방金대운은 용신을 극제하므로 삶이 어렵게 됩니다.

조후용신에서 여름 사주의 성장운세는 냉방장치를 가동시키는 대운이며 하락운세는 냉방장치의 가동을 멈추게 하는 대운입니다. 가령 여름 사주에 壬癸水 냉방장치를 대운에서 가동시켜야 삶이 쾌적하지만 대운에서 냉방장치의 가동을 방해한다면 삶이 고단하게 되는 것입니다.

| 시 | | 일 | | 월 | | 년 | | 구분 |
|---|---|---|---|---|---|---|---|---|
| 辛 | | 己 | | 丙 | | 甲 | | 천간 |
| 未 | | 亥 | | 寅 | | 子 | | 지지 |
| 甲 | 癸 | 壬 | 辛 | 庚 | 己 | 戊 | 丁 | 대운 |
| 戌 | 酉 | 申 | 未 | 午 | 巳 | 辰 | 卯 | |

寅월에서 투출한 甲木정관의 기세가 강하므로 丙火인수로 흐르고 일간을 거쳐 辛金식신에게도 이어지고 있지만 丙火와 辛金의 기세가 미약하여 흐름을 제대로 유도하지 못하므로 사주팔자가 탁해지고 있습니다.

마침 남서방火金대운으로 흐르며 丙火와 辛金의 기세를 돕는 성장운세가 되어 흐름을 도우니 사주팔자가 맑음을 유지하여 주므로 귀한 사람이 되었다고 합니다.

| 시 | | 일 | | 월 | | 년 | | 구분 |
|---|---|---|---|---|---|---|---|---|
| 乙 | | 丙 | | 甲 | | 癸 | | 천간 |
| 未 | | 寅 | | 子 | | 酉 | | 지지 |
| 丙 | 丁 | 戊 | 己 | 庚 | 辛 | 壬 | 癸 | 대운 |
| 辰 | 巳 | 午 | 未 | 申 | 酉 | 戌 | 亥 | |

子월에서 癸水정관이 투출하여 정관격의 기세가 강합니다.
정관격은 재성과 인성을 좋아하는데 마침 甲木인성이 월간에 있으면서 癸水의 기세를 일간에게 전하므로 정관용인격으로 성격이 되며 사주가 맑아진 것입니다.

초반 대운이 서방金대운으로 흐르면서 정관격을 도와 출세하였지만 중반 대운이 남방火대운으로 들어서며 甲木인성을 합거하여 패격이 되며 격국이 탁하여지자 하락운세로 변하며 벼슬을 하지 못하였습니다.

| 시 | 일 | 월 | 년 | 구분 |
|---|---|---|---|---|
| 丁 | 丙 | 甲 | 癸 | 천간 |
| 酉 | 寅 | 子 | 未 | 지지 |
| 丙 丁 | 戊 己 | 庚 辛 | 壬 癸 | 대운 |
| 辰 巳 | 午 未 | 申 酉 | 戌 亥 | |

子월에서 癸水정관이 투출하여 정관격의 기세가 강하고 甲木인성으로 흐르며 사주팔자가 맑은 듯하지만 丁火겁재가 흐름을 막고 재성을 노리고 있으니 사주팔자가 탁하다고 합니다.

서방金대운에 재성의 기세가 강하므로 癸水관성을 생하여 주는 성장운세가 되어 사주팔자가 맑아지며 부유해졌으나
남방火대운에 들어서며 정관을 극제하고 甲木을 합거하여
흐름을 막아 정체되니 하락운세로 변하며 사주팔자가 다시 탁해지고
화재로 처자와 가산을 모두 잃었다고 합니다.


| 시 | 일 | 월 | 년 | 구분 |
|---|---|---|---|---|
| 丁 | 戊 | 庚 | 乙 | 천간 |
| 巳 | 戌 | 辰 | 亥 | 지지 |
| 壬 癸 | 甲 乙 | 丙 丁 | 戊 己 | 대운 |
| 申 酉 | 戌 亥 | 子 丑 | 寅 卯 | |

辰월에서 乙木정관이 투출하여 정관격인데 乙庚합으로 정관격이 역할을 하지 못하므로 파격이 되어 사주팔자가 탁하다고 하는 것입니다. 사주에 火土기의 기세가 강하므로 金水기로 흐름이 원활하여야 사주팔자가 맑아지게 됩니다.

북방水대운에 火土의 기세를 도와 미약하나마 흐름이 원활해지며
사주팔자가 맑아지는 성장운세로 기회를 잡아 작은 일이라도 이루었다고 합니다.

# 03 운세의 변화

## 1 운세의 변화 요인

**운명은 운세의 변화에 의하여 만들어집니다.**
자연에서 기압의 태과불급이 크다면 고기압과 저기압의 편차가 크므로 자연은 이를 조절하기 위하여 스스로 태풍을 일으키면서 기압을 조절하는 자정작용을 합니다.
태과불급의 편차가 크면 클수록 강력한 태풍이 발생되어 지상의 모든 것을 순식간에 쓸어버리는 재난을 만드는 무서운 작용을 일으킵니다.

인간의 운명은 사주팔자가 음양오행의 태과불급을 조절하는 과정에서 만들어 지므로 사주팔자의 태과불급의 격차가 심할수록 운세의 변화가 심하고 강력한 태풍이 불어 삶의 모든 것을 한순간에 쓸어버리는 운명을 만들기도 합니다.
그러므로 태과불급이 크면 클수록 운세의 변화가 크게 작용하는 요인이 되고 운세의 변화에 의하여 운명이 만들어진다고 할 수 있습니다.

**기세의 편차가 운세의 변화를 유도합니다.**
자연에서 고기압이 저기압으로 흐르듯이 사주팔자에서도 강한 기세가 약한 기세로 흐르는 것은 자연의 이치입니다.
사주팔자에서 오행의 태과불급에 의한 편차는 자연적인 흐름을 만들며 생극의 작용으로 조절하고자 하는 것이 운세의 변화입니다.

사주팔자에서 木火의 기세가 강하고 金水의 기세가 약하다면 기세의 흐름은 木火에서 金水로 흐르는 것이 자연스러운 것입니다. 또한 木火의 기세가 약하고 金水의 기세가 강하다면 기세의 흐름은 金水에서 木火로 흐르는 것이 자연스러운 것입니다.
기세의 편차가 적을수록 흐름은 원만하지만 기세의 편차가 크다면 정체되어 움직이지 못하거나 급격한 편차작용이 발생하게 됩니다.

## ❷ 태과불급을 조절하는 운세

사주팔자의 태과불급을 조절하는 작용을 하는 오행이나 육신을 용신이라고 합니다. 용신은 사주팔자의 균형과 조화를 유도하면서 태과불급으로 인하여 탁하여진 사주팔자를 맑게 유지하는 작용을 하게 됩니다.

용신을 도와 태과불급의 작용을 실제로 하는 대운의 운세를 성장운세라고 합니다. 사주팔자의 태과불급을 조절하여 탁한 것을 맑게 만들어 주므로 이 시기에 성장운세가 되는 것입니다.
성장운세는 운명의 흐름을 좋게 만들어주며 성정과 발전을 이루는 개운의 시기라고 할 수 있습니다.

대운에서 용신을 도와 사주팔자의 태과불급을 조절하여 균형과 조화를 이루면서 성장운세를 만들어주지만 반대의 작용으로 태과불급을 조절하지 못하고 오히려 태과불급을 더욱 심화시킨다면 사주팔자를 탁하게 하므로 삶을 더욱 어렵게 만드는 하락운세를 만들어주게 됩니다.

대운이 사주팔자에 작용하며 성장운세와 하락운세를 판별할 수 있다면 개운의 시기를 알고 성장과 발전의 시기를 알 수 있으며
하락운세라고 하여도 하던 일을 멈추고 조절하며 성장운세가 오기를 기다린다면 운명의 조화를 다스릴 수 있는 지혜가 있다고 합니다.

삶이 어렵다고 하는 사람들은 성장운세에 기회를 포착하지 못하거나
하락운세를 알지 못하고 멈추지 않고 계속 나아가다가 낭패를 보는 경우로서 개운을 하지 않았기 때문입니다.

사주팔자에서 성장운세와 하락운세를 제대로 알아차려야 실패에 대비하는 것입니다.
마치 주식투자에서 살 때와 팔 때를 구분하지 못하면
투자금을 모두 잃어버리는 결과를 가져오는 것과 마찬가지입니다.

## 3 대운의 운세 변화 작용

**사주팔자에서 대운의 변화를 잘 읽어야**
**운세변화의 기미를 알고 대처할 수 있습니다.**

**대운은 운세의 변화를 일으키는 주된 역할을 합니다.**
우주자연의 변화는 별들과 은하가 움직이며 시공간을 변화시키듯이
사주팔자의 기세도 대운이 움직이며 운명의 시공간을 변화시킵니다.

사주팔자는 몸체이고 대운은 몸체를 변화시키는 작용을 하게 됩니다.
대운의 계절 작용에 의한 시간의 변화로 공간을 변화시키므로 세월의 흐름에 의하여 몸이 늙어가듯이 사주팔자도 늙어가며 운세의 변화를 일으키는 것입니다.

**사주팔자의 기세의 편차가 클수록 대운의 작용이 커집니다.**
태과불급이 심할수록 기세의 편차는 커지는 것이고 대운에서의 작용이 커지게 됩니다.

木火의 기세가 강하고 金水의 기세가 약한데
서북방金水대운이 온다면 시원한 바람이 불듯이 기세의 흐름이 원활하며 삶이 원만해지고 쾌적하다고 할 수 있습니다.

木火의 기세가 매우 강하고 金水의 기세가 매우 약하다면 기세의 편차가 큰 것으로 서북방金水대운이 온다고 하여도 기세의 편차를 줄이지 못하므로 태풍이 강하게 불고 삶의 어려움이 발생하는 것입니다.

이러한 경우에 동남방木火대운이 와서
차라리 金水의 일을 포기한다면 木火의 일은 발전할 것이고 金水운에 태풍을 피하며 조용히 지낸다면 커다란 화를 당하지 않을 것입니다.

운세는 대운에서 변화하고 세운에서 활용합니다.

대운에서 변화하는 운세는 삶의 성패와 환경을 좌우하며
세운에서 운세를 활용하며 작용하므로 삶의 길흉화복을 만들어줍니다.

운세는 사람이 살아가는 삶의 수단이고 가치의 수단이며 욕망의 수단입니다.
대운에서 변화하면서 성장운세로 작용하기도 하며 하락운세로 작용하기도 하는 것입니다.

성장운세를 세운에서 활용한다면 일취월장하며 기회를 잘 활용할 수 있는 길운이 되지만 세운에서 활용하지 못한다면 기회를 활용하지 못하므로 일이 지체되며 어려움이 생기는 것입니다.

하락운세에는 기미를 알고 개운으로 안정운세를 만들어야 손실을 최대한 방지할 수 있습니다.
하락운세에는 개운하는 세운이 되어야 안정운세를 만들 수 있습니다.
학업운, 합격운, 취업운, 명예운, 재물운, 당선운, 결혼운, 부모운,
배우자운, 자식운, 건강운...등 운세의 활용은 수없이 많습니다.

**성장운세는 성장하고 발전하는 시기입니다.**
사주팔자의 기세의 흐름을 좋게 만들어 삶을 원만하게 하는 작용을 하는 성장운세는 운세의 등급을 높여주는 대운으로서 성장하고 발전하며 삶의 질을 높게 만들어주는 대운이라고 합니다.
반대로 하락운세는 운세의 등급을 낮추어주는 대운으로 삶의 질을 나쁘게 하고 어려운 삶을 살게 하여준다고 할 수 있습니다.

자신의 사주팔자가 어느 시기에 성장운세가 오고 어느 시기에 하락운세가 오는 것을 안다면 할 때와 멈출 때를 구분할 수 있습니다.

◆ 용신의 운세

| 격국용신운세 | 억부용신운세 | 조후용신운세 |
|---|---|---|
| 격국의 성격 | 기세의 균형 조절 | 기후의 조절 |

격국용신운세는 사주팔자에서 사회의 쓰임새인 격국의 불완전함을 대운에서 보완하여 성격시켜주는 대운을 말합니다.

격국이 불완전하면 대운에서 그릇을 보완시켜 격국을 성격시켜준다면 이 시기에 사회적 역할이 증대되며 쓰임새를 만들어주게 됩니다.
이를 격국의 성장운세라고 하며 사회적 성장을 할 수 있는 좋은 기회가 되는 운세를 활용하는 시기가 되는 것입니다.

억부용신운세는 사주팔자에서 기세의 불균형을 해소시키고 흐름을 좋게 만들어 삶을 원만하게 만들어주는 운입니다.

태과불급 되어있는 기세의 불균형을 해소하지 못하면 능력을 제대로 발휘하지 못하므로 삶의 어려움이 생기게 됩니다.
대운에서 기세의 불균형을 해소시켜준다면 성장과 발전을 할 수 있는 성장운세가 되어 능력을 발휘하는 시기가 되는 것입니다.

조후용신운세는 사주팔자에서 한난조습의 불균형을 해소하여 삶의 편의성을 좋게 만들어주는 대운입니다. 조후가 안 되어 사주가 너무 뜨겁거나 추운 환경이라면 능률이 오르지 않고 척박한 환경에서 삶이 어려울 것입니다.

대운에서 한난조습을 조절하여 균형을 이루게 하여 준다면 삶의 환경이 좋아지므로 편안하여 진다는 것입니다.
이를 조후용신운세라고 하며 삶의 환경의 개선으로 인하여 편안한 환경에서 능률을 올릴 수 있는 운세를 활용하는 시기가 되는 것입니다.

## 4 개운 시기

**개운**開運이란 운명을 여는 것입니다.
명命은 목숨이면서도 생명을 주관하는 초인간적인 힘이라고 합니다.
운運은 천운天運으로 하늘이 정한 길을 가는 것이므로
운명이란 하늘이 정해준 사주팔자가 하늘이 정해준 운로를 따라 흐르며 생명이 살아가는 여정입니다.

하늘에서 정해준 자신의 사주팔자를 바꿀 수는 없습니다.
대운의 변화 또한 바꾸는 것도 어렵습니다. 인간은 스스로 자유의지가 있으며 자신의 노력으로 운명을 다스릴 역량을 가지고 있다고 하여도
개운의 기회가 오지 않았다면 노력이 히무해질 우려가 많은 것입니다. 노력하여도 이루지 못하였다고 하는 사람들이 이에 해당합니다.

자연은 태양이 서쪽으로 지면서 어두움이라는 밤을 만들었습니다.
그러나 인간은 전구를 발명하여 밤에도 빛을 환하게 비추며 낮과 같이 생활하고 있는 것입니다.
이것이 바로 밤이라는 운명을 바꿀 수는 없어도 밤을 낮처럼 활용할 수 있도록 개운을 하며 운명을 열었기 때문에 가능한 것입니다.

개운을 한다고 하면 부적이나 다른 방편을 구하기도 합니다.
답답한 마음에 지푸라기라도 잡고 싶은 심정으로 값비싼 부적을 사거나 별도의 방편으로 위안을 삼으려고 하지만 비용과 시간만 낭비하고 허망한 마음만 공허해질 따름입니다. 물론 이러한 방편들이 플라시보 효과에 의하여 불안한 마음을 안정시킬 수는 있지만 개운의 방책이 되지는 않습니다.

**진정한 개운은**
성장운세와 하락운세를 알고 운세를 적절히 활용 할 수 있는 지혜를 길러 기회를 잡아 자신의 자유의지로 운명을 개선하려고 노력하는 것입니다.

**개운은 운세를 활용하는 것입니다.**

개운을 하고자 한다면 사주팔자의 기세를 파악하고
대운의 운세 변화가 만드는 성장운세와 하락운세를 살펴야
운세를 활용하여 개운을 할 수 있는 것입니다.

성장운세가 되어도 이를 활용할 의지가 없다면 개운의 기회를 주지 않습니다. 성장운세를 알고 이를 활용하여야 개운으로 성장할 수 있기 때문입니다.

하락운세가 되어도 이를 활용할 수 있는 지혜가 없다면 운명은 내 편이 되어주지 않습니다. 하락운세임을 알고 어려움을 피하기 위하여 미리 대비를 한다면 운명은 다음에 오는 성장운세를 기다리는 인내심과 기회를 제공하게 됩니다.

진정한 개운은 하락운세를 성장운세로 바꾸는 것입니다.
어두운 밤에 불을 밝히듯이 개인의 자유의지로 극복하는 것이므로 운명을 바꾸는 기회가 되는 것입니다.
이러한 기회를 알고자 한다면 하락운세가 언제 어느 시기에 오는가를 알아야 하는 것입니다.
이 시기를 모르면 나도 모르게 하락운세에 들어서게 되고 이를 회복하려고 하지만 이미 때가 늦어버리고 마는 것입니다.
마치 태풍이 오는 시기를 모르고 있다가 태풍이 닥치면 속수무책으로 당하는 것과 마찬가지입니다.

성장운세에 기회를 포착하고 노력을 하여야 원하는 것을 이룰 수 있는 확률이 높은 것이며 하락운세에 미리 대비할 수 있어야 개운할 수 있는 것입니다.
사주팔자를 공부하는 이유는 성장운세와 하락운세가 오는 시기를 미리 알고 대처하고자 하는 것입니다.

**개운은 기회를 활용하여 운세등급을 조절하는 것입니다.**

사주팔자는 우주의 법칙인 생장소장의 원리에 의하여 움직이므로
성장운세가 활성화되어야 발전할 수 있으며
하락운세를 미리 알고 대비하여야 운세등급을 조절할 수 있습니다.

직장에서 승진을 하려면 운세를 알아야 승진에 따른 노력이 허사가 되지 않습니다.
성장운세의 기회를 잡고 자신의 의지로 노력을 곁들어야 승진하며 운세등급을 높일 수 있는 것입니다.
성장운세가 온지도 모르고 노력도 하지 않는다면 감나무 밑에서 감이 떨어지기만을 기다리는 것과 마찬가지입니다.
더구나 하락운세에는 승진을 바라기보다는 겸손한 마음으로 시기를 기다리며 준비하는 마음을 가져야 안정운세를 유지할 수 있는 것입니다.

사업가에게는 사업이 발전할 수 있는 운세를 알아야 성공할 수 있는 기회를 잡을 수 있으며 운세등급을 높일 수 있는 것입니다.
성장운세에 투자를 하고 확장을 하여야 보다 나은 실적을 올릴 수 있는 것이지만 하락운세에 투자를 한다면 이는 운명을 역행하는 것으로 실패할 확률이 많다고 할 수 있습니다.
하락운세에는 투자보다는 사업을 점검하고 필요 없는 것은 과감하게 정리를 하며 내실을 기하는 인내심이 필요합니다.

정치가에게는 선거에 당선할 수 있는 운세를 알아야 개운의 기회를 잡을 수 있는 것입니다.
성장운세에 승부수를 던진다면 성공할 확률이 많은 것이지만 하락운세에 승부수를 던진다면 실패할 확률이 더 많다고 할 수 있습니다.
성장운세에는 적극적인 활동으로 지지를 확보하여야 할 것이지만
하락운세에는 자신이 앞에 나서기보다는 성장운세에 있는 사람들을 뒤에서 도우며 기회를 엿보아야 안정운세를 유지할 수 있습니다.

자신의 자유의지로 개운할 수 있습니다.

개운이란 자신의 자유의지로 운세를 활용하는 것입니다.
하늘에서 주는 운세를 잘 활용하여야 하늘은 기회를 주는 것입니다.

운은 스스로가 만들어야 한다는 말이 있습니다.
사주팔자의 기세가 강하고 운에서 도와주는 성장운세가 온다고 하여도 스스로 노력하지 않으면 기회를 놓치기 쉽다고 하는 말입니다.

거지가 시장 한구석에서 몇 년 동안 한자리에서 구걸을 하고 있었다고 합니다.
어느 날 도인이 지나다가 그에게 물었습니다.
언제까지 구걸만 할 것이냐고 묻자 거지는 이 짓밖에 배운 것이 없으므로 그대로 할 것이라고 합니다.
도인은 거지가 깔고 앉아 있는 돌멩이를 보면서 이제 그만해도 될 것 같다고 하였습니다.
돌멩이는 놀랍게도 금덩이 이었던 것입니다.
하지만 거지는 금덩이인지 모르고 몇 년 동안 깔고 앉아 구걸만 하였다고 합니다.

성장운세의 기회가 급작스럽게 찾아오면서 로또복권 등의 횡재수가 생기기도 합니다.

그러나 이러한 횡재수도 자신의 사주에 없는 재물복이므로 제대로 누리지도 못하고 없어지고 말 것입니다.

오히려 이러한 재물로 인하여 집안이 풍비박산 되든지 주변사람들까지 잃어버리는 결과를 가져오기도 합니다. 재물로 인하여 큰 화를 당하는 경우라고 할 것입니다.

또한 성장운세의 복이 왔음에도 불구하고 아무 노력도 하지 않는다면 금덩이와 같은 횡재운이 올지라도 거지와 같이 단지 돌멩이로 인식을 하므로 쓸모가 없다고 하는 것입니다. 부자는 하늘이 낸다고 하는 말이 정말이구나 하는 것을 깨닫게 됩니다.

# 04 운세의 활용

삶에서 성장운세와 하락운세의 시기를 알고
적절히 대처하는 것이 운세를 활용하는 지혜입니다.

### 1 운세에 의한 변화

| 성격 | 직업 | 가정 | 건강 |
| --- | --- | --- | --- |

성격과 직업 그리고 가정과 건강은 삶의 변화를 만드는 요소이므로 운세에 의하여 변화하면서 성패가 갈리고 성공적이며 행복한 삶을 만들기도 하지만 실패하기도 하며 불행한 삶을 만들기도 합니다.

성격은 삶에서 가장 중요한 요소입니다.
활발하고 외향적인 성격에게 알맞은 직업과 생활이 있고 조용하고 내향적인 성격에게 알맞은 직업과 생활이 있습니다. 성격은 직업이나 가정생활 또는 건강에 미치는 영향이 가장 크므로 운세의 변화에 민감하게 작용한다고 할 수 있습니다.

직업은 삶을 살아가는 생존수단으로서 역시 중요한 요소입니다.
생존하기 위한 수단이기도 하지만 직업을 통하여 자아실현을 할 수 있으며 사회적 성취의 수단으로 활용하기도 합니다. 운세의 변화는 직업을 변화시키고 적성과 능력을 증진시키며 사회적 성취와 자아실현을 할 수 있도록 기여하는 작용을 합니다.

가정은 결혼을 하고 자식을 키우는 공간이며 사회생활에서 지친 몸과 마음을 휴식하는 공간이기도 합니다. 가정이 불안하면 사회생활도 역시 불안하고 사회적 성취마저 어려울 지경에 이르기도 합니다. 운세의 변화는 가정의 행복과 불행을 만드는 원인이기도 합니다.

건강은 삶을 유지하는 조건이기도 합니다. 재물과 명예를 성취하였다고 하여도 건강을 잃으면 아무 소용이 없으며 또한 건강하지 않으면 재물과 명예를 성취하지도 못하는 것입니다. 운세의 변화는 건강에 영향을 미치며 건강과 질병을 만드는 원인이 되기도 합니다.

## ❷ 운세의 작용 시기

| 소년기 | 청년기 | 장년기 | 노년기 |
|---|---|---|---|
| 1-2 대운 | 3-4 대운 | 5-6 대운 | 7대운 이상 |
| 학업운세 | 출세운세 | 성취운세 | 노후운세 |
| 부모운, 학업운 | 직장운, 사업운 결혼운 | 명예운, 재물운 가정운 | 건강운 |

맹자는 대학에서 수신제가치국평천하修身齊家治國平天下라고 하며 우선 자신을 닦고 가정을 평온하게 만들어야 국가를 다스리고 천하를 평정한다고 하였습니다.

인생을 크게 나눈다면
소년기와 청년기 그리고 장년기와 노년기로 나눌 수 있습니다.
소년기는 학업을 하며 성장하는 운세이고 청년기는 사회에 진출하는 출세운세이며 장년기는 사회적인 성취를 달성하는 운세이고 노년기는 노후생활을 하는 운세입니다.

소년기는 대개 20세 전후이라고 보면 적합할 것입니다.
이 시기에는 학업운세로서 자신의 적성과 능력을 계발하는 시기이며 사회에 나가기 위한 준비를 하는 시기라고 볼 수 있는 것입니다.
부모의 능력에 따라 금수저와 흙수저의 신분으로 나누어지기도 하지만 개인의 적성과 능력이 무엇보다도 중요하다고 할 것입니다.

청년기는 소년기를 지나 사회에 첫발을 내딛는 출세운세가 작용하는 시기라고 보면 될 것입니다. 사회초년생으로 소년기에 갈고 닦은 적성과 능력을 발휘하는 시기로서 경험을 쌓기 위하여 대부분 기업에 취업을 하는 것이 일반적이지만 사업가의 적성을 가진 경우에는 직접 몸으로 부딪쳐가며 경험을 쌓으며 대체로 시행착오를 많이 겪는 시기이기도 합니다. 또한 이 시기에는 이성과의 연애활동이 왕성하며 배우자를 만나 결혼을 하고 가정을 꾸미는 시기이기도 합니다.

장년기는 인생의 성숙된 시기로서 사회적 성취를 완성하는 운세가 작용하는 시기라고 보면 될 것입니다. 어느 정도 사회적 지위와 명예를 확보하고 있으며 사업가의 경우에도 안정된 궤도에서 꽃을 피우고 결실을 맺는 시기입니다.
이 시기에는 사회적으로 중추적인 역할을 하면서 명예와 재물을 성취하고 가정을 안정적으로 유지하며 자식들이 독립하여 결혼하는 시기이기도 합니다.

노년기는 인생의 동력을 소진한 시기로서 사회에서 은퇴하고 노후생활을 영위하는 운세가 작용하는 시기라고 보면 될 것입니다. 이 시기에는 모든 것을 자식과 후배에게 인계하고 가정에 머물며 노후생활과 건강에 가장 관심을 가지는 때입니다.

수신제가치국평천하修身齊家治國平天下는 자신을 닦고 집안이 평온하여야 나라를 다스리고 천하를 평정할 수 있다고 합니다. - 맹자

그리스의 철학자이자 수학자인 피타고라스(Pythagoras, 580 ~ 500 B.C)는 인생에도 계절이 있어 소년기를 봄으로 보고 청년기를 여름으로 장년기를 가을로 노년기를 겨울로 보았다고 합니다.

## 3 세운의 운세 활용

사주팔자의 기세의 균형을 도모하는 것이 대운이라면
세운은 운세를 활용하는 역할을 합니다.

**세운은 운세를 활용하는 것입니다.**
사주팔자의 운세 등급을 조절하는 것이 대운의 역할이라면 세운은 운세를 활용하는 역할을 하는 것입니다.
운세의 변화와 운세의 작용시기를 사주팔자와 대운에서 파악하고 성장운세인지 하락운세인지를 알 수 있다면 세운의 작용을 알 수 있는 것입니다.

취업을 하고자 한다면 운세의 작용을 살펴보아야 합니다.
운세의 작용이 취업에 적합하게 움직이고 있는지 살피고 성장운세를 만들고 있는지 아니면 하락운세를 만들고 있는지 보아야 세운에서 운세를 활용할 수 있는 것입니다.

甲木일간의 기세가 강하고 土金의 재관의 기세가 약한데 대운에서 남서방火金대운으로 기세의 균형을 이루며 성장운세가 되었다면 戊戌년에는 취업의 기회가 온 것으로 판단하는 것입니다.

그러나 대운이 북방水대운으로 土金을 설기하는 하락운세인데 戊戌년이라면 기회가 지나간 것으로서 취업이 어려우므로 실력을 연마하는 기간으로 삼으면서 개운의 기회를 만들어야 합니다.

이처럼 세운은 사주팔자와 대운의 운세를 활용하는 것이므로
기세가 균형을 이루는 성장운세인지 아니면 하락운세인지를 살펴보고 적절하게 개운을 활용을 하여야 성공과 실패에 대처할 수 있는 지혜가 생기는 것입니다.

# 05 기세의 심리

| 기氣 | 세勢 |
|---|---|
| 하고자 하는 의지 | 실행하는 능력 |

**기는 하고자 하는 의지입니다.**
기氣는 하고자 하는 의지로서 뜻이며 이상이고 야망이고 대망이고 비전입니다.
뜻이 없으면 실행하기 어렵고 미래의 아름다운 결실을 현실화시키기 어렵습니다.
뜻이 클수록 야망이 있다고 합니다.

토마스 모어는 유토피아를 그렸지만 현실화되지 못하고 형장의 이슬로 사라졌습니다. 권력층들의 소유재산을 모든 국민이 공동 소유하자는 주장이 화를 불러일으킨 것입니다. 아무리 위대한 꿈이라도 현실화되지 못한다면 일장춘몽이 되기 마련입니다.

**세는 실행하는 능력입니다.**
세勢는 세력으로 실행하는 능력입니다.
뜻이 아무리 원대하고 이상적이라고 할지라도 실행을 하지 못하면 한갓 꿈으로 일장춘몽이 되어버립니다. 실행을 하는 능력이 강해야 성공할 가능성이 큽니다.

**기세는 서로 보완하고 맑고 왕강해야 합니다.**
기가 왕성한데 세가 약하거나 기가 쇠약한데 세가 강하다면 쓸모가 적을 것입니다.
기세는 서로 보완하여 균형이 이루어지고 왕강하며 맑아야 운세등급이 높아지는 것입니다.

기세가 태과불급으로 인하여 불균형되어 있고 탁하다면 등급이 낮은 것입니다.
기세의 불균형을 대운에서 조절하여 준다면 성장운세로서 성장하고 발전할 수 있는 계기가 만들어질 수 있습니다.

| 기氣 | 세勢 |
|---|---|
| 자신감, 정신력<br>하고자 하는 욕구와 의욕 | 추진력, 육체적<br>하고자 하는 실행력 |

### 1 기는 욕구와 자신감 그리고 정신력

기가 왕성하면 자신감이 있고 정신력이 강하며 하고자 하는 욕구와 의욕이 왕성하게 됩니다. 반대로 기가 쇠약하면 자신감이 없고 열등감이 팽배해지며 하고자 하는 욕구와 의욕도 없게 됩니다.

**천간의 기는 욕구와 의욕입니다.**
기가 강하다는 것은 정신력이 강하고 자신감이 넘치는 것입니다.
비록 육체적인 힘이 약하여도 강한 정신력이 있으면 자신감과 의욕이 넘치므로 성공할 가능성이 많은 것입니다.

정신력이 강하면 스스로를 다스릴 수 있는 제어력이 뛰어납니다.
함부로 덤비지 않고 치밀한 계획을 세우며 자신감있게 실행하므로 실패에 대한 두려움이 없는 것입니다. 누군가에게 의지하거나 바라지도 않습니다. 스스로 해결하고자 하는 의지가 강하기에 그러합니다.

정신력이 약하다는 것은 혼자서 무엇을 하지 못한다는 것입니다.
항상 누군가에게 의지하려고 하므로 일이 잘못되면 남들을 탓하며 원망하기 일쑤입니다.

월령이 木의 기세이라면 甲乙木에 해당하는 육신의 적성은 자신감이 있고 의욕이 넘치는 강한 추진력을 가지고 있는 것입니다.
甲木이 정관이라면 조직 관리에 대한 자신감이 있고 의욕이 넘치는 운세라고 할 수 있는 것입니다.

## ❷ 세는 능력과 추진력

세란 능력으로서 세력이 강하면 추진력이 강하고 하고자 하는 실행력이 강하다고 합니다. 반대로 세력이 약하면 추진력이 약하고 실행력이 약하므로 능력이 없다고 합니다.

세력이 있으면 힘으로 밀어붙이므로 능력이 있다고 하는 것이며 세력이 없으면 힘이 없는 것이니 능력이 없다고 하는 것입니다.
세력은 마치 자동차를 움직이게 하는 엔진과 같아서 마력이 커야 커다란 짐을 실을 수 있지만 마력이 적다면 힘이 미치지 못하므로 큰일을 감당하기 어렵습니다.

**지지의 세는 하고자 하는 실행력입니다.**
천간의 기가 정신적인 힘이라면 지지의 세는 육체적인 힘입니다.
강한 육체는 세력이 있고 실행하는 힘이 있으므로 강하다고 합니다.

기가 왕성하여도 세가 약하다면 하고자 하는 의욕은 왕성하지만
실행력이 뒤떨어지므로 일장춘몽이 되기 쉽습니다.
꿈만 많고 실행하지 아니하니 이상주의자가 되기 쉬운 것입니다.

기가 쇠약하고 세가 강하다면 하고자 하는 의욕이 약하여도
실행력이 강하므로 생각 없이 일을 하는 것으로서
마치 미련한 곰과 같다고 합니다.

기가 왕성하고 세도 강하다면 지혜롭고 힘이 강하므로 세상을 통치할 수 있는 능력이 있는 것이며 지도자로서의 역량이 있습니다.

운세의 기세가 모두 강하여야 지혜와 능력이 있다고 합니다.
기가 강하고 세가 약하다면 지혜는 있어도 실행력이 떨어지며
기가 약하고 세가 강하다면 지혜가 없으나 실행력이 있다고 합니다.

| 시 | 일 | 월 | 년 | 구분 |
|---|---|---|---|---|
| 甲 | 丙 | 庚 | 戊 | 천간 |
| 午 | 戌 | 申 | 戌 | 지지 |

申월에서 투출한 庚金재성의 기세가 강하므로 재물을 소유하고자 하는 의지와 실행력이 강하다고 합니다.

戊土식신은 戌土에 앉아 재성을 만들고자 하는 실행력이 있습니다.

丙火일간은 지지에 午戌의 지지가 있으므로 재봉식신을 다스릴 의지력과
실행력이 모두 강합니다.
甲木인성은 지지에 뿌리가 없으므로 측은지심을 내는 마음은 있어도
실행하는 데에는 어려움을 겪게 됩니다.

| 시 | 일 | 월 | 년 | 구분 |
|---|---|---|---|---|
| 辛 | 乙 | 壬 | 丁 | 천간 |
| 巳 | 丑 | 寅 | 未 | 지지 |

丁火식신은 未土에 앉아 재물을 생산하고자 하는 의지와 실행력이 모두 강하며
壬水인성은 지지에 뿌리가 미약하여 비록 의지는 있다고 하여도 실행력이 미약합니다.

乙木일간은 월령이 木기이므로 기세가 강하지만 甲木이 없는 상황에서 기세를 발휘하기 어렵습니다.
그러나 丁壬합으로 생성되는 木기의 강한 기세가 있으므로 의지와 실행력이 모두 강하다고 할 것입니다.

辛金편관은 지지에 巳丑의 세력이 있지만 역시 역량이 미약하므로 의지는 있으나
실행력이 미약하므로 조직에서 역량을 발휘하기 어렵습니다.

Summary

◆ 운세運勢란

음양오행은 우주를 구성하고 있는 원소로서 우주의 시공간을 표현하고 있습니다. 인간은 소우주로서 삶의 시공간인 운명을 음양오행으로 표현한 것이 사주팔자이고 사주팔자의 기세가 대운에 인하여 변화하는 것을 운세라고 하며 이를 해석하여 운명을 예측하는 학문이 사주명리입니다.

운세運歲는 한 해의 운으로서 세운이라고 합니다.
운세運世는 평생의 운 또는 세상의 운을 말합니다.

◆ 운세의 변화

인간의 삶도 자연과 같아서 사주팔자의 태과불급의 격차가 심할수록 삶의 변화가 심하고 강력한 태풍이 불어 삶의 모든 것을 한순간에 쓸어버리는 재난을 당하기도 하는 것입니다. 그러므로 태과불급이 크면 클수록 운세의 변화가 크게 작용하며 운명이 변화하는 요인이 되는 것입니다.

◆ 운세에도 등급이 있습니다.

인격에는 등급이 없지만 사주팔자에는 등급이 있는 것입니다. 인격은 정신이고 사주팔자는 인생이기 때문입니다. 사주팔자의 등급을 결정하는 것은 운세의 왕쇠강약과 청탁이라고 할 수 있습니다. 운세의 고저에 따라 부귀한 사주가 있는가 하면 빈천한 사주가 있는 것입니다.

◆ 운세의 등급은 사주팔자와 용신의 기세로 정해집니다.

사주팔자의 기세가 맑으면 운세의 등급이 높다고 하는 것이고
사주팔자의 기세가 탁하면 운세의 등급이 낮다고 하는 것입니다.
기세의 태과불급은 기세를 탁하게 만들어 운세의 등급을 낮추게 하는 요인이 됩니다.

◆ 대운에 의하여 운세의 등급이 변화합니다.

대운의 기세는 사주팔자의 기세에 작용하여 태과불급을 조절하는 역할을 하며 운세의 등급을 조절하게 됩니다. 사주팔자의 기세를 조절하는 역할을 용신이 한다면 대운의 기세는 용신을 도와 사주팔자의 기세를 조절하게 됩니다.

◆ 운세 등급의 고저

| 높은 운세 등급 | 낮은 운세 등급 |
| --- | --- |
| 기세가 강하고<br>흐름이 좋고 균형되어<br>맑은 사주 | 기세가 약하고<br>흐름이 나쁘고 불균형으로<br>탁한 사주 |

사주팔자의 기세가 강하며 기세의 흐름이 원활하여야 좋고 기세의 균형이 조화되어 있으면 사주팔자의 기세가 맑다고 하며 등급이 높은 사주팔자가 될 수 있습니다. 사주팔자의 기세가 약하며 기세의 흐름이 막혀서 지체되거나 정체되고 기세의 태과불급으로 불균형이 되어있다면 등급이 낮은 사주팔자입니다.

◆ 안정운세

안정운세란 삶의 굴곡이 적으며 안정된 삶을 유지하는 패턴으로 사주팔자의 기세의 등급에 따라 높은 등급의 안정운세와 중간 등급의 안정운세 그리고 낮은 등급의 안정운세가 있습니다.

안정운세는 등급의 차이는 있어도 비교적 삶이 안정화되어 있으므로 평범한 삶이라고 할 수 있습니다. 삶의 굴곡이 적으므로 대체적으로 원만한 성품을 갖고 안정된 생활을 하는 편으로 무난한 삶이 되는 것입니다.

◆ 성장운세

성장운세란 사주팔자의 기세의 태과불급을 대운에서 조절하여 균형을 이루면서 성장과 발전을 할 수 있는 여건을 만들어 주며 성장하는 운세를 말합니다.
성장하는 운세는 유형에 따라 여러 가지로 나눌 수 있으나 대체적으로 낮은 등급에서 높은 등급으로 올라가는 경우가 있으며 올라가다가 하락하는 경우도 있습니다.

◆ 하락운세

하락운세는 대부분 사주팔자의 기세가 약하거나 태과하여 대운에서 조절을 하지 못하거나 태과불급을 더욱 심하게 하며 기세의 균형을 어그러져서 운세가 하락하는 현상으로 어려운 삶을 살게 됩니다.

하락운세에는 여러 가지 유형이 있을 수 있으나 대체로 높은 등급에서 낮은 등급으로 하락하는 경우가 대부분입니다.

◆ 운세의 등급 조절

| 사주팔자의 용신 | 대운 |
| --- | --- |
| 기세의 태과불급 조절 기준 | 사주팔자의 운세등급조절 |

사주팔자에서 용신은 사주팔자의 기세의 태과불급을 조절하는 기준 역할을 하며 대운은 사주팔자의 운세를 조절하는 역할을 합니다.

◆ 운명은 운세의 변화에 의하여 만들어집니다.

사주팔자의 태과불급의 격차가 심할수록 운세의 변화가 심하고 강력한 태풍이 불어 삶의 모든 것을 한순간에 쓸어버리는 운명을 만들기도 합니다.

삶이 어렵다고 하는 사람들은 성장운세에 기회를 포착하지 못하고 개운의 기회를 잃어버리는 것이고 하락운세를 알지 못하고 멈추지 않고 계속 나아가다가 낭패를 보는 것입니다.

◆ 개운이란 운명을 여는 것입니다.

하늘에서 정해준 자신의 사주팔자를 바꿀 수는 없습니다. 대운의 변화 또한 바꾸는 것도 어렵습니다. 인간은 스스로 자유의지가 있으며 자신의 노력으로 운명을 다스릴 역량을 가지고 있습니다.

성장운세가 온다고 하여도 노력하지 않고 하락운세에 대비하지 않는다면 개운의 여지는 없다고 하여야 할 것입니다.

◆ 기세의 운용

| 기氣 | 세勢 |
|---|---|
| 하고자 하는 의지 | 실행하는 능력 |

기세의 태과불급이 운세를 변화시키는 요인이 되는 것입니다.

기세는 맑고 왕강해야 사주팔자의 균형과 조화가 이루어진 것이며 운세가 좋다고 하는 것입니다.

◆ 운세에 의하여 변화하는 것

| 성격 | 직업 | 가정 | 건강 |
|---|---|---|---|

성격과 직업 그리고 가정과 건강은 삶의 변화를 만드는 요소이므로 운세에 의하여 변화하면서 성패가 갈리고 성공적이며 행복한 삶을 만들기도 하지만 실패하기도 하며 불행한 삶을 만들기도 합니다.

◆ 운세의 작용 시기

| 소년기 | 청년기 | 장년기 | 노년기 |
|---|---|---|---|
| 1-2 대운 | 3-4 대운 | 5-6 대운 | 7대운 이상 |
| 학업운세 | 출세운세 | 성취운세 | 노후운세 |
| 부모운, 학업운 | 직장운, 사업운 결혼운 | 명예운, 재물운 가정운 | 건강운 |

# 제2장
# 기세의 강약

氣勢의 强弱

**기세의 강약은 운세등급의 고저를 결정하는 요인이 됩니다.**

기세가 강하고 흐름이 좋으면 운세등급이 높아질 수 있으며
기세가 약하고 흐름이 나쁘면 운세등급이 낮아질 수 있습니다.

기세의 태과불급은 기세의 맑고 탁함을 만들며
맑은 기세는 흐름이 좋고 기세의 균형이 잘 잡혀 있는 것이고
탁한 기세는 흐름이 나쁘고 기세의 균형이 어그러진 것입니다.

운세등급의 고저를 알고자 한다면
기세의 강약을 서로 비교하여
기세의 태과불급의 정도에 따라
기세의 청탁을 구분하여야 합니다.

사주팔자의 기세는 대운에서 흐르는 상태에 따라
성장운세가 될 수도 있으며
하락운세가 될 수도 있습니다.

성장운세에 운세등급이 높아지는 것이며
하락운세에 운세등급이 낮아지는 것입니다.

# 01 기세의 개념

## 1 기세의 개념

| 기氣 | 세勢 |
|---|---|
| 정신의 왕쇠旺衰 | 체력의 강약强弱 |
| 기수, 운전사 | 말, 자동차 |

기는 사주의 정신으로 왕쇠의 기운을 가지며
세는 사주의 체력으로 강약의 세력을 가집니다.

사주는 정신과 체력으로 움직입니다. 정신은 기라고 하며 체력은 세라고 합니다.
기의 정신이 크면 왕성하다고 하며 작으면 쇠약하다고 합니다.
세의 체력이 크면 강하다고 하며 작으면 약하다고 합니다.

왕성함이 태과하면 태왕하다고 하며 불급하면 태쇠하다고 하고
강함이 태과하면 태강하다고 하며 불급하면 태약하다고 합니다.

기는 월령의 기를 중심으로 사주팔자의 천간에 주로 나타나며
세는 지장간을 중심으로 사주팔자의 지지에 주로 나타납니다.

기는 기수나 운전사와 같고 세는 말과 자동차와 같습니다.
기수나 운전사가 말이나 자동차가 없으면 힘을 발휘하지 못하고 말이나 자동차가 기수가 없으면 능력을 발휘하지 못하듯이 기가 지지의 세력을 갖지 못하면 쓸모가 없으며 세가 천간의 기운을 갖지 못하면 역시 쓸모가 없다고 합니다.

기세가 강하고 균형되면 운세등급이 높아질 수 있는 것이며
기세가 강약으로 불균형되면 운세등급이 낮아질 수 있는 것입니다.

# 02 월령의 기세

태어난 계절의 기운을 월령이라고 하며
월령은 사주팔자를 지배하는 주된 기운으로 작용하며
천간에 발현하고 지지의 세력을 득하여야 기세가 강하다고 합니다.

### 1 월령의 기운

| 계절 | 봄 | 여름 | 가을 | 겨울 |
|---|---|---|---|---|
|  | 寅卯辰 | 巳午未 | 申酉戌 | 亥子丑 |
| 월령 | 木 | 火 | 金 | 水 |

봄에는 木기가 가장 왕성하며 여름에는 火기, 가을에는 金기, 겨울에는 水기가 가장 왕성합니다. 土기는 각 계절에 모두 왕성합니다.

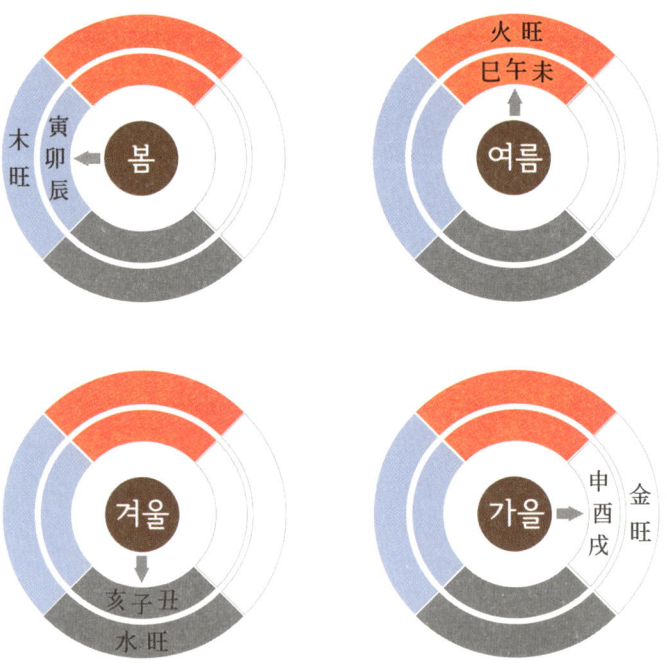

◆ 봄의 木월령

| 寅월 | 卯월 | 辰월 |
|---|---|---|
| 삼양삼음 | 사양이음 | 오양일음 |

봄의 木기는 소양으로 양기가 자라면서 음기를 점점 밀어내므로
辰월에는 음기가 하나만 남게 됩니다.
봄의 양기는 생동하며 뿌리를 내리고 싹을 피우는 생기이므로 만물을 태어나게 하는 기운입니다.

寅월에는 삼양삼음三陽三陰의 기운으로 음양의 기가 조화를 이루는 시기입니다. 甲木의 생기가 왕성하고 丙火의 생기가 나타나기 시작하는 때입니다. 戊土는 丑土의 여기로서 만물을 생하는 작용을 합니다.

卯월에는 사양이음四陽二陰의 기운으로 양기가 점차 왕성해지고 음기가 점차 쇠퇴하는 시기입니다. 甲木의 생기가 여기로서 작용하고 乙木의 형질이 만들어지는 시기이므로 만물이 형체를 갖추기 시작합니다.

辰월에는 오양일음五陽一陰의 기운으로 양기가 치성하고 음기가 미약해지는 시기입니다. 쇠퇴하여지는 水와 木의 기세를 갈무리하고 왕성하여지는 火의 기세를 발전시키는 역할을 합니다.

봄의 木월령에는 木기가 가장 왕성하지만
火기의 어린 기운이 만들어지고 점차 자라나며
水기는 점차 쇠퇴하는 기운이므로 휴식을 취하는 시기라고 할 것이고
金기는 기운이 끊어지는 때입니다.
土기는 丑월에서 水기와 木기를 연결하고 寅월 초기에 만물을 생하며 辰월에는 木기와 火기를 연결하며 만물을 번성시키는 역할을 합니다.

◆ 여름의 火월령

| 巳월 | 午월 | 未월 |
|---|---|---|
| 육양 | 일음오양 | 이음사양 |

여름의 火기는 태양으로 양기가 가장 왕성한 때이며 음기가 처음으로 자라나기 시작하는 때입니다. 여름의 양기는 만물을 번성하게 하는 작용을 하는 성장의 기운입니다.

巳월은 육양六陽의 기운으로 양기가 가장 왕성한 때이므로 만물이 성장하며 번성하는 시기입니다.
丙火의 생기가 왕성하고 庚金의 생기가 나타나기 시작하는 때입니다. 戊土는 辰土의 여기로서 만물을 번성하게 하는 작용을 합니다.

午월은 양기가 극에 이르러 음기를 하나 생산하는 일음오양一陰五陽의 기운으로 만물이 번성하고 점차 결실을 준비하는 시기입니다.
丙火의 생기가 여기로서 작용하고 丁火의 형질이 형체를 갖추면서 만물이 왕성하게 자란 모습을 드러내는 시기입니다.

未월은 양기가 점차 줄어들지만 음기가 자라나는 이음사양二陰四陽의 기운으로 만물의 성장은 계속되며 결실도 점차 만들어지는 때입니다. 쇠퇴하는 木과 火의 기세를 갈무리하고 金의 기세를 발전시키는 역할을 하는 시기입니다.

여름의 火월령에는 火기가 가장 왕성하지만 金기의 어린 기운이 만들어지고 점차 자라나며 木기는 점차 쇠퇴하는 기운이므로 휴식을 취하는 시기라고 할 것이고 水기는 기운이 끊어지는 때입니다.
土기는 辰월에서 木火기를 연결하고 巳월 초기에 만물을 번성하게 하며 未월에는 火기와 金기를 연결하며 결실을 준비하는 역할을 합니다.

火기는 金기를 극하는 것이 오행의 이치이지만
사상에서는 火기가 金기를 기르는 역할을 하는 것입니다.

◆ 가을의 金월령

| 申월 | 酉월 | 戌월 |
|---|---|---|
| 삼음삼양 | 사음이양 | 오음일양 |

가을의 金기는 소음으로 양기가 점차 쇠퇴하여지고 음기가 왕성해지는 때입니다. 만물의 성장을 멈추게 하고 수렴收斂하는 기운으로 결실을 단단하게 만드는 시기입니다.

申월은 삼음삼양三陰三陽의 기운으로 음양의 기세가 교체하며 조화를 이루고 숙살지기肅殺之氣가 발동하는 때이므로 만물의 성장하는 기운을 잘라내고 결실을 준비하는 시기입니다.
庚金의 생기가 왕성하고 壬水의 생기가 나타나기 시작하는 때입니다.

酉월은 사음이양四陰二陽의 기운으로 음기가 점차 왕성하여 지고 양기가 쇠퇴하여지는 시기입니다. 만물은 양기가 쇠퇴하여 더 이상 번성하지 못하고 병이 들며 결실을 풍성하게 만드는 시기입니다.
庚金의 생기가 여기로 작용하고 辛金의 형질이 형체를 갖추면서 씨앗이 단단한 모습을 갖추는 시기입니다.

戌월은 오음일양五陰一陽의 기운으로 단풍이 지며 겨울을 준비하는 시기로서 음기가 왕성하고 양기가 미약한 시기입니다.
쇠퇴하는 火와 金의 기세를 갈무리하고 水의 기세를 발전시키는 역할을 하는 시기입니다.

가을의 金월령에는 金기가 가장 왕성하지만
水기의 어린 기운이 만들어지고 점차 자라나며
火기는 점차 쇠퇴하는 기운이므로 휴식을 취하는 시기라고 할 것이고 木기는 기운이 끊어지는 때입니다.
土기는 未월에서 火金기를 연결하고 申월 초기에 결실을 만들며 戌월에는 金기와 水기를 연결하며 씨앗을 저장하는 역할을 합니다.

◆ 겨울의 水월령

| 亥월 | 子월 | 丑월 |
|---|---|---|
| 육음 | 일양오음 | 이양사음 |

겨울의 水기는 태음으로 음기가 가장 왕성한 때이며 점차 양기가 자라나는 시기입니다. 가을의 결실을 거두어 저장하는 시기로서 만물이 동면하고 휴식하며 봄을 준비하는 시기이기도 합니다.

亥월은 육음六陰의 기운으로 음기가 가장 왕성한 때이며 만물은 동면에 들어갈 준비를 하고 새로운 씨앗을 보관 저장합니다.
壬水의 생기가 왕성하고 甲木의 생기가 나타나기 시작하는 때입니다. 戊土는 戌土의 여기로서 결실을 거두어 씨앗을 저장하게 하는 역할을 합니다.

子월은 일양오음一陽午陰의 기운으로 음의 기세가 극에 다다르며 양의 기세를 하나 생성하는 시기입니다. 씨앗을 보관하며 새로운 생명을 탄생시키기 위한 준비를 하고자 합니다. 壬水의 생기가 여기로 작용하며 癸水의 형질이 형체를 갖추고 만물이 생명을 유지하는 영양분의 역할을 하게 됩니다.

丑월은 이양오음二陽五陰의 기운으로 양기가 점차 발전하지만 음기가 왕성한 혹한의 시기로서 겨울을 마무리하고 봄을 준비하는 시기입니다. 金水기를 갈무리하고 木기를 발전시키는 역할을 합니다.

겨울의 水월령에는 水기가 가장 왕성하지만 木기의 어린기운이 만들어지고 점차 자라나며 金기는 점차 쇠퇴하는 기운이므로 휴식을 취하는 시기라고 할 것이고 火기는 기운이 끊어지는 때입니다. 土기는 戌월에서 金水기를 연결하고 亥월 초기에 씨앗을 저장하며 丑월에는 水기와 木기를 연결하며 만물의 생기를 돕는 역할을 합니다.

월령의 기운은 사주팔자를 지배하는 주된 기운으로 만물의 생장소멸을 주관하므로 삶에서 어떻게 작용하며 성장하는지를 보아야 합니다.

## ❷ 월령의 발현

| 계절 | 봄 | 여름 | 가 을 | 겨울 |
|---|---|---|---|---|
| | 寅卯辰 | 巳午未 | 申酉戌 | 亥子丑 |
| 월령 | 木 | 火 | 金 | 水 |
| 천간 | 甲乙 | 丙丁 | 庚辛 | 壬癸 |

사상은 월령의 기이므로 월지의 지장간이 천간에 발현되어야
강한 기세를 갖고 월령의 역할을 하며 운세등급을 높일 수 있습니다.

寅卯辰월에 천간에 있는 甲乙木은 木기 월령의 발현이므로
월령의 기세가 가장 강한 천간으로서 사주팔자의 주된 정신이 되며
적성으로 나타나 성장운세를 이끌 수 있는 것입니다.

巳午未월에 천간에 있는 丙丁火는 火기 월령의 발현이므로
월령의 기세가 가장 강한 천간으로서 사주팔자의 주된 정신이 되며
적성으로 나타나 성장운세를 이끌 수 있는 것입니다.

申酉戌월에 천간에 있는 庚辛金은 金기 월령의 발현이므로
월령의 기세가 가장 강한 천간으로서 사주팔자의 주된 정신이 되며
적성으로 나타나 성장운세를 이끌 수 있는 것입니다.

亥子丑월에 천간에 있는 壬癸水는 水기 월령의 발현이므로
월령의 기세가 가장 강한 천간으로서 사주팔자의 주된 정신이 되며
적성으로 나타나 성장운세를 이끌 수 있는 것입니다.

辰戌丑未월은 계절의 월령과 土기가 섞이므로 잡기월이라고 합니다.
辰戌丑未월에는 계절의 월령이 각각 지배하지만 천간의 戊己土는 土기가 발현한
것이므로 월령의 기세와 함께 적성으로 나타나 성장운세를 이끌 수 있는 것입니다.

◆ 월령이 발현되어야 기세가 강하다고 합니다.

| 1 | 2 | 3 |
|---|---|---|
| ○ 甲 ○ 庚<br>○ ○ 申 ○ | ○ 甲 ○ 壬<br>○ ○ 申 ○ | ○ 甲 ○ ○<br>○ ○ 申 ○ |
| 칠살격 | 인수격 | 칠살격 |

1. 申월은 金월령입니다. 월지 申金에서 庚金칠살이 년간에 투출하였으므로 월령이 발현되어 金월령의 기세가 강하다고 하는 것입니다.
2. 壬水가 년간에 투출하였으나 金월령이 발현하지 못하고 지장간에 잠재되어 있으므로 金월령의 기세가 약하다고 하는 것입니다.
3. 천간에 金월령이 발현되지 못하여 월지의 지장간에 잠재되어 있으므로 金월령의 기세가 약하다고 하는 것입니다.

| 1 | 2 | 3 |
|---|---|---|
| ○ 庚 ○ 乙<br>○ ○ 辰 ○ | ○ 甲 ○ 丁<br>○ ○ 戌 ○ | ○ 甲 己 ○<br>○ ○ 未 ○ |
| 재격 | 상관격 | 재격 |

1. 辰월은 木월령입니다. 월지 辰土에서 乙木재성이 년간에 투출하였으므로 木월령이 발현되어 기세가 강합니다.
2. 戌월은 金월령입니다. 월지 戌土에서 丁火상관이 년간에 투출하였으나 火기이므로 金월령을 거스르게 되어 월령의 기세가 미약합니다. 또한 戌월에서 투출한 丁火도 중기에서 투출하였으므로 기세가 미약하다고 합니다.
3. 未土는 火월령입니다. 己土재성이 발현되어 土기의 기세는 강하지만 火월령이 발현하지 못하여 火월령의 기세는 미약합니다. 다만 火월령은 己土를 생하여 土기의 기세가 더욱 강해지고 있습니다.

◆ 월령의 기세가 강하여야 성장운세를 이끄는 지배력이 있습니다.

| 1 | 2 | 3 |
|---|---|---|
| 癸 甲 甲 庚<br>酉 子 申 申 | 丙 甲 戊 壬<br>寅 午 申 午 | ○ 甲 ○ ○<br>酉 戌 申 ○ |
| 칠살격 | 종아격 | 칠살격 |

1. 申월은 金월령입니다. 월지 申金에서 庚金칠살이 년간에 투출하고 지지에 金의 기세가 강하므로 金월령의 기세가 강하여 사주팔자의 지배력이 강하다고 합니다.
2. 壬水가 중기에서 투출하였으나 戊土로 인하여 역할을 하지 못하고 金월령의 기세가 미약하므로 사주팔자를 지배하기 어렵습니다. 따라서 金월령을 포기하고 火의 강한 기세를 따르게 됩니다.
3. 천간에 월령이 발현되지 못하였지만 지지에 申酉戌 방합의 기세가 있으므로 金월령의 기세가 강하여 지배력이 있다고 합니다.

**월령의 발현은 사주팔자의 지배력을 강하게 합니다.**
월령이 발현되면 월령의 기세가 사주팔자에서 가장 강하게 됩니다.
격국용신에서는 월령이 격용신으로서 기세가 강하여야 사주팔자를 지배할 수 있는 지배력으로 성장운세를 이끌 수 있습니다.
지배력이 있어야 사주팔자의 운세등급을 높일 수 있습니다.

월령의 기세가 약하다면 사주팔자에서 기세가 강한 오행에게 지배권을 양보해야만 합니다. 사주팔자는 강한 기세를 가진 오행에게 사주팔자의 지배권을 주어서 다스리며 성장운세를 이끌기 때문입니다.
기세가 강하여야 성장운세로 삶을 살아가는 경쟁력이 생기는 것이고
운세등급이 높아지며 부귀를 누릴 수 있는 것입니다.

팔자의 용신은 오직 월령에서 구한다. 일간이 월령의 지지에 배합하는데 지지의 생극이 다르니 격국이 나누어지는 것이다 – 자평진전

## 3 월령의 변화

**대운은 월령의 기운이 변화하는 과정입니다.**

태어난 달은 월령의 기운이 가장 왕성한 오행의 기입니다.
寅卯辰월에 태어났다면 木기가 가장 왕성하게 됩니다.
巳午未월에 태어났다면 火기가 가장 왕성하게 됩니다.
申酉戌월에 태어났다면 金기가 가장 왕성하게 됩니다.
亥子丑월에 태어났다면 水기가 가장 왕성하게 됩니다.
土기는 辰戌丑未월에 가장 왕성하게 됩니다.

월령의 기운은 대운의 흐름에 의해 변화합니다.
寅월에 태어나면 기본적으로 월령 木기가 가장 왕성하지만
巳午未의 여름대운으로 순행한다면 월령 木기는 휴休의 시기가 되며 늙어가면서 기세가 약화되므로 火기의 왕성함에 따르게 됩니다.
이후 申酉戌의 가을대운과 亥子丑의 겨울대운으로 진행하며 월령의 왕쇠는 점차 수囚와 상相의 시기로 늙어가며 변화하는 것입니다.

丑子亥의 겨울대운으로 역행한다면 水기가 왕성해지고 월령 木기는 水기의 돌봄을 받는 상相의 시기가 되어 水기에 의존하게 됩니다.
이후 戌酉申의 가을대운과 未午巳의 여름대운으로 진행하며 월령의 왕쇠는 점차 수囚와 휴休의 시기로 늙어가며 변화하는 것입니다.

대운의 계절은 30년마다 변화하며 진행합니다.
寅월생의 대운이 순행하면 봄 여름 가을 겨울의 순으로 진행되며
대운이 역행하면 봄 겨울 가을 여름 순으로 진행이 됩니다.

| 8 | 7 | 6 | 5 | 4 | 3 | 2 | 1 | 출생월 |
|---|---|---|---|---|---|---|---|---|
| 戌 | 酉 | 申 | 未 | 午 | 巳 | 辰 | 卯 | 寅 |
| 가을 | | | 여름 | | | 봄 | | |

**핵심 Tip**

태어난 달의 월령은 대운으로 흐르며 변화하며 늙어갑니다.
寅월에 태어나면 木기의 월령입니다. 월령은 대운의 계절을 겪으며 세월의 흐름에 순응하게 됩니다. 木기 월령은 대운의 흐름에 따라 왕상휴수의 왕쇠 변화를 겪으면서 늙어가는 것입니다.

◆ 월령의 왕쇠 변화

| 대운 | 寅卯辰 | 巳午未 | 申酉戌 | 亥子丑 |
|---|---|---|---|---|
| 木월령 | 왕 | 휴 | 수 | 상 |
| 火월령 | 상 | 왕 | 휴 | 수 |
| 金월령 | 수 | 상 | 왕 | 휴 |
| 水월령 | 휴 | 수 | 상 | 왕 |

대운에 의하여 월령은 왕상휴수를 겪으며 늙어가는 것입니다.

**월령의 기세가 강하게 흘러야 성장운세가 만들어지는 것입니다.**
사주팔자에서 월령의 기세가 강하고 대운으로 순조롭게 흐른다면 세월의 흐름에 따라 월령이 늙는다고 하여도 삶에 능히 대처할 수 있는 능력과 지혜가 생기며 성장운세를 만들 수 있는 것입니다.
월령의 기세가 약하다면 대운으로 제대로 흐르지 못하므로 하락운세가 되면서 운세등급이 낮아지게 됩니다.

월령의 기세가 강하고 대운에서 월령의 기세의 흐름을 수용할 수 있다면 성장운세가 만들어지며 성장과 발전의 기회가 되는 것입니다.
월령의 기세가 태과하여 대운이 월령의 기세를 수용하기 어렵다면 운세는 하락하게 되며 삶의 어려움이 생기기 마련입니다.
월령의 기세가 약한데 대운에서 월령을 도와주는 기세가 된다면 운세의 흐름이 좋아지고 성장운세를 만들 수 있습니다.

**월령의 기세는 늙어가면서 지혜를 만들며 성장해나갑니다.**
월령의 기세는 젊은 시절에 왕성하게 발휘하여야 성장운세를 만들 수 있지만 늙어서는 기세가 미약해지므로 성장운세를 만들기 어렵습니다.
사람이 젊어서는 기운이 왕성하지만 늙어서는 기운이 쇠약해지는 이치와 같습니다. 그러나 젊어서는 기운만 왕성하고 지혜가 부족한 반면에 늙어서는 기운이 쇠퇴하여도 경험과 노하우로 쌓은 지혜가 있습니다.

월령의 기세는 청소년기에 왕성하게 발휘하는 것이 좋습니다.
왕성한 기세는 성장운세로 발전해가며 높은 등급의 운세를 만들 수 있기 때문입니다. 노년기에는 왕성한 기세일지라도 성장운세로 발전하기 어렵기에 안정운세를 유지하는 것이 최선책이라고 할 수 있습니다.

월령의 기세가 늙어서 지혜를 만들면 안정운세를 유지할 수 있습니다.
청소년기에 왕성한 기세로 성장운세를 만들었다면 장노년기에는 비록 쇠약하지만 지혜로운 기세가 되어 안정운세를 유지하는 것입니다.

**대운은 월령이 늙어가며 사주의 생로병사가 진행되는 환경입니다.**
소년기의 1-2대운은 태어나 자라나는 시기이므로 독립적인 삶을 살 수 없으므로 부모의 운에 의지하여 사는 시기입니다.
기세가 강한 월령의 적성과 능력을 계발하는 시기입니다.

청년기의 3-4대운은 삶에서 가장 왕성한 시기이므로 사회생활을 시작하고 삶을 개척하며 취업과 결혼을 하는 시기입니다.
월령의 기세로서 대운의 기세를 적절히 활용하면서 적성과 능력을 펼치며 성장운세를 만들어가는 시기입니다.

장년기의 5-6대운은 인생의 결실을 맺는 시기입니다.
월령의 기운은 쇠퇴하지만 지혜로써 성취와 결실을 이루는 시기이며 노년기는 삶을 정리하며 안정운세를 유지하는 시기입니다.

| 시 | 일 | 월 | 년 | 구분 |
|---|---|---|---|---|
| 丁 | 己 | 丙 | 甲 | 천간 |
| 卯 | 未 | 寅 | 午 | 지지 |
| 노년기 | 장년기 | 청년기 | 소년기 | |
| 甲 癸 | 壬 辛 | 庚 己 | 戊 丁 | 대운 |
| 戌 酉 | 申 未 | 午 巳 | 辰 卯 | |
| 가을 | 여름 | | 봄 | |

사주팔자에 金水의 기세가 전혀 없으므로 木火土의 순일한 기세를 가진 삼상격으로 맑은 사주라고 할 수 있습니다.

寅월에 태어나서 甲木이 년지 午火에서 발현하므로 木월령이 火기와 土기로 흐르는 기세가 강합니다. 가을대운으로 흐른다면 성장운세가 되어 높은 등급의 운세가 발현할 수 있지만 여름대운으로 흐르므로 다소 지체되는 현상이 발생하고 있습니다.

소년기 봄대운에는 木월령의 기세가 강함을 유지하면서 정관의 기세를 만들고자 하는 욕구가 강하며 장차 火土기로 발전시키고자 하는 뜻으로 성장운세로 운세등급을 높이면서 성장하게 됩니다.

청장년기의 여름대운에는 火의 기세가 매우 왕성하므로 인성의 명예에 대한 욕구가 강하다고 할 수 있습니다. 정관의 조직에서 명예를 추구하며 성장하고자 하지만 대운 천간에 庚辛金이 들어오며 성급한 결실을 맺고자 하므로 다소 지체되는 현상이 발생하며 하락운세를 만들어 가므로 명예를 포기하고 안정운세를 만드는 지혜가 필요합니다.

장노년기의 가을대운에는 金水의 기세로 사주팔자의 기세를 설기하며 木火기의 지혜를 발휘하며 인생의 결실을 만드는 시기가 되겠습니다. 그러나 壬癸水재성이 먼저 들어오며 역시 기세를 맑게 만들지 못하고 탁하게 하므로 수행으로 안정운세를 만드는 개운이 필요한 시기라고 할 수 있습니다.

| 시 | | 일 | | 월 | | 년 | | 구분 |
|---|---|---|---|---|---|---|---|---|
| 戊 | | 丁 | | 戊 | | 癸 | | 천간 |
| 申 | | 酉 | | 午 | | 巳 | | 지지 |
| 노년기 | | 장년기 | | 청년기 | | 소년기 | | |
| 庚 | 辛 | 壬 | 癸 | 甲 | 乙 | 丙 | 丁 | 대운 |
| 戌 | 亥 | 子 | 丑 | 寅 | 卯 | 辰 | 巳 | |
| 가을 | | 겨울 | | 봄 | | 여름 | | |

午월에 태어나서 丁火일간으로 발현하였으므로 록겁격으로서 일간이 월령의 기세를 받아 사주팔자를 지배하는 권한을 확보하고 있습니다.

년월간의 戊癸합이 火기로 화하며 월령의 기세를 돕고 있어 火의 기세가 매우 강하므로 종왕격의 위상을 가졌다고 할 수 있으며
시간 戊土는 申金에 앉아 火기를 金기로 이어주는 역할을 자처하고 나서면서 맑은 기세로 운세등급을 높이고자 합니다.

청소년기는 봄대운으로서 火월령을 기르며 일간의 기세를 강하게 하는 시기로서 성장운세를 만들며 운세등급을 높이고자 자신의 적성과 기량을 확보하는 기회로 활용하고 있습니다.

장년기는 겨울대운으로서 水火기세의 균형을 도모하며 경쟁력이 강화되므로 상승운세가 펼쳐지며 성장과 발전을 하고 권력을 강화하며 높은 등급의 운세를 만들어가고 있습니다.

월령의 기세가 겨울대운에 휴수되어 힘이 없다고 하지만 청소년기에 강화시킨 火의 세력은 겨울대운에 영향력이 지속되며 지혜가 생기므로 오히려 장점으로 활용되며 권력을 잡을 수 있는 것입니다.

더구나 일시지의 申酉金은 록겁격의 재관의 역할을 하며 겨울대운에 영향력을 발휘하므로 성장운세로서 운세의 등급을 높일 수 있는 동력이 될 수 있는 것이 이 명조의 특징이라고 할 수 있습니다.

| 시 | 일 | 월 | 년 | 구분 |
|---|---|---|---|---|
| 丙 | 乙 | 甲 | 辛 | 천간 |
| 戌 | 未 | 午 | 丑 | 지지 |
| 노년기 | 장년기 | 청년기 | 소년기 | |
| 壬 辛 | 庚 己 | 戊 丁 | 丙 乙 | 대운 |
| 寅 丑 | 子 亥 | 戌 酉 | 申 未 | |
| 봄 | 겨울 | 가을 | 여름 | |

午월에서 발현한 丙火가 시지 戌土에 있으므로 월령의 기세가 다소 약해지고 있습니다. 지지에 丑戌未 삼형의 기세가 강하므로 火기가 발전하지 못하고 흡수되는 현상이 발생하게 됩니다.

청소년기 가을대운에 金기가 왕성한 가운데 화려한 인기를 누리고자 하지만 년간 辛金이 火기를 흡수하며 丙丁火의 기세를 어둡게 하여 하락운세가 되므로 丁酉대운에 삶을 마감하게 됩니다.

| 시 | 일 | 월 | 년 | 구분 |
|---|---|---|---|---|
| 庚 | 甲 | 壬 | 己 | 천간 |
| 午 | 午 | 申 | 丑 | 지지 |
| 노년기 | 장년기 | 청년기 | 소년기 | |
| 甲 乙 | 丙 丁 | 戊 己 | 庚 辛 | 대운 |
| 子 丑 | 寅 卯 | 辰 巳 | 午 未 | |
| 겨울 | 봄 | 여름 | | |

申월에서 발현한 庚金이 시지 午火에 있으므로 월령의 기세가 다소 약해지고 있습니다. 하지만 월간에 壬水가 투출하여 월령의 기세를 보호하며 일간의 기세를 강화하는 역할을 하고 있습니다.

청소년기 여름대운은 金기의 재능을 단련시키는 시기이며 己巳 戊辰대운에 성장운세로서 발전을 하며 사주팔자의 지배력을 확보하지만 장년기에 봄대운에 들어서며 丁卯대운에 庚金을 보호하는 壬水를 합거하니 하락운세가 되며 삶을 마감하게 됩니다.

# 기의 왕쇠

| 왕旺 | 쇠衰 |
|---|---|
| 왕상旺相 | 휴수休囚 |

기의 왕은 기가 왕성하다는 것이며 성장운세의 동력으로 작용하며
기의 쇠는 기가 쇠약하다는 것으로 하락운세를 만들어냅니다.

기의 왕쇠를 왕상휴수로 세분하면
상은 기가 시작되는 곳으로 새로이 생성되는 상태이며 왕은 기가 가장 왕성한 상태이며 휴는 기가 휴식을 취하는 상태이며 수는 기가 끊어져 갇힌 상태입니다.

❶ 계절의 왕상휴수

| 계절 | 봄木 | 여름火 | 가을金 | 겨울水 |
|---|---|---|---|---|
| | 寅卯辰 | 巳午未 | 申酉戌 | 亥子丑 |
| 왕旺 | 木 | 火 | 金 | 水 |
| 상相 | 火 | 金 | 水 | 木 |
| 휴休 | 水 | 木 | 火 | 金 |
| 수囚 | 金 | 水 | 木 | 火 |

木은 봄에 가장 왕성하므로 왕성할 왕旺이라고 하며 겨울에는 木기가 자라나는 것을 도와준다고 하여 도울 상相이라고 합니다. 여름에는 木기가 쉬어야 하므로 쉴 휴休라고 하고 가을에는 木기가 끊어지고 갇힌다고 하여 갇힐 수囚라고 합니다.

계절은 사상의 운행이므로 木火金水의 기운이 작용하게 되고 土의 기운은 사계에 동시에 작용하므로 별도의 왕쇠 개념을 갖지 않으나 천간에서 戊己土가 발현되면 辰戌丑未월에 왕성하게 됩니다.

## 2 십이운성

| 구분 | | 木 | | 火 | | 金 | | 水 | |
|---|---|---|---|---|---|---|---|---|---|
| 봄 | 寅 | 왕 | 록 | 상 | 생 | 수 | 절 | 휴 | 병 |
| | 卯 | | 왕 | | 욕 | | 태 | | 사 |
| | 辰 | | 쇠 | | 대 | | 양 | | 묘 |
| 여름 | 巳 | 휴 | 병 | 왕 | 록 | 상 | 생 | 수 | 절 |
| | 午 | | 사 | | 왕 | | 욕 | | 태 |
| | 未 | | 묘 | | 쇠 | | 대 | | 양 |
| 가을 | 申 | 수 | 절 | 휴 | 병 | 왕 | 록 | 상 | 생 |
| | 酉 | | 태 | | 사 | | 왕 | | 욕 |
| | 戌 | | 양 | | 묘 | | 쇠 | | 대 |
| 겨울 | 亥 | 상 | 생 | 수 | 절 | 휴 | 병 | 왕 | 록 |
| | 子 | | 욕 | | 태 | | 사 | | 왕 |
| | 丑 | | 대 | | 양 | | 묘 | | 쇠 |

십이운성은 기의 왕상휴수를 세분한 것입니다.

왕상휴수가 사상의 기운의 왕쇠를 표현한 것이라면 십이운성은 지지의 왕쇠를 표현한 것입니다. 사람이 태어나서 자라나고 결혼하고 왕성한 사회활동을 하고는 늙어서 병들어 죽고 무덤에 묻히는 과정을 기의 왕쇠에 비유하여 표현한 것이 십이운성입니다.

◆ 십이운성의 삶의 과정

| 왕旺 | | 쇠衰 | |
|---|---|---|---|
| 상相 | 왕旺 | 휴休 | 수囚 |
| 생 욕 대 | 록 왕 쇠 | 병 사 묘 | 절 태 양 |
| 소년시절 | 청장년시절 | 노년시절 | 태아시절 |

상相의 시기는 소년시절이며 태어나서 자라고 교육받는 시기로서 이를 십이운성에서는 생生 욕浴 대帶라고 합니다.

왕旺의 시기는 청장년시절이며 사회활동을 왕성하게 하고 퇴직하는 시기로서 이를 십이운성에서는 록祿 왕旺 쇠衰라고 합니다.

휴休의 시기는 노년시절이며 노후생활을 하며 병들고 죽는 시기로서 이를 십이운성에서는 병病 사死 묘墓라고 합니다.

수囚의 시기는 태아시절이며 자궁에서 자라나는 시기로서 이를 십이운성에서는 절絶(또는 포胞) 태胎 양養라고 합니다.

◆ 상相은 소년시절로서 기세를 키우는 시기입니다.

| 구분 | 木 | 火 | 金 | 水 |
|---|---|---|---|---|
| 지지 | 亥子丑 | 寅卯辰 | 巳午未 | 申酉戌 |
| 십이운성 | 상相의 시기로서 생生 욕浴 대帶의 과정입니다. | | | |

**생生**은 엄마의 뱃속에서 갓 태어난 아기입니다. 새로운 세상에 태어난 아기이므로 엄마의 보살핌이 필요한 시기입니다. 혼자서는 아무것도 하지 못합니다. 말을 배우고 걸음마를 배우는 시기입니다.

**욕浴**은 목욕을 한다는 뜻으로 철부지 어린아이이므로 엄마가 목욕을 시켜주고 씻기고 먹여주어야 합니다. 세상물정을 모르기에 천방지축 뛰어노는 아이와 같습니다. 세상만사 걱정이 없는 때이지만 주위 사람들이 보기에 위태롭습니다.

**대帶**는 청소년기로서 학교를 다니며 교육을 받는 시기이며 이성에 대한 관심이 생기고 연애를 즐기게 됩니다. 사춘기의 성정으로 용기는 있지만 무모하며 반항심이 있고 고집이 강하나 칭찬에는 약하기도 합니다. 옛날에는 이 시기에 결혼을 하였으므로 결혼식에 쓰이는 사모관대紗帽冠帶의 대帶로 표현한 것입니다.

◆ **왕旺**은 청장년시절로서 기세를 활용하는 시기입니다.

| 구분 | 木 | 火 | 金 | 水 |
|---|---|---|---|---|
| 지지 | 寅卯辰 | 巳午未 | 申酉戌 | 亥子丑 |
| 십이운성 | 왕旺의 시기로서 록祿 왕旺 쇠衰의 과정입니다. | | | |

**록祿**은 봉급이란 뜻으로 사회에 첫발을 내딛는 사회초년생으로 취업하는 시기입니다. 자신의 사회적 위치를 만들기 위하여 경험을 쌓는 시기이기도 합니다. 추진력은 대단하지만 시행착오를 많이 겪게 됩니다.

**왕旺**은 인생에서 가장 왕성한 활동을 하는 시기로서 자신의 목표를 성취하기 위하여 노력하게 됩니다. 명예를 소중하게 여기며 승부욕이 강하고 혼자서 모든 것을 해결하고자 하는 자주성이 있습니다.

**쇠衰**는 쇠약해지는 시기로서 경험과 노하우는 풍부하지만 정년퇴직을 하고 후배에게 자리를 물려주며 원로로서 축적된 지혜와 경험으로 자문역할을 하는 시기입니다.

◆ **휴休**는 노년시절로서 지혜가 발현되는 시기입니다.

| 구분 | 木 | 火 | 金 | 水 |
|---|---|---|---|---|
| 지지 | 巳午未 | 申酉戌 | 亥子丑 | 寅卯辰 |
| 십이운성 | 휴休의 시기로서 병病 사死 묘墓의 과정입니다. | | | |

**병病**은 늙고 병들어 노쇠한 시기로서 휴식을 하며 요양생활을 하는 시기입니다. 누군가 돌보아야 하는 위치로서 혼자서는 생활하기 어려운 상태입니다. 또는 의사, 간호사, 변호사처럼 누군가를 돌보고 대리인의 역할을 하여야 하는 직업을 가지기도 합니다.

**사死**는 죽음을 맞이하는 시기입니다. 영적세계에 들어섰으니 정신적인 삶을 추구하고 연구 사색 등의 학문 예술적 활동을 하게 됩니다.

**묘墓**는 죽음을 맞이하고 묘지에 묻히는 시기입니다. 먹고 마시는 일이 없으므로 가능한 절약하며 부를 축적하기 위한 삶을 살기도 합니다. 근검절약하는 삶이기도 하나, 구두쇠와 수전노의 삶이기도 합니다.

◆ 수囚는 태아시절로서 새로운 기세를 만드는 시기입니다.

| 구분 | 木 | 火 | 金 | 水 |
|---|---|---|---|---|
| 지지 | 申酉戌 | 亥子丑 | 寅卯辰 | 巳午未 |
| 십이운성 | 수囚의 시기로서 絕絕 태胎 양養의 과정입니다. | | | |

**절絕**은 현실 세계와는 단절된 영혼의 세계에 있는 시기입니다. 영적인 생활을 하므로 현실세계와 동떨어진 사고개념을 가지기도 합니다. 새로운 삶을 시작할 수 있으므로 절처봉생絕處奉生이라고도 합니다.

포태법에서 절을 포胞라고하며 아직 수정이 안 된 상태의 정자와 난자의 모습입니다. 십이운성을 포태법胞胎法이라고 부르기도 합니다.

**태胎**는 수정이 되고 뱃속의 태아로서 잉태되는 시기입니다. 새로운 출발을 하며 새로운 삶을 꿈꾸며 이상세계에 대한 동경심을 갖기도 합니다. 이성과의 만남을 좋아하며 행복한 미래를 꿈꾸는 시기입니다.

**양養**은 뱃속의 태아로서 자궁에서 자라나는 시기입니다. 엄마 뱃속에서 편안하므로 모든 것을 엄마에게 기대하고 의지하는 습성이 있습니다. 자신만의 삶을 꿈꾸며 새로운 삶에 대한 기대에 부풀기도 하며 낙천적인 삶을 살기도 합니다.

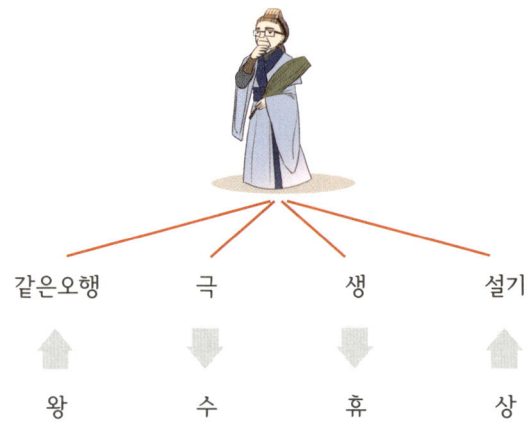

## 3 土기의 왕쇠 개념

일반적으로 土는 화토동근火土同根의 이론에 의하여 火기의 왕상휴수와 십이운성을 따르는 편이나 이론이 분분하여 서로 다른 주장들이 난립하므로 별도의 왕상휴수의 개념을 정립하여야 할 것입니다.

고대 명리에서는 土는 수토동근水土同根의 이론에 의하여 水기의 왕상휴수를 따르며 현재도 일부 학파는 수토동근의 이론을 따르므로 화토동근의 이론과 대립하고 있는 실정입니다.
화토동근이다 수토동근이다 하며 이론이 엇갈리는 것은 사상의 개념에 오행을 대입하다보니 생긴 현상입니다. 사상에는 木火金水만 있고 土는 중앙에서 木火金水를 지원하는 역할을 하는 것이 법칙입니다.

하도 낙서의 그림을 보면 土는 중앙에서 위치하며 木火金水 사상의 중심점임을 알 수 있습니다.
특히 낙서에서 10土가 보이지 않는 것은 寅申巳亥에 붙어서 木火金水의 사상을 연결시켜주는 역할을 하고 있기 때문입니다.

辰戌丑未에서는 土기가 가장 왕성한 때이며 寅申巳亥에서는 土기가 여기로 작용하면서 만물의 생성소멸을 돕고 있는 것입니다. 단지, 午화에서는 금화교역金火交易의 일환으로 왕성한 土기의 작용이 있다고 봅니다.

土의 왕쇠를 논하고자 할 때는 사상으로 본다면 戊己土를 辰戌丑未에 상응한 개념으로 보지만 오행으로 본다면 戊己土를 木火와 金水의 연결 작용을 하는 개념으로 보아야 할 것입니다.

◆ 하도 낙서의 사상과 오행

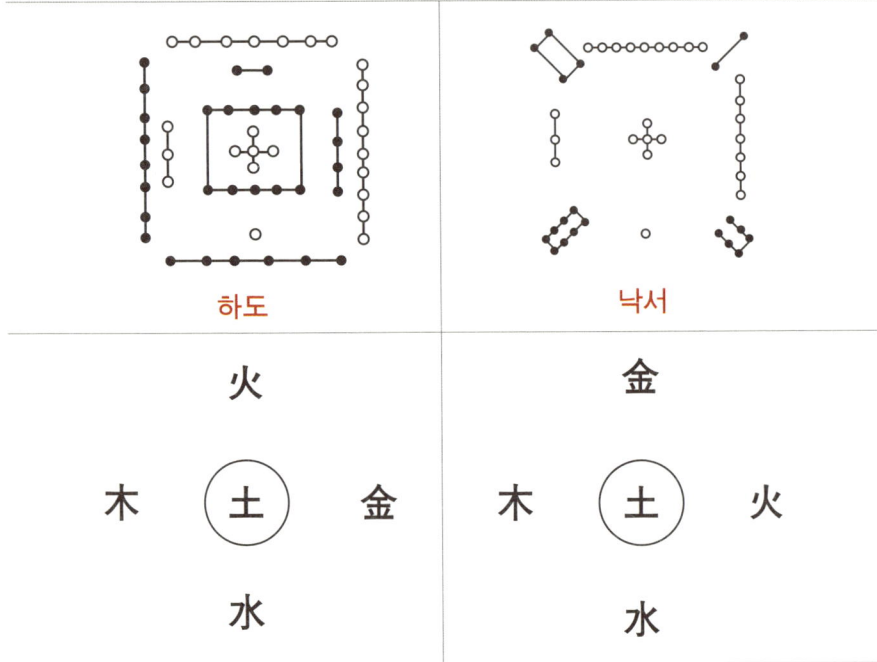

하도에서 土는 중앙에 위치하며 木火金水의 사상의 중심으로 자리 잡고 있습니다. 그러므로 하도는 土중심의 오행이라고 할 수 있습니다.
5土는 중심점이고 10土는 5土를 호위하며 오행의 흐름을 완성시켜주는 역할을 하고 있습니다.

낙서에서는 5土가 중앙에 위치하여 중심점의 역할을 하고 10土는 보이지 않습니다. 하도와 달리 양이 사정四正에 위치하고 음은 변방에 위치하고 있습니다. 사정에 위치한 것은 子午卯酉의 지지이며 변방에 위치한 것은 丑寅 未申 辰巳 戌亥의 지지입니다.

土기는 사상의 보조로써 辰戌丑未에서 중개 작용을 하지만
寅申巳亥에서는 여기로 머무는 것입니다.
子午卯酉에서는 土기가 작용하지 않지만 午火에서는 금화교역을 위하여 土기의 중개가 필요하므로 己土를 중기로 활용하고 있는 것입니다.

◆ 土氣의 역할

| 辰 | 戌 | 丑 | 未 |
|---|---|---|---|
| 木 → 火 | 金 → 水 | 水 → 木 | 火 → 金 |

辰土는 木기의 탄생기를 火기의 성장기로 전환하는 역할을 합니다.
그러므로 辰土에서 투출한 戊土는 만물을 성장시키는 역할을 합니다.

戌土는 金기의 수렴기를 水기의 저장기로 전환하는 역할을 합니다.
그러므로 戌土에서 투출한 戊土는 만물을 저장시키는 역할을 합니다.

丑土는 水기의 저장기를 木기의 탄생기로 전환하는 역할을 합니다.
그러므로 丑土에서 투출한 己土는 만물을 탄생시키는 역할을 합니다.

未土는 火기의 성장기를 金기의 수렴기로 전환하는 역할을 합니다.
그러므로 未土에서 투출한 己土는 만물을 수렴하는 역할을 합니다.


◆ 戊己土의 역할을 살펴서 통변해야 합니다.

| ○ 甲 ○ 戊 | ○ 甲 ○ 戊 | ○ 甲 ○ 己 | ○ 甲 ○ 己 |
|---|---|---|---|
| ○ ○ 辰 ○ | ○ ○ 戌 ○ | ○ ○ 丑 ○ | ○ ○ 未 ○ |

辰월에서 투출한 戊土와 戌월에서 투출한 戊土를 같은 재성으로 보지 않습니다.
또한 丑월에서 투출한 己土와 未월에서 투출한 己土도 서로 다르므로 유의해야
하는 것입니다.

辰월의 戊土는 木火를 성장成長시키는 역할을 하고
戌월의 戊土는 金水를 수장收藏시키는 역할을 합니다.
丑월의 己土는 생기生氣 역할을 하고
未월의 己土는 살기殺氣 역할을 하므로 통변의 내용이 달라집니다.

| 시 | | 일 | | 월 | | 년 | | 구분 |
|---|---|---|---|---|---|---|---|---|
| 乙 | | 丙 | | 己 | | 戊 | | 천간 |
| 未 | | 寅 | | 未 | | 午 | | 지지 |
| 丁 | 丙 | 乙 | 甲 | 癸 | 壬 | 辛 | 庚 | 대운 |
| 卯 | 寅 | 丑 | 子 | 亥 | 戌 | 酉 | 申 | |

未월에서 투출한 己土는 木火기를 金水기로 수렴하는 역할을 하는 것이 순리입니다. 사주팔자의 木火의 기세가 서북방金水대운의 기세로 흐르는 것이 아름답습니다.

| 시 | | 일 | | 월 | | 년 | | 구분 |
|---|---|---|---|---|---|---|---|---|
| 甲 | | 丁 | | 戊 | | 己 | | 천간 |
| 辰 | | 卯 | | 辰 | | 酉 | | 지지 |
| 庚 | 辛 | 壬 | 癸 | 甲 | 乙 | 丙 | 丁 | 대운 |
| 申 | 酉 | 戌 | 亥 | 子 | 丑 | 寅 | 卯 | |

辰월에서 투출한 戊土는 木火의 기세를 성장시키고자 합니다. 대운이 겨울대운으로 흐르면서 木火의 성장이 어려우므로 고군분투하면서 생명을 살리고자 노력합니다.

| 시 | | 일 | | 월 | | 년 | | 구분 |
|---|---|---|---|---|---|---|---|---|
| 乙 | | 丁 | | 丁 | | 己 | | 천간 |
| 巳 | | 酉 | | 丑 | | 未 | | 지지 |
| 乙 | 甲 | 癸 | 壬 | 辛 | 庚 | 己 | 戊 | 대운 |
| 酉 | 申 | 未 | 午 | 巳 | 辰 | 卯 | 寅 | |

丑월에서 투출한 己土는 木기를 생산하는 역할을 하여야 하는데 년지 未土에 앉아 지지의 巳酉丑과 함께 金의 기세를 돕는 역할을 합니다. 동방木火대운에 성장보다는 수렴을 하고자 하는 마음이 크므로 삶의 괴리가 심하여 庚辰대운에 젊은 나이로 세상을 떠나게 됩니다.

# 04 세의 강약

| 강强 | 약弱 |
|---|---|
| 지장간의 세력이 많다 | 지장간의 세력이 적다 |

## 1 지장간의 세력

세력은 지장간에 있습니다.
연월일시의 지장간에 같은 오행이 많다면 세력이 많으므로 강하다고 하며 지장간에 같은 오행이 적다면 세력이 적으므로 약하다고 합니다.

오행의 세력은 방합과 삼합에서 나옵니다.
방합과 삼합은 같은 오행끼리 모여 있는 힘의 결집력이 세기 때문입니다.
木의 세력은 寅卯辰 방합과 亥卯未 삼합에서 강하게 나타납니다.

**기의 왕쇠를 십이운성으로 판정한다면**
**세의 강약은 방합과 삼합의 결집세력으로 판정합니다.**

◆ 오행의 세력

| 오행 | 木 | 火 | 土 | 金 | 水 |
|---|---|---|---|---|---|
| 세력지지 | 寅卯辰<br>亥卯未 | 巳午未<br>寅午戌 | 辰戌丑未<br>寅申巳亥 | 申酉戌<br>巳酉丑 | 亥子丑<br>申子辰 |

寅卯辰과 亥卯未는 木의 세력의 집합입니다.
巳午未와 寅午戌은 火의 세력의 집합입니다.
申酉戌과 巳酉丑은 金의 세력의 집합입니다.
亥子丑과 申子辰은 水의 세력의 집합입니다.
土기는 辰戌丑未와 寅申巳亥에 세력이 있습니다.

**지지의 세력은 천간에서 이끌어주어야 기세를 발휘합니다.**
지지에서 방합이나 삼합의 강한 세력은 결집하며 스스로 움직이지만
천간에서 이끌어주지 않는다면 지지의 세력은 단지 세력의 결집에 국한되므로 기세를 효율적으로 활용할 수 없습니다.

방합이나 삼합은 지지 세력의 결집이므로 천간에서 이끌어 주지 않아도 스스로 세력의 움직임을 나타내는 것 같이 보이지만
천간에서 이끌어주지 않는다면 세력만 결집된 것이므로 효율성이 없다고 합니다.

| 1 | 2 | 3 |
|---|---|---|
| ○ 甲 ○ 壬<br>○ 子 申 辰 | ○ 甲 ○ ○<br>○ 子 申 辰 | ○ 甲 ○ 戊<br>○ 子 申 辰 |
| 인수격 | 인수격 | 칠살격 |

1. 申월에 칠살격이지만 지지에 申子辰 水국이 있고 壬水인성이 년간에 투출하여 申子辰 인수국을 이끌어주므로 인수격으로 확정됩니다.

2. 申월에 칠살격이지만 지지에 申子辰 水국으로 인수격이 되는데 천간에 壬水가 없으므로 인수격을 이끌어주지 못하여 격국의 질이 떨어지게 됩니다.
이때 대운에서 壬癸水가 온다면 인수격이 확정된다고 합니다.

3. 申월에 칠살격이지만 지지에 申子辰 水국으로 인수격이 되는데 년간에 戊土재성이 투출하여 水국을 극제하므로 인수격을 쓰지 못하고 申중 庚金을 쓰는 칠살격으로 회귀합니다.
그러나 칠살격도 천간에 발현하지 못하고 申子辰 인수국에 의하여 인화되어 칠살용인격이 되지만 격국의 질은 떨어진다고 할 수 있습니다.

지지의 세력은 천간에 투출하지 않으면 잠재능력으로 존재합니다.
천간이 지지에 통근 세력이 많으면 기세가 강하다고 하지만
지장간에만 있고 천간에 투출한 오행이 없을 경우에는 잠재능력으로 판단합니다.

지지의 세력은 천간에서 이끌어주어야 움직입니다.
그러므로 지지에 세력이 있다고 하여도 천간에서 이끌어주지 못한다면 움직이지 못하는 것입니다.
지지가 자동차라면 천간은 자동차를 운전하는 운전사와 같습니다.
지지가 아무리 세력이 강하여 힘이 있다고 하여도 천간의 지시가 없으면 움직이지 못하는 것입니다.

지지의 세력은 천간이 이끌어주어야 힘을 발휘하고
천간의 기운은 지지의 세력이 있어야 활기차게 움직입니다.

| 시 | | 일 | | 월 | | 년 | | 구분 |
|---|---|---|---|---|---|---|---|---|
| 甲 | | 甲 | | 甲 | | 甲 | | 천간 |
| 戊 | | 戊 | | 戊 | | 戊 | | 지지 |
| 壬 | 辛 | 庚 | 己 | 戊 | 丁 | 丙 | 乙 | 대운 |
| 午 | 巳 | 辰 | 卯 | 寅 | 丑 | 子 | 亥 | |

천간에 甲木만 있고 지지에는 戊土만 있는 사주로서
연해자평에서 재관을 모두 빼앗기는 분탈分奪작용으로 인하여 이익이 없다고 소개한 사주입니다.

천간은 지지에 세력이 없고 지지는 천간에서 이끌어 주지 못하므로
사주팔자의 기세가 힘을 쓰지 못합니다.
庚辰대운부터 좋아지고 午火운에 재물과 명예가 모두 빛난다고 하지만 이미 늦은 시기이므로 안정운세를 유지하고 있을 뿐입니다.

## 2 세력의 강약

세력의 강약을 측정하는 방법은 학파마다 다르지만 대체로 지장간의 세력으로 세력의 강약을 측정하는 것이 일반적이라고 할 수 있습니다.

지장간의 세력이라고 하여도 월지에서 투출한 천간은 왕성한 월령의 기를 이끌 수 있으므로 대체로 기세가 강하다고 합니다.
적천수에서는 월지에서 투출한 천간이 없다면 시지에서 투출한 천간이 있는가를 살펴보라고도 합니다.
월지의 기세 다음으로 강한 것이 시지의 기세이기 때문입니다.
년지나 일지는 기가 왕성하다고 하지 않고 단지 세의 강약만을 살피는 것이 일반적입니다.

**월령의 기와 지지의 세력이 합치면 기세가 강하다고 합니다.**
월지의 기세는 매우 강합니다. 기는 월령의 기로서 왕성한 기이고 세력 또한 강한 면모를 보이기 때문입니다.
월지에서 투출한 천간의 기세가 강하다고 하고 또한 월지가 포함된 삼합과 방합은 세력의 결집력이 가장 강한 것이라고 말하는 이유입니다.

지지에 寅卯辰방합을 이루었는데 卯월의 방합은 기세가 크다고 하고
辰월의 방합은 기세의 크기가 다소 작다고 하는 것입니다.
午월이나 申월에 寅卯辰방합이 있다면 단지 木의 세력만 강하다고 할 뿐입니다. 방합도 삼합과 마찬가지로 방합의 세력이 천간에 투출하여야 힘을 발휘할 수 있습니다.

삼합 역시 마찬가지입니다. 월지에 삼합의 요소가 있다면 기세가 강하다고 합니다. 卯월에 亥卯未삼합을 이루었다면 기세가 가장 강하다고 하며 未월에는 삼합의 기세가 약하다고 하는 것입니다.
학파에 따라서 亥월이나 未월은 삼합이 형성되어도 인정하지 않는 것은 삼합의 기세가 미약하므로 쓸모없다고 여기기 때문입니다.

◆ 오행의 세력

| 오행 | 木 | 火 | 土 | 金 | 水 |
|---|---|---|---|---|---|
| 세력지지 | 寅卯辰<br>亥卯未 | 巳午未<br>寅午戌 | 辰戌丑未<br>寅申巳亥 | 申酉戌<br>巳酉丑 | 亥子丑<br>申子辰 |

방합과 삼합으로 오행의 세력을 결집하고 있습니다.
다만, 土기는 辰戌丑未와 寅申巳亥에 세력이 있습니다.

| 1 | 2 | 3 | 4 |
|---|---|---|---|
| ○ 甲 ○ ○<br>○ 申 酉 戌 | ○ 甲 ○ ○<br>○ 戌 申 酉 | ○ 甲 ○ ○<br>○ 申 戌 酉 | ○ 甲 ○ ○<br>戌 申 ○ 酉 |

1. 酉월은 金의 왕지이므로 金의 기세가 가장 강한 방합입니다.
2. 申월은 金의 록지이므로 金의 기세가 강하지만 酉월보다는 약하다고 합니다.
3. 戌월은 金의 쇠지이므로 金의 기세가 쇠퇴하므로 약하다고 합니다.
4. 申酉戌방합이 구성되어 있지만 월령의 기를 얻지 못하여 세력만 강하다고 합니다.

| 1 | 2 | 3 | 4 |
|---|---|---|---|
| ○ 乙 ○ ○<br>○ 巳 酉 丑 | ○ 乙 ○ 辛<br>○ 丑 巳 酉 | ○ 乙 ○ ○<br>○ 巳 丑 酉 | 辛 乙 ○ ○<br>巳 酉 ○ 丑 |

1. 酉월은 金의 왕지이므로 金의 기세가 가장 강한 삼합입니다.
2. 巳월은 金의 생지이므로 金의 기세가 어린 삼합이지만
년간에 辛金이 이끌어주므로 강한 金의 기세로 의지를 나타냅니다.
3. 丑월은 金의 묘지이므로 金의 기세가 쇠퇴하여 약하다고 합니다.
4. 巳酉丑삼합이 구성되어도 월령의 기를 얻지 못하여 세력만 강하지만 천간의 庚辛金이 있다면 金의 기세가 강하다고 합니다.

# 05 기세를 측정하는 방법

### ❶ 지지의 세력으로 측정

월지는 월령의 기세를 가지고 있으므로
월지에서 투출한 천간의 기세가 가장 강한 것입니다.
다음으로 시지에서 투출한 천간의 기세가 강하고
년지와 일지에서 투출한 천간의 기세가 가장 약하다고 합니다.

**기세의 크기 = 월지 > 시지 > 일지 > 년지**

| 시 | 일 | 월 | 년 | 구분 |
|---|---|---|---|---|
| 甲 | 丙 | 乙 | 癸 | 천간 |
| 午 | 申 | 卯 | 丑 | 지지 |
| 丁 | 戊 | 己 | 庚 | 辛 | 壬 | 癸 | 甲 | 대운 |
| 未 | 申 | 酉 | 戌 | 亥 | 子 | 丑 | 寅 | |

월지 卯木에서 투출한 월간 乙木인성은 월령木의 기를 받았으므로 강한데 년간 癸水정관의 생을 받고 시간 甲木인성의 보조가 있으니 기세가 더욱 강하다고 합니다.
시지 午火에서 丙火가 일간에 투출하여 기세가 강한데 월시간의 甲乙木인성의 생을 강하게 받으니 역시 기세가 강하다고 합니다.
년지 丑土에서 투출한 癸水가 일지 申金에도 통근하여 기세를 만들고 있습니다.

이 사주팔자에서는 木火의 기세가 강한데 비하여
金水의 기세가 미약하므로 기세가 불균형되었다고 합니다.
마침 북서방水金대운으로 흐르며 기세의 균형을 도모하므로 성장운세가 지속되어 성장과 발전을 하며 운세등급을 높일 수 있는 사주팔자라고 할 수 있는 것입니다.

| 시 | 일 | 월 | 년 | 구분 |
|---|---|---|---|---|
| 丁 | 己 | 丙 | 甲 | 천간 |
| 卯 | 未 | 寅 | 午 | 지지 |
| 甲 癸 壬 辛 庚 己 戊 丁 | | | | 대운 |
| 戌 酉 申 未 午 巳 辰 卯 | | | | |

寅월에서 투출한 년간 甲木정관이 木월령의 기를 받아 기세가 강한데 일시지 卯未에 통근하여 기세가 매우 강합니다. 丙丁火인성은 년월지 寅午합에서 투출하고 일지 未土에 통근하여 기세가 강한데 甲木 정관의 강한 생을 받으므로 기세가 매우 강합니다. 일간 己土는 寅월에 기세가 미약하지만 일지 未土에서 투출하고 丙丁火의 강한 생을 받으며 기세가 강하다고 하는 것입니다.

이 사주는 木火의 기세가 매우 강하고 金水의 기세가 전무한 상태이지만 삼상격으로 순일한 기세를 가지고 있다고 하는 것입니다. 청장년시기에 남방火대운에 머물며 기세가 흐르지 못하므로 어려움이 많았으며 서방金대운에 겨우 안정운세를 유지하게 됩니다.

| 시 | 일 | 월 | 년 | 구분 |
|---|---|---|---|---|
| 辛 | 乙 | 壬 | 丁 | 천간 |
| 巳 | 丑 | 寅 | 未 | 지지 |
| 庚 己 戊 丁 丙 乙 甲 癸 | | | | 대운 |
| 戌 酉 申 未 午 巳 辰 卯 | | | | |

寅월에 월령 木기를 받고 있는 乙木일간의 기세가 강한데 未土에 통근하고 丁壬합木의 생을 받으니 매우 강합니다. 시간 辛金은 酉金이 없는 巳丑반합이므로 기세가 미약합니다.

이 사주는 木의 기세가 태과하고 金의 기세가 불급합니다. 남방火대운에 木의 기세를 설기하지만 金기를 성장시키기 어려우므로 하락운세가 되었고 서방金대운에 안정운세를 유지합니다.

방합과 삼합은 지지에 강한 세력을 형성합니다.
방합은 같은 진영에 있는 지지끼리의 합으로서
왕지를 중심으로 록지의 정기와 쇠지의 여기로 세력을 형성합니다.

삼합은 다른 진영에 있는 지지끼리의 합으로서
왕지를 중심으로 생지의 중기와 묘지의 중기로 세력을 형성합니다.

◆ 木의 세력

| 구분 | 방합 | | | | 삼합 | | | |
|---|---|---|---|---|---|---|---|---|
| | 합 | 寅 | 卯 | 辰 | 합 | 亥 | 卯 | 未 |
| 합 | 55 | 16 | 30 | 9 | 40 | 7 | 30 | 3 |
| 甲 | 26 | 16 | 10 | | 17 | 7 | 10 | |
| 乙 | 29 | | 20 | 9 | 23 | | 20 | 3 |

방합에서 甲木이 26의 세력이고 乙木이 29의 세력입니다.
甲木은 생기로서 乙木의 형질을 구성하는 성장 동력이므로 초기에 작용하고
乙木은 甲木의 생기를 받아 성장하므로 乙木의 세력이 더 강합니다.

삼합에서 甲木은 亥水에서 7의 세력으로 시작되어
卯木왕지에서 10의 세력을 가지므로 모두 17의 세력을 갖습니다.
乙木은 卯木에서 20의 세력으로 형질을 갖추고 未土에서 3의 세력으로 소멸하게 됩니다.

亥卯未삼합에서
亥水는 木기의 생지로서 木기가 탄생한 모습으로 7의 세력을 갖고
卯木은 木기의 왕지로서 木기가 완성하는 모습으로 30의 세력이며
未土는 木기의 묘지로서 木기가 소멸하는 모습으로 3의 세력이 남게 됩니다.

◆ 火의 세력

| 구분 | 방합 | | | | 삼합 | | | |
|---|---|---|---|---|---|---|---|---|
| | 합 | 巳 | 午 | 未 | 합 | 寅 | 午 | 戌 |
| 합 | 55 | 16 | 30 | 9 | 40 | 7 | 30 | 3 |
| 丙 | 26 | 16 | 10 | | 17 | 7 | 10 | |
| 丁 | 29 | | 20 | 9 | 23 | | 20 | 3 |

방합에서 丙火가 26의 세력이고 丁火가 29의 세력입니다.
丙火는 생기로서 丁火의 형질을 구성하는 성장 동력이므로 초기에 작용하고 丁火는 丙火의 생기를 받아 성장하므로 丁火의 세력이 더 강합니다.
丁火는 자신의 세력을 己土에게 나누어주며 금화교역의 에너지로 활용하게 하지만 지지의 세력은 丁火에게 있습니다.

삼합에서 丙火는 寅木생지에서 7의 세력으로 시작되어
午火왕지에서 10의 세력을 가지므로 모두 17의 세력을 갖습니다.
丁火는 午火왕지에서 20의 세력으로 형질을 갖추고 戌土묘지에서 3의 세력으로 소멸하게 됩니다.

◆ 土의 세력

土의 세력은 오행의 연결 작용을 하는 것이 주된 목적이고 임무이므로 계절의 기세와 함께 작용하게 됩니다.
같은 戊土일지라도 辰土와 戌土에 작용하는 것이 다르며
같은 己土일지라도 丑土와 未土에 작용하는 것이 다릅니다.

寅申巳亥에서는 戊土가 여기로서 작용하며 7의 세력을 갖게 되지만 이는 오행의 연결을 위한 세력이므로 지지를 지배하고자 하는 목적이 없으므로 戊土의 목적을 잘 살피며 통변을 해야 합니다.
午火에서 己土는 9의 세력을 갖고 있지만 금화교역을 위한 에너지로 작용하므로 역시 지지를 지배하는 기세로 작용되지는 않습니다.

◆ 金의 세력

| 구분 | 방합 | | | | 삼합 | | | |
|---|---|---|---|---|---|---|---|---|
| | 합 | 申 | 酉 | 戌 | 합 | 巳 | 酉 | 丑 |
| 합 | 55 | 16 | 30 | 9 | 40 | 7 | 30 | 3 |
| 庚 | 26 | 16 | 10 | | 17 | 7 | 10 | |
| 辛 | 29 | | 20 | 9 | 23 | | 20 | 3 |

방합에서 庚金이 26의 세력이고 辛金이 29의 세력입니다. 庚金은 생기로서 辛金의 형질을 구성하는 성장 동력이므로 초기에 작용하고 辛金은 庚金의 생기를 받아 성장하므로 辛金의 세력이 더 강합니다.

삼합에서 庚金은 巳火생지에서 7의 세력으로 시작되어 酉金왕지에서 10의 세력을 가지므로 모두 17의 세력을 갖습니다. 辛金은 酉金왕지에서 20의 세력으로 형질을 갖추고 丑土묘지에서 3의 세력으로 소멸하게 됩니다.

◆ 水의 세력

| 구분 | 방합 | | | | 삼합 | | | |
|---|---|---|---|---|---|---|---|---|
| | 합 | 亥 | 子 | 丑 | 합 | 申 | 子 | 辰 |
| 합 | 55 | 16 | 30 | 9 | 40 | 7 | 30 | 3 |
| 壬 | 26 | 16 | 10 | | 17 | 7 | 10 | |
| 癸 | 29 | | 20 | 9 | 23 | | 20 | 3 |

방합에서 壬水는 26의 세력이고 癸水는 29의 세력입니다. 壬水는 생기로서 癸水의 형질을 구성하는 성장 동력이므로 초기에 작용하고 癸水는 壬水의 생기를 받아 성장하므로 癸水의 세력이 더 강합니다.

삼합에서 壬水는 申金생지에서 7의 세력으로 시작되어 子水왕지에서 10의 세력을 가지므로 모두 17의 세력을 갖습니다. 癸水는 子水왕지에서 20의 세력으로 형질을 갖추고 辰土묘지에서 3의 세력으로 소멸하게 됩니다.

## ❷ 십이운성으로 측정

십이운성은 왕상휴수를 세분하며 기세를 측정하는 것이며
천간은 음양간을 구분하지 않고 오행으로 기세를 판별합니다.

◆ 월령의 기세로 천간을 분석하면 아래와 같습니다.

| 시 | 일 | 월 | 년 | 구분 |
|---|---|---|---|---|
| 甲 | 丙 | 乙 | 癸 | 천간 |
|   |   | 卯 |   | 지지 |
| 왕 | 상 | 왕 | 휴 | 왕상휴수 |
| 왕 | 욕 | 왕 | 사 | 십이운성 |

卯월의 월령은 木기이므로 木기의 십이운성을 적용하여 판단합니다.
卯월에 甲乙木은 木기로서 왕지에 해당하며 기세가 가장 강한 것이고
卯월에 丙火는 火기로서 욕지에 해당하며 기세가 어리므로 약하며
卯월에 癸水는 水기로서 사지에 해당하며 기세가 가장 약하다고 합니다.

| 시 | 일 | 월 | 년 | 구분 |
|---|---|---|---|---|
| 辛 | 乙 | 壬 | 丁 | 천간 |
|   |   | 寅 |   | 지지 |
| 수 | 왕 | 휴 | 상 | 왕상휴수 |
| 절 | 록 | 병 | 생 | 십이운성 |

寅월의 월령은 木기이므로 木기의 십이운성을 적용하여 판단합니다.
寅월에 乙木은 木기로서 록지에 해당하므로 기세가 가장 강한 것이고
寅월에 丁火는 火기로서 생지에 해당하므로 기세가 어리므로 약하며
寅월에 壬水는 水기로서 병지에 해당하므로 기세가 쇠퇴하는 것이고
寅월에 辛金은 金기로서 절지에 해당하므로 기세가 미약하다고 합니다.

◆ 지지의 세력을 천간별로 분석하면 아래와 같습니다.

| 시 | 일 | 월 | 년 | 구분 |
|---|---|---|---|---|
|  |  |  | 癸 | 천간 |
| 午 | 申 | 卯 | 丑 | 지지 |
| 수 | 상 | 휴 | 왕 | 왕상휴수 |
| 태 | 생 | 사 | 쇠 | 십이운성 |

癸水는 水오행으로서 십이운성을 운영하므로 년지는 쇠지이지만 기세가 가장 강하며 일지는 생지로서 기세가 자라나는 시기이므로 약하고 월지 사지와 시지 태지에서는 휴수의 시기로 기세가 약하다고 합니다.

| 시 | 일 | 월 | 년 | 구분 |
|---|---|---|---|---|
| 甲 |  | 乙 |  | 천간 |
| 午 | 申 | 卯 | 丑 | 지지 |
| 휴 | 수 | 왕 | 상 | 왕상휴수 |
| 사 | 절 | 왕 | 대 | 십이운성 |

甲木과 乙木은 木오행으로서 십이운성을 운영하므로 월지가 왕지이므로 기세가 가장 강하며 년지가 대지로서 기세가 자라고 있으므로 다소 약하다고 하며 일지 절지와 시지 사지에서는 휴수의 시기로서 기세가 약합니다.

| 시 | 일 | 월 | 년 | 구분 |
|---|---|---|---|---|
|  | 丙 |  |  | 천간 |
| 午 | 申 | 卯 | 丑 | 지지 |
| 왕 | 휴 | 상 | 수 | 왕상휴수 |
| 왕 | 병 | 욕 | 양 | 십이운성 |

丙火는 火오행으로서 십이운성을 운영하므로
시지 왕지에서 기세가 가장 강하며 월지 욕지가 그 다음이고
년지 양지와 일지 병지에서는 휴수의 시기로서 기세가 약합니다.

◆ 천간은 세력이 강한 지지를 기반으로 움직입니다.

| 시 | 일 | 월 | 년 | 구분 |
|---|---|---|---|---|
|  |  |  | 甲 | 천간 |
| 卯 | 未 | 寅 | 午 | 지지 |
| 왕 | 휴 | 왕 | 휴 | 왕상휴수 |
| 왕 | 묘 | 록 | 사 | 십이운성 |

甲木은 木오행으로 십이운성을 운영하므로
월시지의 기세가 매우 강하므로 월시지를 기반으로 움직이고
년일지의 휴수지에서는 움직임을 멈추고 휴식하고자 합니다.

| 시 | 일 | 월 | 년 | 구분 |
|---|---|---|---|---|
| 丁 |  | 丙 |  | 천간 |
| 卯 | 未 | 寅 | 午 | 지지 |
| 상 | 왕 | 상 | 왕 | 왕상휴수 |
| 욕 | 쇠 | 생 | 왕 | 십이운성 |

丙丁火는 火오행으로서 십이운성을 운영하므로
년일지의 기세가 매우 강하므로 년일지를 기반으로 움직이고
월시지의 기세가 어리고 약하므로 아직 움직일 때가 아닙니다.

| 시 | 일 | 월 | 년 | 구분 |
|---|---|---|---|---|
|  | 己 |  |  | 천간 |
| 卯 | 未 | 寅 | 午 | 지지 |

己土는 십이운성의 적용을 받지 않으며
未土와 午火에서 기세가 가장 강하다고 하며
寅卯에서는 작용이 미미하므로 기세가 약하다고 하는 것입니다.

戊土는 辰土와 戌土에서 기세가 가장 강하고
己土는 丑土와 未土에서 기세가 가장 강합니다.
寅申巳亥에서는 戊土가 여기로서 작용하지만 기세는 약합니다.

## 3 지장간으로 측정

월률분야는 지장간이 지지에서 차지하는 영역으로서 지배하고 다스릴 수 있는 권한의 세력이라고 할 수 있습니다.

가령 寅木에서는 戊土와 丙火가 각각 7일을 다스리고 甲木이 16일을 다스리므로 甲木의 세력이 가장 크다고 보는 것입니다.

◆ 지장간의 월률분야

| 구분 | 寅 | 卯 | 辰 | 巳 | 午 | 未 | 申 | 酉 | 戌 | 亥 | 子 | 丑 |
|---|---|---|---|---|---|---|---|---|---|---|---|---|
| 합 | 30 | 30 | 30 | 30 | 30 | 30 | 30 | 30 | 30 | 30 | 30 | 30 |
| 여기 | 戊 7 | 甲 10 | 乙 9 | 戊 7 | 丙 10 | 丁 9 | 戊 7 | 庚 10 | 辛 9 | 戊 7 | 壬 10 | 癸 9 |
| 중기 | 丙 7 |  | 癸 3 | 庚 7 | 己 (9) | 乙 3 | 壬 7 |  | 丁 3 | 甲 7 |  | 辛 3 |
| 정기 | 甲 16 | 乙 20 | 戊 18 | 丙 16 | 丁 20 | 己 18 | 庚 16 | 辛 20 | 戊 18 | 壬 16 | 癸 20 | 己 18 |

하나의 지지는 30의 세력을 갖습니다.

寅木의 지지에서 정기 甲木이 16일을 담당하고 戊土와 丙火가 각각 7일을 담당하며 다스린다고 하는 것입니다. 그러므로 甲木이 16/30의 세력을 갖고 戊土와 丙火는 각각 7/30의 세력을 갖게 됩니다.

정기의 세력이 가장 강합니다.

寅木에서 정기 甲木은 록지로서 세력이 가장 강합니다.

寅木에서 정기 甲木의 세력은 卯木의 여기로 이어지며 세력이 점차 약하여집니다.

卯木은 木기의 왕지이지만 甲木은 여기로 작용하므로 점차 약하여지고 乙木이 강하여지는 것입니다.

寅木에서 중기 丙火는 火기의 생지이므로 火기의 기세가 어리며

여기 戊土는 丑土에서 넘어온 기운으로 水기를 끌어들여 木기를 생하는 작용을 합니다.

◆ 월률분야에 의한 세력의 강약 판단

| 시 | 일 | 월 | 년 | 구분 |
|---|---|---|---|---|
| 丁 | 己 | 丙 | 甲 | 천간 |
| 卯 | 未 | 寅 | 午 | 지지 |
| 甲10<br>乙20 | 丁9<br>乙3<br>己18 | 戊7<br>丙7<br>甲16 | 丙10<br>丁20 | 지장간 |

| 구분 | | 순위 | | 합 | 시지<br>卯 | 일지<br>未 | 월지<br>寅 | 년지<br>午 |
|---|---|---|---|---|---|---|---|---|
| 합 | | 오행 | 천간 | 120 | 30 | 30 | 30 | 30 |
| 木 | 甲 | 1 | 2 | 49 | 26 | 10 | 16 | |
| | 乙 | | | | 23 | 20 | 3 | |
| 火 | 丙 | 2 | 4 | 46 | 17 | | 7 | 10 |
| | 丁 | | 1 | | 29 | 9 | | 20 |
| 土 | 戊 | 3 | | 25 | 7 | | 7 | |
| | 己 | | 3 | | 18 | 18 | | |
| 金 | 庚 | | | | | | | |
| | 辛 | | | | | | | |
| 水 | 壬 | | | | | | | |
| | 癸 | | | | | | | |

오행으로는 木의 세력이 49/120로 가장 강하고
火의 세력이 46/120로 그 다음으로 강하고
土의 세력이 25/120로 가장 약하다고 합니다.
그러나 모두 평균 이상의 세력을 가지고 있으므로 강하다고 합니다.
24이상이면 평균 이상의 세력이라고 합니다. (120일 / 5)

시간 丁火는 29의 세력으로 기세가 가장 강하다고 하며
년간 甲木은 26의 세력으로 기세가 두 번째로 강하다고 하며
일간 己土는 18의 세력으로 기세가 비교적 약하다고 하며
월간 丙火는 17의 세력으로 기세가 비교적 약하다고 합니다.

| 시 | 일 | 월 | 년 | 구분 |
|---|---|---|---|---|
| 辛 | 乙 | 壬 | 丁 | 천간 |
| 巳 | 丑 | 寅 | 未 | 지지 |
| 戊7<br>庚7<br>丙16 | 癸9<br>辛3<br>己18 | 戊7<br>丙7<br>甲16 | 丁9<br>乙3<br>己18 | 지장간 |

| 구분 | | 순위 | | 합 | 시지<br>巳 | 일지<br>丑 | 월지<br>寅 | 년지<br>未 |
|---|---|---|---|---|---|---|---|---|
| 합 | | 오행 | 천간 | 120 | 30 | 30 | 30 | 30 |
| 木 | 甲 | 3 | | 19 | 16 | | 16 | |
| | 乙 | | 2 | | 3 | | | 3 |
| 火 | 丙 | 2 | | 32 | 23 | 16 | 7 | |
| | 丁 | | 1 | | 9 | | | 9 |
| 土 | 戊 | 1 | | 50 | 14 | 7 | 7 | |
| | 己 | | | | 36 | | 18 | 18 |
| 金 | 庚 | 4 | | 10 | 7 | 7 | | |
| | 辛 | | 3 | | 3 | | 3 | |
| 水 | 壬 | 5 | 4 | 9 | | | | |
| | 癸 | | | | 9 | 9 | | |

오행의 세력은 土의 세력이 50/120으로 가장 강하고

火의 세력이 32/120으로 그 다음으로 강하고

木의 세력은 19/120으로 다소 약하며

金水의 세력은 각각 10/120과 9/120으로 미약하다고 합니다.

丙火와 戊己土는 대운에서 투출하여야 기세를 발휘할 수 있습니다.

년간 丁火는 9의 세력으로 미약하고

일간 乙木은 3의 세력이므로 역시 미약하고

시간 辛金은 3의 세력으로 역시 미약하고

월간 壬水는 세력이 하나도 없습니다.

# 06 천간의 기세판단

### 1 음양간의 기세

| 구분 | 양간 | 음간 |
|---|---|---|
| 기의 왕쇠 | 1차적 | 2차적 |
| 세의 강약 | 2차적 | 1차적 |

양간은 생기로서 오행의 동력이므로 기의 왕쇠를 우선 판단하고 세력의 강약을 판단하지만 음간은 형질로서 오행의 완성이므로 세의 강약을 우선 판단하고 기의 왕쇠를 살펴보아야 할 것입니다.

| 시 | 일 | 월 | 년 | 구분 |
|---|---|---|---|---|
| 乙 | 己 | 丙 | 甲 | 천간 |
| 亥 | 未 | 寅 | 午 | 지지 |
| 甲戌 | 癸酉 | 壬申 | 辛未 | 庚午 | 己巳 | 戊辰 | 丁卯 | 대운 |

년간 甲木은 寅월이 록지이면서 월령의 木기가 왕성하고 亥未에 세력이 결집되어 있으므로 기세가 매우 강합니다. 甲木의 강한 생기가 시간 乙木을 성장시키면서 남방火대운에 발전하고 서방金대운에 결실을 맺고자 하는 의지가 매우 강합니다.

월간 丙火는 寅월이 생지이므로 어린 기운이지만 지지에서 寅午합으로 인하여 발전하는 기세이므로 午未의 지장간에 잠재되어있는 丁火의 형질을 성장시키고자 하는 의지가 강하다고 보는 것입니다.

일간 己土는 午未의 지장간에 세력이 있으므로 木火의 세력을 결집하여 金水로 중개하고자 하는 의지가 강하다고 보는 것입니다.
금화교역의 중개의지로 午火의 세력을 사용할 수 있습니다.

(1) 음양간의 발전과 성장

| 구분 | 양간 | 음간 |
|---|---|---|
| 기세 | 기 | 세 |
| 작용 | 생기의 발산 | 형질의 성장 |

음양간의 기세는 자연의 법칙을 따르게 됩니다.
양간은 생기를 발산하여 음간의 형질을 성장시키는 동력이고
음간은 양간의 생기를 받아 木기를 완성하게 됩니다.

甲木의 생기는 乙木을 성장시키는 동력으로 에너지입니다.
乙木은 甲木의 생기를 받아 성장하게 됩니다. 그러므로 乙木은 甲木이 천간이나 지장간에 있어야 제대로 성장할 수 있습니다.
이를 등라계갑藤蘿繫甲이라고 하여 甲木을 나무로 보고 乙木을 넝쿨로 보아 乙木 넝쿨이 甲木나무에 의지하여 산다고 표현하고 있습니다.

亥卯未 삼합에서 甲乙木이 발전하는 양상을 보면
亥水에서 卯木의 기간에는 甲木의 생기를 발산하는 시기이고
卯木에서 未土의 기간에는 乙木의 형질이 성장하는 시기입니다.

甲木의 생기는 亥水에서 발생하여 寅卯辰에서 왕성하다가 점차 쇠약해지기 시작하며 未土에서 소멸하게 됩니다.

乙木의 형질은 寅卯辰에서 강하게 성장하고
이후 甲木의 생기가 약해지며 未土에서 성장을 멈추게 됩니다.

이러한 기세의 생성소멸의 현상은 음양의 생성소멸에 의한 자연현상이므로 나머지 천간도 이와 같이 유추하길 바랍니다.

| 시 | 일 | 월 | 년 | 구분 |
|---|---|---|---|---|
| 乙 | 庚 | 丙 | 辛 | 천간 |
| 酉 | 申 | 申 | 酉 | 지지 |
| 戊 己 | 庚 辛 | 壬 癸 | 甲 乙 | 대운 |
| 子 丑 | 寅 卯 | 辰 巳 | 午 未 | |

일간 庚金은 申월이 록지이면서 월령 金기가 왕성하고 지지에 세력이 결집되어 있으므로 기세가 매우 강합니다. 년간 辛金은 庚金의 생기를 받아 형질을 완성하여 金기의 모습을 완전하게 갖추고자 합니다.

월간 丙火칠살은 지지에 세력이 없어 기세가 매우 미약하므로 생기를 발산하고자 하는 의지를 제대로 펼치지 못하고 있으며
辛金과 합하고자 하지만 기세가 강한 辛金이 丙火의 기를 따르지 않으니 丙火만 빛을 잃고 역할을 하지 못하는 상태가 됩니다.
시간 乙木은 木의 형질이지만 지지에 세력이 없으므로 庚金일간의 세력을 따르는 것으로 만족할 뿐입니다.

| 시 | 일 | 월 | 년 | 구분 |
|---|---|---|---|---|
| 己 | 己 | 癸 | 戊 | 천간 |
| 巳 | 巳 | 亥 | 寅 | 지지 |
| 辛 庚 | 己 戊 | 丁 丙 | 乙 甲 | 대운 |
| 未 午 | 巳 辰 | 卯 寅 | 丑 子 | |

癸水재성은 亥월이 록지이며 왕성한 월령의 水기에 의하여 형질을 완성시키고자 합니다. 그러나 지지에서 寅亥합으로 인하여 제대로 움직이지 못합니다. 그러므로 년간 戊土와 戊癸합으로 기반되어 역할을 제대로 하지 못하고 있습니다.

일시간의 己土는 亥월에서 기세가 약하고 일시지의 巳火가 중복되어 지체되므로 기세가 약하여지고 성장운세로의 발전이 어렵습니다.

## (2) 음간과 양간의 기질

| 양간 | 음간 |
|---|---|
| 생기 - 발산 - 성장 | 형질 - 수렴 - 완성 |

천간은 양간과 음간으로 이루어져 있으므로
양간은 생기를 발산하여 음간의 형질을 성장하게 하는 작용이 있고
음간은 양간의 생기를 수렴하여 형질을 완성하는 작용이 있습니다.

양간은 생기이므로 기의 왕쇠인 왕상휴수의 작용을 받지만
음간은 형질이므로 기의 왕쇠인 왕상휴수의 작용이 미미합니다.
그러므로 음생양사 양생음사의 이론이 분명하지 않은 이유입니다.

오행의 기의 왕쇠를 세밀하게 측정하기 위하여 왕상휴수와 십이운성을 운용하게 됩니다. 이때 양간은 생기의 성분이므로 왕상휴수와 십이운성을 적용하여 왕쇠를 측정하지만 음간은 형질의 성분이므로 기의 왕쇠로 측정하기 어렵기 때문에 음간을 십이운성에 적용하면 대부분 맞지 않는다고 기피하는 이유입니다.


**양간은 기를 따르고 음간은 세력을 따릅니다.**

다섯개의 양간은 기를 따르고 세력을 따르지 않으며
다섯개의 음간은 세력을 따르고 정의가 없다. - 적천수

양간은 기를 따르지만 세력을 따르지 않으며 음간은 세력만을 따른다고 적천수에서 강조하고 있습니다.
양간은 생기의 성분이므로 월령의 기를 따르며 오직 기로써만 존재하며 기의 왕쇠를 따르기 때문입니다.
음간은 생기를 받아 형질을 이루며 성장을 하므로 양간의 십이운성을 따르기도 하고 별도로 세력을 따르기도 하므로 정의가 없다고 합니다.

## 참고Tip

### 음간의 십이운성은 적절하지 못하다는 주장
음양의 순역설은 낙서에서 흘러나와 쓰고 있는 것이므로 그 이치는 믿을 만하나 그 법을 한가지로 고집해서는 안된다. - 적천수

적천수에서는 음양의 순역설이 낙서의 이치에 의한 것이지만 음양간을 순역설에 적용하여 음생양사 양생음사의 십이운성으로 적용하는 것은 적절하지 못하다고 합니다.

적천수천미에서 저자 임철초는 甲木이 午火에서 기가 소멸되는 것은 이해가 가지만 亥중 壬水가 乙木의 정인으로 어머니의 생을 받고 있는데 乙木이 亥水에서 죽는다는 것은 이해가 가지 않는다고 하며 음생양사 양생음사의 주장이 잘못되었다고 합니다.

### 음간의 십이운성이 적절하다는 주장
木이 午월에는 가지와 잎이 번성해지는 기후인데 甲木이 어찌하여 죽는다고 하는가? 외부는 비록 번성하지만 내부 생기가 설기되어 이미 소진되니 午월에서 죽는다고 하는 것이다.
乙木은 이와 반대로 午월에 가지와 잎이 번성하니 생이 된다고 하는 것이며 亥월에는 가지와 잎이 떨어지니 죽는 것이다.
甲木이 됨에는 乙木의 기운을 이미 갖고 있으며, 乙木이 됨에는 甲木의 질이 견고해진 것이다. 따라서 甲木과 乙木이 있다함은 木의 음양이 구비된 것이다. - 자평진전

자평진전에서는 음간의 십이운성의 적절성을 물상론으로 설명하며 음생양사 양생음사의 이론이 타당하다고 주장합니다.
또한 오행에도 기와 질이 있고 양간과 음간에도 각각 기와 질이 있으므로 기와 질이 별도로 존재하지 않음을 강조하고 있습니다.

**결론적으로**
대체로 양간의 기는 생기로서 왕상휴수의 적용을 받지만
음간은 형질로서 왕상휴수의 적용을 받기 어려우므로
고전에서조차 음간의 왕쇠 판정 자체를 무시하는 경향이 있습니다.

음양의 순역설에 의하여 양간은 순행하고 음간은 역행한다고 하는 음생양사 양생음사의 이론을 적용한다면 음양간의 특성을 무시한 채 음양의 순역만 강조한 것이므로 자연의 법칙에 타당하지 않게 됩니다.

木에는 甲木과 乙木이 함께 공존하고 있고
甲木에는 甲木의 기와 乙木의 질이 함께 공존하고 있으며
乙木에도 甲木의 기와 乙木의 질이 함께 공존하고 있는 것입니다.
甲木의 기가 亥水에서 생하면 乙木의 질도 동시에 만들어지며
甲木의 기가 寅卯木에서 왕성하면 乙木의 질도 동시에 강하여지는 것은 자연의 이치입니다.

이처럼 음간은 양간의 왕성한 생기로 형질을 완성시키는 것이므로
오행의 기운이 왕성하다면 양간의 생기가 왕성하고 음기의 성장도 왕성해지는 것입니다. 그러므로 음양간 모두 오행의 기에 의한 십이운성의 적용을 받는 것은 당연합니다.

따라서 천간의 왕쇠를 판단하는 십이운성의 용법은
음양간 모두 오행의 십이운성에 따르는 것이 적절하다고 할 것입니다. 다만, 음간은 강한 세력을 따르는 경우도 있다는 것입니다.

양간은 오행을 생성하는 생기이며 음간은 오행을 완성하는 형질입니다.
오행에는 양간과 음간의 기세가 모두 작용하고 있으므로
음양간의 기세를 세밀하게 판정하여 통변에 응용해야 하는 것입니다.

| 시 | 일 | 월 | 년 | 구분 |
|---|---|---|---|---|
| 壬 | 辛 | 丁 | 甲 | 천간 |
| 辰 | 亥 | 卯 | 寅 | 지지 |
| 己 庚 辛 壬 癸 甲 乙 丙 | | | | 대운 |
| 未 申 酉 戌 亥 子 丑 寅 | | | | |

卯월의 甲木이 寅木에 앉아 왕성한 생기로 형질을 완성시키고
丁火의 밝고 화려한 꽃을 피우고자 하는 의지가 강합니다.
시간 壬水는 辰土에 앉아 일간 辛金을 품고 내실을 기하고 있습니다.
북방水대운에 甲木의 생기를 키우지만 점점 강해지는 水기로 인하여 어려움이 있기에 丁火의 따스한 정으로 감싸고 있는 모습이 아름답습니다. 壬戌대운의 어려움을 극복한다면 서방金대운에는 안정적으로 결실을 거두고 안정운세로 살아갈 수 있습니다.

| 시 | 일 | 월 | 년 | 구분 |
|---|---|---|---|---|
| 壬 | 辛 | 庚 | 乙 | 천간 |
| 辰 | 巳 | 辰 | 丑 | 지지 |
| 壬 癸 甲 乙 丙 丁 戊 己 | | | | 대운 |
| 申 酉 戌 亥 子 丑 寅 卯 | | | | |

辰월 辰시에서 투출한 乙木의 형질은 매우 단단합니다.
그러므로 미약한 기세를 가진 庚辛金을 壬水가 보호하여야 합니다.
乙木이 비록 丑土에 앉아 어려움이 많지만 월시의 기세가 강하므로 월간에 庚金이 있어도 쉽게 합하려고 하지 않습니다.
북방水대운에는 어려운 가운데에서도 밝은 빛으로 희망을 안고 성장운세를 만들어가며 성장과 발전을 하고자 노력하였으며
서방金대운에는 기세의 균형으로 안정운세로 접어들며 힘들게 만든 결실을 세상에 내놓으면서 모두에게 희망을 심어주는 역할을 하고 있습니다.

## ❷ 천갑합의 기세

합하는 것이 있으면 길한 것을 만나도 길하지 않고 흉한 것을 만나도 흉하지 않게 된다 – 자평진전

◆ 천갑합

| 土 | 金 | 水 | 木 | 火 |
|---|---|---|---|---|
| 甲己 | 乙庚 | 丙辛 | 丁壬 | 戊癸 |

천간합은 음양의 합이므로 신방에 들어 사랑을 하느라 자신의 할 일을 제대로 하지 못하므로 묶이어 기반이 되었다고 합니다.
기반羈絆이란 소나 말을 고삐에 묶어두는 것을 말합니다.

기반된 천간은 희신의 역할도 기신의 역할도 하지 못합니다.
또한 운에서 생극이 온다고 하여도 생극의 현상이 이루어지지 않습니다. 그러므로 자신의 역할을 하지 못한다고 하는 것입니다.

사주에서 천간합이 되어있다면 생극의 작용이 없으니 좋고 나쁜 것이 없는 것이므로 전시효과로 활용할 수 있으며 조건이 갖추어진다면 화기化氣를 생산하여 기화氣化할 수 있습니다.

천간합은 기와 기의 결합이므로 기화하여 화기를 생산할 수 있습니다. 즉, 甲己가 합하여 土기로 화하는 것입니다. 단, 월령의 기운과 대운의 기운을 받아야 화기를 생산할 수 있는 조건이 있습니다.

乙庚이 합하여 金기로 화하고자 한다면 金기 월령의 도움이 있어야 하고 또는 대운에서 申酉戌 金대운을 맞이하면 역시 金기로 화할 수 있는 조건이 됩니다.

**천간을 대운에서 합거하면 기의 손상을 가져옵니다.**

사주팔자의 천간을 대운에서 합을 한다면 기반이 됩니다.
기반되어도 합화의 조건이 안 되면 기화되지 않고 합거되므로 기의 손상을 가져오게 됩니다. 합거合去란 합하여 사라진다는 뜻입니다.

대운의 천간합은 대운의 글자가 사주의 글자를 합하고자 끌어가므로 사주에서 사라지는 것과 마찬가지가 됩니다. 대운의 천간합은 기화가 되어도 글자는 사라지므로 상실의 효과가 크다고 할 수 있습니다.

사주팔자의 재성이 대운의 천간과 합되어 사라지면 해당 대운에는 재성이 사라지는 상실의 아픔을 겪을 수도 있는 것입니다.
다만 재다신약의 사주로서 재성이 기신일 경우에는 오히려 재성의 무거움을 덜어주므로 길하다고 할 것입니다.

사주팔자의 천간이 용신이나 희신인데 대운에서 합거한다면 해당 육신이나 육친을 잃는 손실을 가져올 수 있습니다. 그러나 기신을 합거한다면 흉한 것이 사라지는 것이니 오히려 길운이라고 하는 것입니다. 더구나 기신이 합하여 기화된 오행이 용신에게 도움이 된다면 전화위복이 되어 삶에서 기회가 생기는 길운이 될 것입니다.

| 시 | | 일 | | 월 | | 년 | | 구분 |
|---|---|---|---|---|---|---|---|---|
| 戊 | | 庚 | | 辛 | | 丁 | | 천간 |
| 寅 | | 申 | | 巳 | | 亥 | | 지지 |
| 癸 | 甲 | 乙 | 丙 | 丁 | 戊 | 己 | 庚 | 대운 |
| 酉 | 戌 | 亥 | 子 | 丑 | 寅 | 卯 | 辰 | |

巳월에 丁火의 기세가 강하므로 辛金을 억제하여 기세의 균형을 이루며 성장운세로 발전하고 있습니다.
동방木대운에는 丁火관성을 키우기 위한 성장의 동력이 되었고
북방水대운에는 丙辛합으로 水기를 생산하여 일간을 도우니 정권을 잡고 명예를 드높입니다.

세상에 나가 천하를 다스리고자 하는 이가 어찌 여인의 유혹으로 머무려고 하는가. 어서 유혹을 떨치고 세상에 나아가 뜻을 펼치며 나아가라. - 적천수

적천수 구절에서는 합이 된다고 하여도 구애받지 말고 할 일을 하라고 주문하고 있습니다. 유혹을 떨치지 못하면 천하의 뜻을 얻지 못함이니 유혹을 떨쳐내고 세상에 나아가라고 합니다.

| 시 | 일 | 월 | 년 | 구분 |
|---|---|---|---|---|
| 庚 | 庚 | 辛 | 丙 | 천간 |
| 辰 | 辰 | 丑 | 申 | 지지 |
| 己 | 戊 | 丁 | 丙 | 乙 | 甲 | 癸 | 壬 | 대운 |
| 酉 | 申 | 未 | 午 | 巳 | 辰 | 卯 | 寅 | |

丑월에는 水월령이지만 土기도 왕성하므로 丙辛이 합하여 水기로 화하기 어렵습니다. 또한 辛金은 월지에 뿌리가 단단하므로 합거가 되지 않고 년간 丙火를 잡고 기반만 될 뿐입니다.

丙午대운에 丙火칠살은 유혹을 떨쳐내고 세상에 나아가니 해방 이후에 정부수립의 주요 활동을 하며 명예를 빛내게 됩니다.

| 시 | 일 | 월 | 년 | 구분 |
|---|---|---|---|---|
| 庚 | 乙 | 壬 | 丁 | 천간 |
| 辰 | 卯 | 寅 | 酉 | 지지 |
| 庚 | 己 | 戊 | 丁 | 丙 | 乙 | 甲 | 癸 | 대운 |
| 戌 | 酉 | 申 | 未 | 午 | 巳 | 辰 | 卯 | |

년월의 丁壬이 합하여 寅월에 木기로 화하고 있습니다. 지지에 寅卯辰방합이 형성되어 木기의 기세가 매우 강하다고 할 것입니다.

남방火대운에 木의 기세를 설기하여 총명기를 나타내어 법관이 되고, 丙丁火 식상으로 庚金의 조직을 단단하게 단련시키며 명예를 화려하게 빛내게 됩니다.

# 07 지지의 기세판단

| 형刑 | 충 | 회會 | 합슴 |
|---|---|---|---|
| 寅巳申<br>丑戌未<br>子卯<br>亥亥, 午午<br>辰辰, 酉酉 | 寅申, 巳亥<br>子午, 卯酉<br>辰戌, 丑未 | 寅卯辰, 巳午未<br>申酉戌, 亥子丑<br>亥卯未, 巳酉丑<br>寅午戌, 申子辰 | 寅亥, 卯戌<br>辰酉, 巳申.<br>子午, 丑未 |

### 1 형의 기세

형이란 방합과 삼합의 연합으로 인한 에너지의 증폭 과정입니다

**(1) 방합과 삼합에 의한 형작용**

| 火의 형 | 金의 형 | 水木의 형 ||
|---|---|---|---|
| 巳午未 + 寅午戌 | 申酉戌 + 巳酉丑 | 亥子丑<br>+<br>亥卯未 | 寅卯辰<br>+<br>申子辰 |
| 寅巳형, 戌未형<br>午午자형 | 巳申형, 丑戌형<br>酉酉자형 | 子卯형, 亥亥자형<br>辰辰자형 ||

火의 형은 巳午未와 寅午戌의 연합작용으로
火기의 에너지가 증폭되면서 火기의 기세가 매우 강해집니다.

金의 형은 申酉戌과 巳酉丑의 연합작용으로
金기의 에너지가 증폭되면서 金기의 기세가 매우 강해집니다.

水木의 형은 亥子丑과 亥卯未 또는 寅卯辰과 申子辰의 연합작용이지만 에너지의 증폭이 크지 않으므로 형작용은 미미합니다.

**火金의 형은 양지의 형작용이고 水木의 형은 음지의 형작용입니다.**
火金은 양이 왕성하게 활동하는 시기에 번성하고 결실을 맺는 과정이므로 火기가 치성하여 형작용이 거센 반면에
水木은 음이 조용하게 활동하는 시기에 저장하고 생육하는 과정이므로 형작용이 그리 크지 않은 것입니다.

水木의 형작용은 火金의 형작용과 달리 亥子丑과 亥卯未 그리고 寅卯辰과 申子辰이 연합하여 형작용을 일으킵니다. 水木이 연합하여 증폭작용이 일어나지만 火와 金의 증폭작용에 비하여 미미하다고 합니다.
따라서 水木의 형에서는 子卯형과 辰辰자형 그리고 亥亥자형만이 작용하지만 영향은 미미하여 기세의 변동에 큰 역할을 하지 못합니다.

또한 水木의 형작용에서 이들이 연합하여 寅申형과 丑未형을 일으키지만 寅申과 丑未는 충작용이 크므로 형작용은 미미하고 단지 寅巳申삼형과 丑戌未삼형으로 작용할 뿐입니다.

**자형은 기세의 작용을 멈추는 작용을 합니다.**
자형은 午午자형, 酉酉자형, 亥亥자형, 辰辰자형이 있고 子卯형 역시 자형의 범주에 넣어 형의 기세를 판단합니다.
이들의 형작용은 자체적으로 기세가 묶이어 움직이지 못하므로 에너지가 증폭하여도 제자리에서 돌고 도는 현상이 일어나게 됩니다.
그러므로 자형은 에너지가 겹치면서 제자리에서 도는 것이니 하던 일을 계속 반복하므로 일이 지체되는 것이며 자칫하면 자체로 폭발하므로 모든 것을 날려버리는 현상이 발생한다고 할 수 있습니다.

자형은 신살에서 이야기하는 복음살伏吟煞과 같은 역할을 하기도 합니다. 복음살이란 두 개의 기운이 겹치면서 마치 자신이 둘인 것으로 착각하여 고민과 갈등으로 엎드려 운다는 뜻이 있으며 잘 흐르던 것이 멈춘다는 의미로 전지살轉止煞이라고도 합니다.

## (2) 삼형의 기세

우주의 탄생과 소멸 과정

우주의 삼라만상은 매 순간 변하지 않는 것이 없습니다.
박테리아나 바이러스의 미생물로 부터 거대한 은하계 그리고 우주까지 탄생과 죽음으로 생성과 소멸을 반복하고 있는 것입니다.

영국의 이론 물리학자 스티븐 호킹 박사(1942 ~ 2018)의 블랙홀 이론에 의하면 우주의 에너지는 블랙홀로 수축하여 만든 핵의 씨앗이 빅뱅을 통하여 화이트홀을 구성하면서 우주는 탄생과 소멸을 반복한다고 하였습니다.

빅뱅은 핵에서 우주의 씨앗이 발아하여 화이트홀로 발전하며 우주가 탄생하고 성장하는 과정을 말하는 것이고
수축은 블랙홀에서 우주의 성장이 멈추고 씨앗인 핵으로 우주를 응축하므로 우주가 죽어가며 소멸하는 과정입니다.

블랙홀은 丑戌未삼형의 모습으로 丑土에 에너지가 응축이 되면서
우주의 만물이 죽어가며 씨앗인 핵을 만드는 모습이며
화이트홀은 寅巳申삼형의 모습으로 寅木에서 빅뱅이 일어나며
우주의 만물이 탄생하고 성장하는 모습이라고 할 수 있습니다.

寅巳申삼형은 양적인 에너지로서 화이트홀처럼 분출되는 에너지이며
丑戌未삼형은 음적인 에너지로서 블랙홀처럼 흡수되는 에너지입니다.

화이트홀은 핵으로 압축된 우주의 에너지가 빅뱅으로 폭발하며 방출하고 확장시키며 우주를 탄생시키는 과정으로 오행의 木火 또는 사상의 봄과 여름의 작용과 같으며 寅巳申삼형의 작용으로 나타납니다.

블랙홀은 우주의 에너지를 압축시켜 핵으로 저장시키며 우주를 소멸시키는 과정으로 오행의 金水 또는 사상의 가을과 겨울의 작용과 같으며 丑戌未삼형의 작용으로 나타납니다.

寅巳申삼형은 우주의 핵에너지가 빅뱅으로 폭발하듯이 에너지의 확장작용이므로 막대한 에너지를 방출하는 화이트홀과 같습니다.
음에서 양으로 발전하는 木火의 작용이므로 사주팔자의 기세가 강하여 이를 잘 활용한다면 크게 발전할 것이나 사주팔자의 기세가 약하다면 오히려 삼형의 막강한 에너지에 휩쓸리면서 한순간에 전복되며 삶이 어려워지기도 하는 것입니다.

丑戌未삼형은 우주의 에너지를 흡수하듯이 에너지의 수축작용이므로 씨앗인 핵으로 저장시키고 우주를 소멸시키는 블랙홀과 같습니다.
양에서 음으로 수렴하는 金水의 작용이므로 사주팔자의 기세가 강하다면 이를 활용하여 결실을 맺을 수 있지만 사주팔자의 기세가 약하다면 오히려 한순간에 몰락하기도 합니다.

화이트홀과 블랙홀 사이에 있는 공간은 시공간이 없는 세계이며 빛이 통과할 수 없으므로 빛이 굴절하면서 巳午未와 申酉戌의 과정을 거치고 화이트홀과 블랙홀을 연결하면서 진행하게 됩니다.

이때 굴절이 심한 辰土와 午火 그리고 酉金과 亥水는 공간을 둘러싸며 돌고 도는 것이므로 지체작용이 일어나는 것입니다.
그러므로 辰辰, 午午, 酉酉, 亥亥의 자형이 지체작용을 하며 굴곡된 삶을 가져오는 이유입니다.
子卯는 공간의 영향을 받지 않으므로 형작용이 미미한 것입니다.

寅巳申삼형은 잎을 번성시키고 꽃을 피우며 화려한 삶으로 번성할 수 있으며 사업을 한다면 확장하며 발전할 수 있는 것입니다.
그러나 이 시기에는 에너지의 소모가 크므로
사주팔자의 기세가 강하다면 투자를 확대하며 발전할 수 있지만
기세가 약하다면 오히려 삼형의 기세에 휩쓸려 버리기 쉬운 것입니다.

丑戌未삼형은 결실을 거두어 저장하는 시기이므로 에너지를 수렴하므로 자금을 축적하고 사업을 정비하여 불필요한 비용을 줄이며 빅뱅의 시기를 기다려야 하는 것입니다.
이 시기에 사주팔자의 기세가 강하다면 새로운 계획을 세우며 투자의 기회를 엿보겠지만 기세가 약하다면 오히려 삼형의 기세에 휩쓸리며 모든 것이 사장되어버리는 결과를 가져오기도 합니다.

이와 같이 삼형의 세력을 잘 활용한다면 좋은 기회를 잡아 성장운세로 이끌어 나가겠지만 하락운세가 된다면 큰 어려움을 당할 수 있습니다.

> **참고Tip** - 고전에서의 삼형에 대한 고찰
>
> 적천수에서는 지지의 충沖을 중하게 보지만 형파해刑破害는 별로 중요하지 않다고 하며 자평진전에서는 삼형三刑을 취한 이론을 모른다고 하여도 명리를 판단하는데 문제가 없다고 하며 삼형을 무시합니다.
>
> 연해자평과 삼명통회에서는
> 寅巳申삼형은 은혜를 모르는 무은지형無恩之刑이라고 하고
> 丑戌未삼형은 세력만을 믿는 시세지형恃勢之刑이라고 합니다.
>
> 일반적인 신살론에서는 寅巳申삼형은 주로 이동하고 시작하는 과정에서 사고와 수술 등의 흉화가 발생한다고 하며 丑戌未삼형은 부동산 등에서 사건 사고를 일으키고 질병 등이 발생한다고 합니다.

## 2 충의 기세

충이란 서로 대립하며 싸우는 경쟁입니다.

◆ 충의 구조

| 동서의 충 | 남북의 충 |
|---|---|
| 寅申충<br>卯酉충<br>辰戌충 | 巳亥충<br>子午충<br>丑未충 |

**지지의 충은 오행의 극하고 개념이 다릅니다.**
충沖은 가운데라는 뜻으로 가운데에서 실력을 겨루며 경쟁하며 대립한다는 뜻이 있습니다. 그러므로 오행의 극剋하고는 개념이 다릅니다.

오행의 극은 상대를 일방적으로 제압하여 소유하는 것이며
지지의 충은 서로 경쟁하며 대립하는 상대적인 개념입니다.

그러므로 지지를 오행에 대입하여 寅申충이나 卯酉충을 금극목이라고 하고 巳亥충이나 子午충을 수극화라고 한다면 충의 개념을 이해하지 못하고 있는 것입니다

**충은 상대의 세력과의 경쟁과 대립입니다.**
충은 고대 전쟁터의 개념에서 비롯되었습니다. 양쪽 진영의 군사가 서로 대치하여 있으면 가운데 빈 공간에서 선발된 상대의 장수끼리 결투를 벌이는 개념입니다.

寅申충은 동방의 寅장군과 서방의 申장군이 서로 경쟁하는 것입니다. 그러므로 강한 쪽이 이기게 마련입니다. 동방의 寅장군이 이기고 지기도 하며 서방의 申장군이 이기고 지기도 합니다.
서방의 申장군이 금극목이라고 하여 무조건 이기는 것이 아닙니다.

巳亥충은 북방의 亥장군이 남방의 巳장군과 서로 경쟁하며 싸우는 것입니다. 기세가 강한 쪽이 이기게 되어있습니다. 북방의 亥장군이 이기고 지기도 하며 남방의 巳장군이 이기고 지기도 하는 것입니다.

북방의 亥장군이 수극화라고 하여 무조건 이기는 것이 아닙니다.

이것을 기세 싸움이라고 하는 것입니다.
木의 기세가 강하고 金의 기세가 약하면 동방木이 이기는 것입니다.
金의 기세가 강하고 木의 기세가 약하면 서방金이 이기는 것입니다.

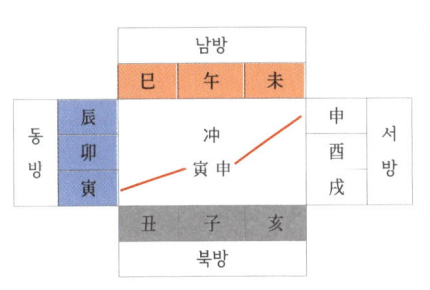

동방진영의 寅木과
서방진영의 申金의 싸움입니다.
冲은 가운데 충으로서 싸우는 장소를
말하는 것입니다.

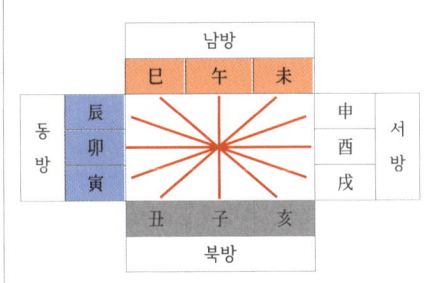

싸움의 상대는 서로 대칭되는
상대끼리만 싸웁니다.

동방木진영과 서방金진영이 서로 대립을 하는 것이며
남방火진영과 북방水진영이 서로 대립을 하는 것입니다.

寅申巳亥 생지는 생지끼리 경쟁을 하고
子午卯酉 왕지는 왕지끼리 경쟁을 하며
辰戌丑未 고지는 고지끼리 경쟁을 하게 됩니다.

충은 기세 싸움이므로 어느 기세가 더 강한가를 보아야 합니다.
강한 자가 이기기 마련입니다.

왕자충쇠쇠자발旺者沖衰衰者拔 쇠신충왕왕신발衰神沖旺旺神發
강한 자가 쇠약한 자를 충하면 쇠약한 자는 뿌리째 뽑혀나가지만
쇠약한 자가 강한 자를 충하면 강한자는 발전하게 된다.

- 적천수

**기세가 강하면 발전하고 쇠약하면 패망하게 됩니다.**
충에서는 강한 자가 발전하고 쇠약한 자는 뿌리째 뽑히는 수모를 당한다는 적천수의 구절은 유명한 구절입니다.
寅申충에서 寅木이 강하다면 寅木은 발전하고 申金은 패망하기 마련입니다.
그러므로 기세가 강한 자가 경쟁에서 이기기 마련입니다.
寅申충이라고 하여 금극목으로 여기며 寅木이 무조건 극을 당한다는 오행의 논리는 기세의 싸움인 충의 개념에서는 통하지 않습니다.

**辰戌충과 丑未충도 동서와 남북의 대결입니다.**
辰戌충은 동방木과 서방金의 기세의 대립인데 土끼리의 충이라고 하여 친구끼리의 싸움인 붕충朋沖으로 간과하는 경우가 많습니다.
그러나 辰土는 동방木의 장군이고 戌土는 서방金의 장군이므로 동방木과 서방金의 기세의 강약을 살피며 승자와 패자를 살펴야 하는 것입니다. 丑未충의 경우도 마찬가지입니다.

**충에서 기세가 균등하면 발전하며 성장합니다.**
서로의 기세가 비등하다면 견제가 되므로 자신의 실력을 계속 향상시키며 발전하게 됩니다.
구소련의 공산주의와 미국의 자본주의의 세력이 서로 비슷한 시기를 냉전시대라고 합니다. 냉전시대에는 상대보다 우위의 실력을 갖추기 위하여 경제력이나 군사력을 증진시키는데 힘을 쓰며 발전하였습니다.

서로의 기세가 비슷하면 상대에게 지지 않기 위하여서 자신의 기세를 향상시키느라 모든 역량을 집중시키며 발전하고 성장하는 것입니다.

| 시 | 일 | 월 | 년 | 구분 |
|---|---|---|---|---|
| 乙 | 丁 | 辛 | 辛 | 천간 |
| 巳 | 未 | 卯 | 酉 | 지지 |
| 癸 甲 | 乙 丙 | 丁 戊 | 己 庚 | 대운 |
| 未 申 | 酉 戌 | 亥 子 | 丑 寅 | |

년월에 卯酉충이 되어있습니다. 乙木이 투출하고 卯未합으로 卯木의 기세가 강합니다. 酉金은 辛金이 두 개나 투출하였으므로 기세가 약하지는 않으므로 균형을 이루며 성장운세로 발전하는 사주입니다.

북방水대운에 卯木의 기세가 어리고 酉金의 기세가 약해지므로 서로 균형을 이루고 있어 경쟁력을 키워 성장운세를 만들고 서방金대운에 酉金의 기세가 강하여지지만 쇠약해진 木기의 지혜를 활용하면서 안정운세를 유지하고 있는 모습입니다.

| 시 | 일 | 월 | 년 | 구분 |
|---|---|---|---|---|
| 乙 | 癸 | 甲 | 庚 | 천간 |
| 卯 | 酉 | 申 | 午 | 지지 |
| 丙 丁 | 戊 己 | 庚 辛 | 壬 癸 | 대운 |
| 子 丑 | 寅 卯 | 辰 巳 | 午 未 | |

일지 酉金과 시지 卯木과의 충입니다.
酉金은 월령의 기세가 있으며 년간에 庚金이 투출하여 기세가 강합니다. 卯木은 甲乙木이 투출하여 역시 기세가 약하지 않습니다.
그러므로 기세의 균형이 이루어지며 서로 경쟁적으로 실력을 기르며 성장하고 발전하는 성장운세를 만들어가는 것입니다.

남방火대운에 酉金을 성장시키며 경쟁력을 강화하고
동방木대운에 卯木의 기세가 강하여지지만 쇠약해진 金기의 지혜를 활용하면서 안정운세를 유지하고 있습니다.

## 3 방합의 기세

**방합은 기세가 가장 강한 조합입니다.**

방합은 집안 식구끼리의 합이므로 기세가 가장 강하다고 합니다.
寅卯辰은 木기의 조합으로 木의 기세가 가장 강하다고 하며
巳午未는 火기의 조합으로 火의 기세가 가장 강하다고 하며
申酉戌은 金기의 조합으로 金의 기세가 가장 강하다고 하며
亥子丑은 水기의 조합으로 水의 기세가 가장 강하다고 합니다.

| 시 | | 일 | | 월 | | 년 | | 구분 |
|---|---|---|---|---|---|---|---|---|
| 庚 | | 乙 | | 壬 | | 丁 | | 천간 |
| 辰 | | 卯 | | 寅 | | 酉 | | 지지 |
| 庚 | 己 | 戊 | 丁 | 丙 | 乙 | 甲 | 癸 | 대운 |
| 戌 | 酉 | 申 | 未 | 午 | 巳 | 辰 | 卯 | |

지지에 寅卯辰 방합이 구성되어 있어 木의 기세가 강한데 년월의 丁壬이 합하여 木기로 화하니 木의 기세가 더욱 강하게 됩니다.
남방火대운으로 흐름이 순조로우므로 성장운세가 이어집니다.

| 시 | | 일 | | 월 | | 년 | | 구분 |
|---|---|---|---|---|---|---|---|---|
| 己 | | 己 | | 甲 | | 丙 | | 천간 |
| 巳 | | 未 | | 午 | | 戌 | | 지지 |
| 壬 | 辛 | 庚 | 己 | 戊 | 丁 | 丙 | 乙 | 대운 |
| 寅 | 丑 | 子 | 亥 | 戌 | 酉 | 申 | 未 | |

지지에 巳午未 방합이 구성되어 있어 火의 기세가 매우 강합니다.
그러나 년지 戌土와 午戌합이 되어 방합과 삼합이 섞이며 火기의 증폭작용을 가져오므로 매우 급한 성격을 갖게 됩니다.

## 4 삼합의 기세

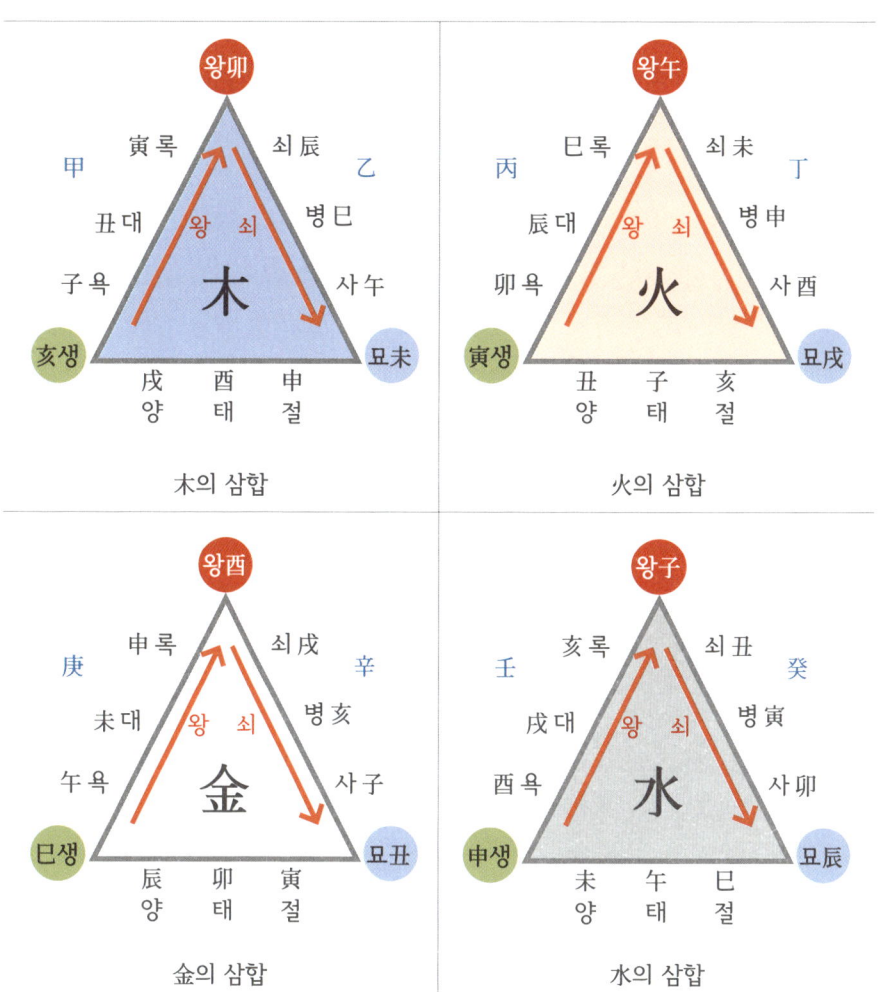

亥卯未는 木기의 왕쇠이며 木의 십이운성의 과정입니다.
寅午戌은 火기의 왕쇠이며 火의 십이운성의 과정입니다.
巳酉丑은 金기의 왕쇠이며 金의 십이운성의 과정입니다.
申子辰은 水기의 왕쇠이며 水의 십이운성의 과정입니다.

**木기는 亥卯未의 삼합 구조를 가지며 왕쇠강약의 과정을 겪습니다.**
木기는 亥水에서 생하고 卯木에서 왕성하며 未土에서 소멸하게 됩니다.
그러므로 亥卯未는 木기의 십이운성의 과정이기도 합니다.
亥水에서 卯木까지 왕성하게 발전하고 辰土에서 쇠퇴하기 시작하여
未土의 묘지에서 소멸하고 申酉戌에서는 木기는 잠자는 시기입니다.

甲木은 생기로서 乙木의 형질을 성장시키는 동력으로 작용하며
乙木은 형질로서 甲木의 생기를 받아 木기를 완성하게 됩니다.
亥水에서 卯木까지는 甲木의 생기가 점차 왕성하여지는 과정이고
卯木에서 未土까지는 乙木의 형질이 점차 완성되는 과정입니다.

사주팔자에 亥卯未가 모두 구비되어 있다면 甲木의 생기와 乙木의 형질의 조건이
갖추어진 것으로 木의 기세가 강하다고 하는 것입니다.
이때 천간에 甲木이나 乙木이 있어야 기세가 발현됩니다.

**火기는 寅午戌의 삼합 구조를 가지며 왕쇠강약의 과정을 겪습니다.**
火기는 寅木에서 생하고 午火에서 왕성하며 戌土에서 소멸하게 됩니다.
그러므로 寅午戌은 火기의 십이운성의 과정이기도 합니다.
寅木에서 午火까지 왕성하게 발전하고 未土에서 쇠퇴하기 시작하여
戌土의 묘지에서 소멸하고 亥子丑에서는 火기는 잠자는 시기입니다.

丙火는 생기로서 丁火의 형질을 성장시키는 동력으로 작용하며
丁火는 형질로서 丙火의 생기를 받아 火기를 완성하게 됩니다.
寅木에서 午火까지는 丙火의 생기가 점차 왕성하여지는 과정이고
午火에서 戌土까지는 丁火의 형질이 점차 완성되는 과정입니다.

사주팔자에 寅午戌이 모두 구비되어 있다면
丙火의 생기와 丁火의 형질의 조건이 갖추어진 것으로 火의 기세가 강하다고 하는
것입니다. 이때 천간에 丙火나 丁火가 있어야 기세가 발현됩니다.

**金기는 巳酉丑의 삼합 구조를 가지며 왕쇠강약의 과정을 겪습니다.**
金기는 巳火에서 생하고 酉金에서 왕성하며 丑土에서 소멸하게 됩니다.
그러므로 巳酉丑은 金기의 십이운성의 과정이기도 합니다.
巳火에서 酉金까지 왕성하게 발전하고 戌土에서 쇠퇴하기 시작하여
丑土의 묘지에서 소멸하고 寅卯辰에서는 金기는 잠자는 시기입니다.

庚金은 생기로서 辛金의 형질을 성장시키는 동력으로 작용하며
辛金은 형질로서 庚金의 생기를 받아 金기를 완성하게 됩니다.
巳火에서 酉金까지는 庚金의 생기가 점차 왕성하여지는 과정이고
酉金에서 丑土까지는 辛金의 형질이 점차 완성되는 과정입니다.

사주팔자에 巳酉丑이 모두 구비되어 있다면
庚金의 생기와 辛金의 형질의 조건이 갖추어진 것으로 金의 기세가 강하다고 하는
것입니다. 이때 천간에 庚金이나 辛金이 있어야 기세가 발현됩니다.

**水기는 申子辰의 삼합 구조를 가지며 왕쇠강약의 과정을 겪습니다.**
水기는 申金에서 생하고 子水에서 왕성하며 辰土에서 소멸하게 됩니다.
그러므로 申子辰은 水기의 십이운성의 과정이기도 합니다.
申金에서 子水까지 왕성하게 발전하고 丑土에서 쇠퇴하기 시작하여
辰土의 묘지에서 소멸하고 巳午未에서는 水기는 잠자는 시기입니다.

壬水는 생기로서 癸水의 형질을 성장시키는 동력으로 작용하며
癸水는 형질로서 壬水의 생기를 받아 水기를 완성하게 됩니다.
申金에서 子水까지는 壬水의 생기가 점차 왕성하여지는 과정이고
子水에서 辰土까지는 癸水의 형질이 점차 완성되는 과정입니다.

사주팔자에 申子辰이 모두 구비되어 있다면
壬水의 생기와 癸水의 형질의 조건이 갖추어진 것으로 水의 기세가 강하다고 하는
것입니다. 이때 천간에 壬水나 癸水가 있어야 기세가 발현됩니다.

| 시 | 일 | 월 | 년 | 구분 |
|---|---|---|---|---|
| 庚 | 甲 | 丙 | 庚 | 천간 |
| 午 | 寅 | 戌 | 戌 | 지지 |
| 甲 癸 壬 辛 庚 己 戊 丁 | | | | 대운 |
| 午 巳 辰 卯 寅 丑 子 亥 | | | | |

지지에 寅午戌 火국이 이루어졌고 월간에 丙火생기가 투출하였으므로 火기를 완성하고자 하는 의지가 매우 강합니다.
내적으로 일간 甲木을 인화하고 외적으로는 庚金의 결실을 맺고자 하는 의지가 강하므로 대학자로 명예가 빛나게 됩니다.

| 시 | 일 | 월 | 년 | 구분 |
|---|---|---|---|---|
| 乙 | 辛 | 辛 | 辛 | 천간 |
| 未 | 酉 | 丑 | 巳 | 지지 |
| 癸 甲 乙 丙 丁 戊 己 庚 | | | | 대운 |
| 巳 午 未 申 酉 戌 亥 子 | | | | |

지지에 巳酉丑 金국이 이루어졌고 연월일에 辛金형질이 투출하여 金기를 완성하고자 하는 의지가 매우 강합니다. 丑월에 辛金의 알찬 결실이 완성되었으므로 우주의 안테나가 되어 우주의 비밀을 밝히는데 평생을 바치게 됩니다.

| 시 | 일 | 월 | 년 | 구분 |
|---|---|---|---|---|
| 壬 | 戊 | 壬 | 甲 | 천간 |
| 戌 | 子 | 申 | 辰 | 지지 |
| 庚 己 戊 丁 丙 乙 甲 癸 | | | | 대운 |
| 辰 卯 寅 丑 子 亥 戌 酉 | | | | |

지지에 申子辰 水국이 이루어졌고 월시에 壬水가 투출하여 생기를 발현하므로 水기를 성장시키고자 합니다. 戊土일간은 甲木의 생기를 돕는 중개역할로 국가의 발전을 도모하게 됩니다.

## 5 지지합의 기세

지지합은 음양의 합이므로 기세가 오히려 묶이는 경향이 있습니다.

◆ 지지합의 구조

| 子丑 | 寅亥 | 卯戌 | 辰酉 | 巳申 | 午未 |
|------|------|------|------|------|------|

양 : 丑寅卯辰巳午    음 : 未申酉戌亥子

지지합은 육합이라고도 하며 음양의 지지가 서로 합을 한 경우로서 해와 달이 서로 만난다고 하여 음양의 합이라고 합니다.

지지합은 천간합과 마찬가지로 음양이 만나 사귀므로 서로의 할 일을 잊어버리게 됩니다. 이것을 기반이라고 합니다.
기반羈絆이란 소나 말을 묶어두는 것으로 음양이 신방에 들어가 사랑하느라 서로 묶이어 있으니 아무 일도 못한다는 것입니다.

사주팔자에 지지합이 있으면 지지가 기반되어 묶이므로 기세를 발휘하기 어렵습니다. 지지가 묶이면 천간도 자유롭지 못하기는 마찬가지입니다. 그러므로 지지합이 되어 있다면 지지와 천간이 모두 기세를 발휘하기 어렵습니다.

다행히 운에서 지지합을 풀어주는 형충이 온다면 지지합이 풀리면서 지지는 본래의 자신의 기세를 발휘할 수 있으며 천간도 역시 지지가 풀리면서 자신의 일을 자유롭게 할 수 있습니다.

申년 세운에는 寅申충으로 寅亥합이 풀리면서 각자 기세에 따라 움직이게 됩니다.

| 시 | 일 | 월 | 년 | 구분 |
|---|---|---|---|---|
| 丙 | 甲 | 壬 | 丁 | 천간 |
| 寅 | 子 | 寅 | 亥 | 지지 |
| 甲午 | 乙未 | 丙申 | 丁酉 | 戊戌 | 己亥 | 庚子 | 辛丑 | 대운 |

년월지가 寅亥합으로 기반되고 년월간도 丁壬합으로 기반이 되어있습니다.
寅월에 丁壬은 합이 되어 木기로 화하여 일간 甲木의 생기를 돕고 있으므로 木기가 매우 왕성합니다.

寅월의 丁壬합은 寅申충이나 巳亥충으로 寅亥합이 풀린다고 하여도 역시 丁壬합으로 인한 木기의 효과는 여전히 유지가 됩니다.
기세가 강한 木기가 북방水대운을 지나며 기세를 발휘하기 어려우므로 곤욕을 치르지만 서방金대운에는 명예를 빛내게 됩니다.

| 시 | 일 | 월 | 년 | 구분 |
|---|---|---|---|---|
| 己 | 己 | 癸 | 戊 | 천간 |
| 巳 | 巳 | 亥 | 寅 | 지지 |
| 辛未 | 庚午 | 己巳 | 戊辰 | 丁卯 | 丙寅 | 乙丑 | 甲子 | 대운 |

년월지가 寅亥합으로 기반되고 천간에서도 戊癸합으로 기반이 됩니다.
戊癸는 亥월에 火기로 화하지 못하므로 합거되지만 지지에 뿌리가 든든하므로 그대로 기반이 된다고 할 것입니다.

일시지의 巳巳는 자형과 마찬가지로 지체되는 현상이 있으므로 월지와 巳亥충의 작용으로 寅亥합을 풀지는 못합니다. 세운에서 申金이나 巳火가 온다면 지지합이 풀리지만 천간의 戊癸합은 풀리지 않습니다.

동방木대운에 인성의 밝은 빛을 밝히고자 노력하고
남방火대운에 인성의 지혜로 결실을 맺고자 노력하게 됩니다.

# 08 기세의 통변

| 시 | 일 | 월 | 년 | 구분 |
|---|---|---|---|---|
| 丁 | 己 | 丙 | 甲 | 천간 |
| 卯 | 未 | 寅 | 午 | 지지 |
| 甲 戌 | 癸 酉 | 壬 申 | 辛 未 | 庚 午 | 己 巳 | 戊 辰 | 丁 卯 | 대운 |

**오행의 기세 분석**

년간 甲木정관은 월령 木기를 득하고 지지에 卯未가 있어 기세가 매우 강합니다. 甲木은 양간으로 木의 생기이므로 진취성이 있고 추진력이 있으므로 사회적 진출을 하고자 하는 욕망이 강하다고 할 수 있습니다.

월간 丙火인성은 월지에서 투출하고 월령 木기의 생을 받으며 지지의 세력도 강하므로 기세가 강합니다.
甲木정관의 기세가 강하고 丙火인수의 강한 기세로 설기하는 흐름이 매우 좋으므로 甲木정관의 조직에서 丙火인성의 명예를 빛나게 하고자하는 욕망을 강하게 나타내고 있습니다.

일간 己土는 일지 未土에 앉아 木火의 기세를 수렴하고자 합니다. 그러므로 木의 강한 기세가 火의 기세로 흐를 수 있도록 돕지만 동남방木火대운으로 흐르며 과도한 木火의 기세에 오히려 압박을 당하면서 삶의 어려움을 경험하기도 합니다.

시간 丁火인성은 역시 지지에 세력이 있고 丙火의 생기를 받아 강한 면모를 나타내며 일간 己土를 지원하므로 개인적인 수행과 사회적 봉사로 삶의 결실을 만들기 위한 욕망이 강하다고 할 수 있습니다. 丁卯는 등대와 촛불의 물상으로 어두운 곳을 환하게 비추어주는 역할을 하게 됩니다.

## 사주팔자의 기세 분석

격국으로는 寅월 정관격으로 甲木정관이 년간에 투출하여 기세가 매우 강합니다. 월간의 丙火인성 역시 기세가 강한 편으로 정관의 기세를 설기하여 명예를 빛나게 하는 정관용인격으로 성격되고 격국이 맑으므로 운세등급을 높일 수 있습니다.

남방火대운에 인성의 기세가 더욱 강하여지므로 성장운세로 발전하였으나
金의 기세가 미약하므로 결실을 맺지 못하고 정체되는 현상으로 하락운세를 겪으면서 삶의 어려움을 경험하게 됩니다.
개운의 방법은 서북방金水대운에 사회적 활동을 멈추고 수행과 봉사의 삶으로 안정운세를 유지하여야 합니다.

억부로는 木火土의 기세가 강한 삼상격의 형태를 취하고
남방火대운에 발전하는 기세로 인하여 성장운세가 만들어지지만 과다한 火기로 인하여 지체되는 현상도 발생하게 됩니다.
서방金대운에는 흐름이 약하므로 안정운세를 유지하게 됩니다.

삼상격은 대운에서 강하게 흘러야 발전하며 성장운세가 지속되지만 흐르지 못하고 지체되고 정체된다면 하락운세로 변하게 됩니다.
하락운세에 개운하기 위하여서는 사회적 욕망을 내려놓고 수행과 봉사로 안정된 삶을 살아야 개운이 되는 것입니다.

조후로는 사주팔자에 열기가 가득하고 냉방장치가 없으므로
남방火대운에 힘들고 어려운 환경에서 고군분투하게 됩니다.
태과한 火대운의 열기는 서방金대운으로 진행되어도 쉽게 식지 않으므로 쾌적한 환경으로 만들기 어렵습니다.
마침 己未일주가 火기를 수렴하는 역할을 하므로 쾌적한 환경을 만들기 위하여서는 수행으로 음기를 생산하여 열기를 식히면서 안정된 삶을 사는 것이 개운의 요령이라고 할 수 있습니다.

| 시 | 일 | 월 | 년 | 구분 |
|---|---|---|---|---|
| 辛 | 乙 | 壬 | 丁 | 천간 |
| 巳 | 丑 | 寅 | 未 | 지지 |
| 庚戌 | 己酉 | 戊申 | 丁未 | 丙午 | 乙巳 | 甲辰 | 癸卯 | 대운 |

**오행의 기세 분석**

일간 乙木이 월령의 기를 받아 기세가 강한 편인데 년월에서 丁壬이 합을 하여 木기를 생산하여 도우니 乙木일간의 기세가 더욱 강하여지므로 독립적이고 경쟁적이며 진취적인 면이 있습니다.

시간 辛金칠살과 대립하지만 칠살의 기세가 미약하여 기세의 균형이 이루어지지 않으므로 木기의 독단적인 성격으로 조직에서 갈등상황을 야기하며 어려움이 발생할 수도 있습니다.

년간 丁火는 未土에 앉아 완성된 형질로서 기세가 강하지만 강한 木기를 따라 월간의 壬水와 합을 하고자 하는 마음만 가득하므로
辛金칠살을 극하여 일간을 도와야 하는 자신의 역할을 잊어버리는 탐합망극貪合忘剋으로 壬水와의 사랑에 빠지게 됩니다.

월간 壬水에게 寅월은 병病지이므로 기가 쇠퇴하여가는 시기입니다. 그러므로 일간을 생하기보다는 년간 丁火의 구애를 받아들이며 寅월에 木기를 생산하고자 하므로 인성의 학습기능보다는 생산된 木기에 편승하여 의지하고자하는 마음만 가득할 뿐입니다.

시간 辛金에게 寅월은 금기의 절지이므로 매우 쇠약하다고 할 수 있습니다. 일시의 지지에 있는 巳丑에 통근하였으나 酉金이 없어 쇠약한 기세이지만 일지의 丑土에 의하여 완성된 형질이므로 뾰족한 칼날을 항상 세우며 공격자세로 임하고 있습니다.

## 사주팔자의 기세 분석

격국으로는 寅월 월겁격으로 丁壬합의 木기가 가세하며 기세가 강합니다.
시간 辛金칠살이 있어 록겁용살격으로 성격이 되지만 辛金칠살의 기세가 미약하므로 기세의 불균형으로 격국이 탁하여지며 운세등급이 낮아지게 됩니다.

남방火대운에 제살태과가 되며 격국이 탁해지며 하락운세가 되므로 운세등급이 낮아지고 삶이 어렵고 힘들어지게 됩니다.
서방金대운은 辛金칠살이 기세를 얻는 시기이므로
木金의 기세가 서로 비슷하여 균형을 만들어가지만 성장운세로 이어지기는 어려우므로 안정운세를 활용하는 개운으로 안정된 삶을 살아가는 지혜를 발휘하여야 할 것입니다.

억부로는 木과 金이 대립하는 양신성상격의 성격을 갖지만 木의 기세가 강하고 金의 기세가 미약하므로 기세의 불균형으로 인하여 기세가 탁하여지니 운세등급이 낮다고 할 수 있습니다.

남방火대운에는 木기가 기세를 발휘하기 어렵고 金기도 역시 미약하므로 운세등급이 낮아지고 삶이 고단하였으며
서방金대운에는 金의 기세를 보완해주지만 성장운세로 이어지기에는 부족하므로 안정운세로 개운하여야 할 것입니다.

조후로는 寅월은 아직 추우므로 火기로 따뜻하게 하여주는 것이 바람직합니다.
년간 丁火가 壬水의 차가운 기를 묶었으니 뜨거운 열기를 감당할 水기의 부족으로 남방火대운의 열기를 감당하기 어려워 삶의 어려움을 겪게 되지만
서방金대운에는 시원한 기후로 쾌적하게 되므로 삶의 환경이 훨씬 안정적이라고 할 수 있습니다.

| 시 | 일 | 월 | 년 | 구분 |
|---|---|---|---|---|
| 壬 | 戊 | 戊 | 庚 | 천간 |
| 戌 | 申 | 寅 | 戌 | 지지 |
| 丙 乙 | 甲 癸 | 壬 辛 | 庚 己 | 대운 |
| 戌 酉 | 申 未 | 午 巳 | 辰 卯 | |

**오행의 기세 분석**

寅월은 木월령으로 木기가 가장 왕성한 시기이지만 木기가 천간에 발현되지 않으므로 기세가 미약합니다.
월령의 기세가 미약하면 월령을 포기하고 사주팔자에서 기세가 강한 오행을 쓰게 됩니다.

일간 戊土는 일지 申金위에 있으므로 庚金과 壬水를 통하여 뜻을 펼치고자 하는 의지가 있으므로 재물을 생산하고 유통하는 능력이 있다고 할 수 있습니다.

년간 庚金식신은 寅월에는 절지로 매우 쇠약하지만 지지에서 강한 기세를 형성하고 있으며 시간 壬水재성이 일지 申金을 통하여 金의 기세를 보호하므로 안정적인 기세를 유지할 수 있습니다.
그러므로 강한 결단력과 카리스마로 기업을 운영하는 경영자로서 능력을 발휘할 수 있는 것입니다.

월간 戊土비견은 寅월에서 木火의 성장을 도모하지만 木火기의 불급으로 인하여 뜻을 이루기 어렵고 동남방木火대운에 기세가 강하여지기는 하지만 역시 역부족입니다.

시간 壬水재성은 일지 申金에 통근하여 庚金식신의 기세의 흐름을 돕고 戊土에 앉아 년간 庚金식신을 보호하면서 庚金이 만든 재물을 유통하고 시장을 개척하며 영역을 넓히는 역할을 하는 능력이 뛰어나다고 할 것입니다.

**사주팔자의 기세 분석**

격국으로는 寅월의 칠살격이지만 천간에 투출함이 없고 지지에도 세력이 없으므로 칠살격을 쓰지 못하고 기세가 강한 庚金식신을 쓰는 기살취식생재의 격국의 형태를 갖추게 됩니다.
기살취식생재격국은 칠살격을 포기하고 식신생재의 격국을 취하여 쓰겠다는 것입니다.

남방火대운에 일간의 기세를 생하면서 식신생재의 활동을 원활하게 하므로 격국이 맑아지며 성장운세로서 성장과 발전을 하여 재벌기업을 이루었으며

서방金대운에 木기가 투출하였으나 기세가 강한 庚金식신에 의하여 제거되므로 기세의 불균형이 심화되어 격국이 탁하여지고 일간이 견디지 못하고 어려움을 당하게 됩니다.

억부로는 金의 기세를 중심으로 土와 水의 기세가 보좌하는 삼상격의 형태를 취하고 있습니다. 기세의 흐름이 좋아 맑은 상태를 유지하므로 성장운세가 되며 운세등급이 높아지게 됩니다.

남방火대운에 土의 기세를 도와 성장운세를 만들어 발전하고
서방金대운에 金의 기세가 태과하므로 木월령의 기세가 견디지 못하므로 불귀의 객이 됩니다.

조후로는 寅월은 아직 차가운 기운이 가시지 않은 때이므로 따뜻한 火기가 필요하지만 사주팔자에 火기의 불급으로 인하여 난방이 어렵다고 할 수 있습니다.

남방火대운에 혹서의 기후를 金기의 서늘함으로 쾌적하게 만드니 삶의 환경이 비교적 순탄하였으나
서방金대운에 들어서며 金기가 火운을 지나오면서 火의 기세를 감당하느라 피로하고 지치게 됩니다.

### ◆ 기세의 개념

| 기氣 | 세勢 |
|---|---|
| 정신의 왕쇠旺衰 | 체력의 강약强弱 |
| 기수, 운전사 | 말, 자동차 |

사주는 정신과 체력으로 움직입니다.
정신은 기라고 하며 체력은 세라고 합니다.
기의 정신이 크면 왕성하다고 하며 작으면 쇠약하다고 합니다.
세의 체력이 크면 강하다고 하며 작으면 약하다고 합니다.

### ◆ 월령의 기세

| 계절 | 봄 | 여름 | 가을 | 겨울 |
|---|---|---|---|---|
|  | 寅卯辰 | 巳午未 | 申酉戌 | 亥子丑 |
| 월령 | 木 | 火 | 金 | 水 |

봄에는 木기가 가장 왕성하며 여름에는 火기, 가을에는 金기, 겨울에는 水기가 가장 왕성합니다. 土기는 각 계절에 모두 왕성합니다.

### ◆ 월령의 발현

| 계절 | 봄 | 여름 | 가을 | 겨울 |
|---|---|---|---|---|
|  | 寅卯辰 | 巳午未 | 申酉戌 | 亥子丑 |
| 월령 | 木 | 火 | 金 | 水 |
| 천간 | 甲乙 | 丙丁 | 庚辛 | 壬癸 |

월령의 기운이 천간에 발현되어야 움직일 수 있습니다. 월령이 木기이라면 甲乙木이 천간에 있어야 움직일 수 있는 것입니다.
辰戌丑未월은 戊己土가 발현하면 강한 기세로 작용합니다.

◆ 월령의 발현

| 대운 | 寅卯辰 | 巳午未 | 申酉戌 | 亥子丑 |
|---|---|---|---|---|
| 木월령 | 왕 | 휴 | 수 | 상 |
| 火월령 | 상 | 왕 | 휴 | 수 |
| 金월령 | 수 | 상 | 왕 | 휴 |
| 水월령 | 휴 | 수 | 상 | 왕 |

대운에 의하여 월령은 왕상휴수를 겪으며 늙어가는 것입니다.

◆ 기의 왕쇠

| 왕旺 | 쇠衰 |
|---|---|
| 왕상旺相 | 휴수休囚 |
| 기수, 운전사 | 말, 자동차 |

기의 왕쇠를 왕상휴수로 세분하면
상은 기가 시작되는 곳으로 새로이 생성되는 상태이며
왕은 기가 가장 왕성한 상태이며
휴는 기가 휴식을 취하는 상태이며
수는 기가 끊어져 갇힌 상태입니다.

◆ 계절의 왕상휴수

| 계절 | 봄木 | 여름火 | 가을金 | 겨울水 |
|---|---|---|---|---|
|  | 寅卯辰 | 巳午未 | 申酉戌 | 亥子丑 |
| 왕旺 | 木 | 火 | 金 | 水 |
| 상相 | 火 | 金 | 水 | 木 |
| 휴休 | 水 | 木 | 火 | 金 |
| 수囚 | 金 | 水 | 木 | 火 |

왕상은 기가 왕성한 것이고 휴수는 기가 쇠약한 것입니다.

◆ 십이운성

| 구분 | | 木 | | 火 | | 金 | | 水 | |
|---|---|---|---|---|---|---|---|---|---|
| 봄 | 寅 | 왕 | 록 | 상 | 생 | 수 | 절 | 휴 | 병 |
| | 卯 | | 왕 | | 욕 | | 태 | | 사 |
| | 辰 | | 쇠 | | 대 | | 양 | | 묘 |
| 여름 | 巳 | 휴 | 병 | 왕 | 록 | 상 | 생 | 수 | 절 |
| | 午 | | 사 | | 왕 | | 욕 | | 태 |
| | 未 | | 묘 | | 쇠 | | 대 | | 양 |
| 가을 | 申 | 수 | 절 | 휴 | 병 | 왕 | 록 | 상 | 생 |
| | 酉 | | 태 | | 사 | | 왕 | | 욕 |
| | 戌 | | 양 | | 묘 | | 쇠 | | 대 |
| 겨울 | 亥 | 상 | 생 | 수 | 절 | 휴 | 병 | 왕 | 록 |
| | 子 | | 욕 | | 태 | | 사 | | 왕 |
| | 丑 | | 대 | | 양 | | 묘 | | 쇠 |

십이운성은 기의 왕상휴수를 세분한 것입니다.
왕상휴수가 사상의 기운의 왕쇠를 표현한 것이라면
십이운성은 지지의 왕쇠를 표현한 것입니다.

사람이 태어나서 자라나고 결혼하고 왕성한 사회활동을 하고는
늙어서 병들어 죽고 무덤에 묻히는 과정을 기의 왕쇠에 비유하여 표현한 것이 십이운성입니다.

◆ 십이운성의 삶의 과정

| 왕旺 | | 쇠衰 | |
|---|---|---|---|
| 상相 | 왕旺 | 휴休 | 수囚 |
| 생 욕 대 | 록 왕 쇠 | 병 사 묘 | 절 태 양 |
| 소년시절 | 청장년시절 | 노년시절 | 태아시절 |

상相의 시기는 소년시절이며 태어나서 자라고 교육받는 시기입니다. 이를 십이운성에서는 생生 욕浴 대帶라고 합니다.

◆ 土기의 역할

| 辰 | 戌 | 丑 | 未 |
|---|---|---|---|
| 木 → 火 | 金 → 水 | 水 → 木 | 火 → 金 |

辰土는 木기의 탄생기를 火기의 성장기로 전환하는 역할을 합니다.
그러므로 辰土에서 투출한 戊土는 만물을 성장시키는 역할을 합니다.

戌土는 金기의 수렴기를 水기의 저장기로 전환하는 역할을 합니다.
그러므로 戌土에서 투출한 戊土는 만물을 저장시키는 역할을 합니다.

丑土는 水기의 저장기를 木기의 탄생기로 전환하는 역할을 합니다.
그러므로 丑土에서 투출한 己土는 만물을 탄생시키는 역할을 합니다.

未土는 火기의 성장기를 金기의 수렴기로 전환하는 역할을 합니다.
그러므로 未土에서 투출한 己土는 만물을 수렴하는 역할을 합니다.

◆ 세의 강약

| 강强 | 약弱 |
|---|---|
| 지장간의 세력이 많다 | 지장간의 세력이 적다 |

세력은 지장간에 있습니다. 연월일시의 지장간에 같은 오행이 많다면 세력이 많으므로 강하다고 하며 지장간이 적다면 세력이 적으므로 약하다고 합니다.

오행의 세력은 방합과 삼합에서 나옵니다. 방합과 삼합은 같은 오행끼리 모여 있는 힘의 결집력이 세기 때문입니다. 木의 세력은 寅卯辰 방합과 亥卯未 삼합에서 강하게 나타납니다.

◆ 오행의 세력

| 오행 | 木 | 火 | 土 | 金 | 水 |
|---|---|---|---|---|---|
| 세력지지 | 寅卯辰<br>亥卯未 | 巳午未<br>寅午戌 | 辰戌丑未<br>寅申巳亥 | 申酉戌<br>巳酉丑 | 亥子丑<br>申子辰 |

오행의 세력은 방합과 삼합에서 나옵니다. 방합과 삼합은 같은 오행끼리 모여 있는 힘의 결집력이 세기 때문입니다.

木의 세력은 寅卯辰 방합과 亥卯未 삼합에서 강하게 나타납니다.

지지에 방합이나 삼합의 강한 세력의 결집으로 스스로 움직인다고 하지만 천간에서 이끌어주지 않는다면 지지의 세력은 단지 세력의 결집에 국한되므로 기세를 활용하기 어렵습니다.

◆ 세력의 강약을 측정하는 여러 가지 방법

가. 지지의 세력으로 강약을 측정합니다.
나. 십이운성으로 세력을 측정합니다.
다. 지장간의 월률분야月律分野의 크기로 세력의 강약을 측정합니다.

# 제3장
# 운세의 청탁

運勢의 清濁

**청淸**은 맑다는 뜻으로 사주팔자의 기세가 맑은 것입니다
**탁濁**은 흐리다는 뜻으로 사주팔자의 기세가 흐린 것입니다.

사주팔자의 기세가 맑다는 것은
기세가 강하고 흐름이 좋아야 하며
기세가 균형을 이루어야 하는 것입니다.

사주팔자의 기세가 탁하다는 것은
기세가 제대로 흐르지 못하여
막히고 지체되고 정체되는 것이며
기세의 균형이 이루어지지 않는 것입니다.

사주팔자의 기세의 균형을 이루게 하여주는 대운에서
성장운세가 만들어지는 맑은 운세가 되며
사주팔자의 기세의 균형을 어그러지게 하는 대운에서
하락운세가 만들어지는 탁한 운세가 되는 것입니다.

성장운세가 되어야 성장과 발전을 할 수 있으며
하락운세에는 기세의 쇠퇴로 인하여 운세가 하락하며
힘들고 어려운 삶을 사는 것입니다.

# 01 운세의 청탁 요인

왕쇠의 진정한 작용을 안다면 사주의 깊은 뜻을 절반 이상은 안 것이며 중화의 바른 이치를 알게 되면 오행의 묘함을 모두 알 수 있다.   - 적천수

◆ 운세의 청탁 요인

| 기세의 태과불급 | 대운의 작용 |
|---|---|

운세는 기세의 태과불급과 대운의 작용에 의하여 변화하고 조절되어집니다.
기세의 에너지가 균형이 맞추어져 있다면 사주팔자가 맑다고 하며 힘이 있어 삶이 조화롭다고 합니다.
기세의 에너지가 태과불급되어 균형이 부조화되어 있다면 사주팔자가 탁하다고 하며 삶의 파도는 높기도 하고 때로는 태풍이 불고 커다란 해일로 인하여 모든 것이 허망하게 되기도 합니다.

삶의 청탁은 사주팔자가 어떻게 움직이느냐에 따라 달라진다고 할 수 있습니다. 기세의 태과불급의 정도에 따라 사주팔자의 청탁이 달라지므로 평화스러울 수도 있고 급격한 변화로 인하여 태풍이 불기도 하며 파도가 높게 일면서 삶이 요동치기도 하는 것입니다.

기세의 태과불급은 주로 대운에서 균형을 조절하는데 다행히 대운에서 도와 기세의 균형과 조화가 잘 이루어진다면 기세가 맑아지며 운세가 상승하는 성장운세가 되어 성장과 발전을 할 수 있지만
대운이 기세의 균형을 방해한다면 기세가 탁하여지며 태과불급이 더욱 심화되어 운세가 하락하며 삶이 어려워지게 됩니다.

기세의 청탁으로 운세가 변화하는 양상을 파악하고 성장운세와 하락운세의 시기를 알아 삶에 적절하게 대처하고자 하는 것이 개운입니다.

## 1 기세의 태과불급

| 태과 | 평균보다 왕성하고 강한 것 |
|---|---|
| 불급 | 평균보다 쇠약한 것 |

**기세의 태과불급은 사주팔자를 탁하게 만듭니다.**
사주팔자의 기세가 맑아야 조화로운 성장과 발전을 할 수 있으나
기세가 탁하다면 에너지가 지나치거나 부족한 것으로 인하여 조화로운 성장을 할 수 없으므로 부작용이 심하게 나타나게 됩니다.

기세가 탁하다는 것은 기세가 태과불급한 것으로
평균보다 기세가 왕성하고 강하면 기세가 태과하다고 하며
평균보다 기세가 쇠약하면 기세가 불급하다고 합니다.

**기세의 태과불급을 조절하는 역할을 용신이라고 합니다.**
사주팔자에서 오행 전체의 기세가 왕성하고 강하다면 매우 이상적이지만 강한 기세의 오행과 약한 기세의 오행이 섞여 있다면 사주팔자는 기세의 불균형으로 탁하다고 하는 것입니다.
그러므로 한두 가지 오행의 기세가 강하다면 다른 오행의 기세는 쇠약하면서 기세의 태과불급이 발생하고 이로 인하여 기세의 불균형으로 사주팔자가 탁하여지고 운세의 변화가 생기는 것입니다.

사주팔자에서 기세의 태과불급을 조절하는 오행과 육신을 용신이라고 합니다.
용신은 기세의 균형을 도모하여 사주팔자의 운세를 맑고 깨끗하게 유지하기 위한 것으로 용신의 용도에 따라 격국용신, 억부용신, 조후용신 등이 있습니다.

격국용신은 사주팔자의 쓰임새를 맑게 만드는 용신으로 기세의 태과불급의 정도에 따라 격국의 청탁이 결정되며 균형 잡힌 기세의 조화로 격국을 맑게 함으로써 운세에 대한 등급을 만들어주게 됩니다.

억부용신은 사주팔자에 있는 오행의 기세의 태과불급을 조절하여
기세를 맑게 하고 성장운세를 만들어 삶의 능력을 극대화시키고 운세의 등급을 높이고자 하는 것입니다.

조후용신은 사주팔자에 있는 기후를 조절하여 운세의 환경을 맑고 쾌적하게 만들고자 하는 것입니다.
기후의 태과불급은 삶의 환경을 탁하게 만들어 운세등급을 하락시키고 일에 지장을 초래하고 건강에도 막대한 영향을 미치게 됩니다.

용신은 사주팔자의 태과불급한 기세를 조절하여 탁한 것을 맑게 유지하는 중요한 역할을 하는 것입니다.
용신에 대한 중요성을 알고 용신을 이해하여야 할 것입니다.

일반적으로 찾는 용신의 대부분은 억부용신입니다.
그러나 억부용신의 용도와 용신의 태과불급 조절기능을 모르고
용신에 대한 맹신만으로 용신만을 찾는 경우가 많습니다.
그러나 용신운이 온다고 하여도 모두 좋은 운이 아닌 것을 알고는
용신의 불합리성과 무용성을 주장하기도 합니다.
이는 용신의 진정한 작용을 알지 못하기에 발생하는 현상입니다.

사주팔자의 기세의 태과불급을 조절하여 기세를 맑게 유지하는 것이 용신의 작용이라는 것을 알면 다음과 같은 것을 알 수 있습니다.

· 운세등급의 고저를 알 수 있습니다.
· 성장운세와 하락운세를 알고 미리 대처할 수 있습니다.
· 성격과 적성에 따른 직업의 능력을 알 수 있습니다.
· 명예와 재물의 정도를 판단할 수 있습니다.
· 가정생활에 대한 행복의 정도를 알 수 있습니다.
· 개인의 건강과 질병을 판단할 수 있는 것입니다.

## ❷ 대운의 작용

| 성장운세 | 사주팔자의 용신을 도와 기세의 균형도모 |
|---|---|
| 하락운세 | 사주팔자의 기세의 태과불급의 심화 |

사주팔자의 용신은 태과불급을 조절하며 균형을 이루어 기세를 맑게 유지시키고자 하는 작용이 가장 크다고 할 수 있습니다. 사주팔자 자체는 태과불급으로 이루어져 있는 몸체로서 스스로 조절능력이 없으므로 대운에서 용신을 도와 사주팔자의 기세의 태과불급을 조절하여 주어야 합니다.

대운에서 용신을 도와 사주팔자의 기세의 균형과 중화를 이루어준다면 사주팔자는 균형을 통하여 기세가 맑아지므로 이때 성장과 발전을 할 수 있는 성장운세를 만들고 운세등급이 높아지는 것입니다.

대운에서 사주팔자의 용신의 뜻을 거스르고 배반하며 태과불급을 더욱 심화시키면 기세의 불균형으로 인하여 기세가 탁하여지고 오히려 일이 지체되고 정체되는 현상이 발생하므로 하락운세의 운으로 인하여 운세등급이 낮아지는 것입니다.

대운은 세월이 흐르면서 사주팔자를 변화시키므로 자세히 살펴보아야 합니다. 대운은 월령의 기운이 세월에 따라 흐르는 것이므로 사주팔자가 늙어간다고 보는 것입니다. 늙어가면서 생기는 기세의 변화를 감지하여야 기세의 청탁을 정확하게 판단할 수 있습니다.

대운의 흐름은 월령의 왕상휴수로 진행하는 것이므로 운세의 변화요인이 됩니다. 그러므로 사주팔자에서 왕성하던 월령의 기세가 세월의 흐름에 의하여 약화되므로 운세의 변화를 자세하게 살펴보는 것도 중요합니다. 월령의 변화가 운세의 변화에 작용하며 운세의 청탁의 원인이 되기 때문입니다.

# 02 기세의 청탁

하나의 맑은 기운에는 정신이 있는 것이니 평생 부귀가 진실하고
혼탁한 기가 맑은 기가 된다면 추운 겨울에도 봄날과 같다. - 적천수

## ❶ 기세 청탁의 유형

| 구분 | 기세의 흐름 | 기세의 균형 |
|---|---|---|
| 청 | 흐름이 순조롭고 조화를 이룬 기세 | 대립되는 기세의 강약이 균형을 이룰 때 |
| 탁 | 흐름이 정체되고 혼잡하며 조화롭지 않은 기세 | 대립되는 기세의 강약이 불균형을 이룰 때 |

**기세의 흐름이 좋고 순조로우면 맑다고 합니다.**
오행의 기세가 강약이 균등하여 흐름이 좋다면
오행간의 질서가 조화로우며 기세가 맑다고 합니다.
기세가 하나 또는 두세 가지의 오행으로 순일하여도 맑다고 합니다.

오행의 기세가 태과불급으로 인하여 강약의 크기가 서로 다르고
흐름이 정체되고 혼잡되어 흐름이 조화롭지 않은 상태이라면
기세가 탁하다고 하는 것입니다.

**기세가 균형과 조화를 이루면 맑다고 합니다.**
서로 대립되는 기세끼리 강약이 비슷하여 서로를 적당하게 견제하고 있다면 성장과 발전을 가져오니 기세가 맑다고 합니다.
서로 대립되는 기세끼리 강약의 차이가 많아 태과불급이 심하다면 기세가 탁하다고 합니다.

## ❷ 기세의 흐름

| 청清 - 맑은 기세 | 탁濁 - 혼탁한 기세 |
|---|---|
| 흐름이 순조롭고 조화를 이룬 기세 | 흐름이 정체되고 혼잡하며 조화롭지 않은 기세 |

기세가 맑다는 것은 오행의 흐름이 좋거나 기세가 순일한 것이며
기세가 탁하다는 것은 기세의 태과불급으로 인하여 흐름이 정체되고 혼잡하며 조화롭지 않은 기세를 말합니다.

오행의 흐름이 강한 것에서 약한 것으로 흐르는 것은
마치 물이 높은 곳에서 낮은 곳으로 흐르는 이치와도 같습니다.
밀도가 높은 곳에서 밀도가 낮은 곳으로 흐르는 이치와도 같으며
기압이 고기압에서 저기압으로 흐르는 이치도 역시 이와 같습니다.

사주팔자에서도 기세가 강한 곳에서 기세가 약한 곳으로 순조롭게 흐른다면 사주가 맑다고 합니다. 강한 기세가 약한 기세로 흐르며 에너지를 전달하여 주기 때문입니다.
그러나 위의 기세가 너무 강한데 아래에서 강한 기세를 수용하지 못한다면 지체되거나 정체되는 현상이 발생하고 기세가 탁하게 되는 원인이 되는 것입니다.

**기세의 태과불급으로 인하여 흐름이 중도에 막히면 탁하게 됩니다.**
물이 위에서 아래로 잘 흐르면 맑은 물이 되지만
웅덩이에 고이면서 제대로 흐르지 못하면 물이 썩어 탁하게 됩니다.
맑은 물은 쓰기 좋지만 탁한 물은 쓰기 어렵듯이 운세의 흐름이 맑으면 좋지만 운세의 흐름이 막혀서 탁하게 되면 삶이 어려운 것입니다.

운세의 흐름이 순조롭다고 하는 것은 기세의 강약이 비슷하여 흐름에 지장이 없는 것을 말합니다. 기세가 태과불급하여 강약의 차이가 많다면 지체되거나 정체되므로 제대로 흐르지 못하여 탁하게 됩니다.

◆ 흐름의 청탁

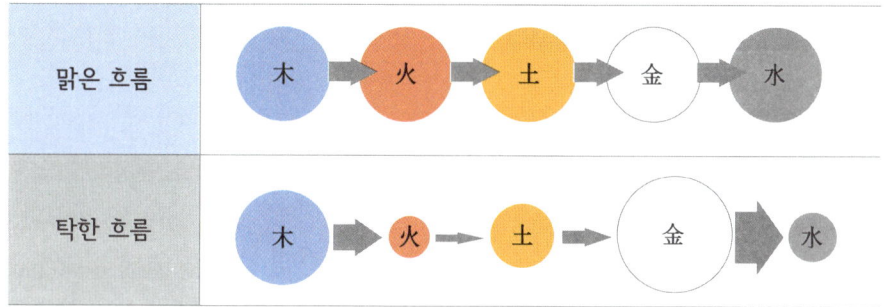

기세의 강약이 비슷한 오행의 흐름이 순조로우면 맑다고 합니다.
그러나 기세의 태과불급으로 인하여 강약의 차이가 많으면 막히고 정체되어 제대로 흐르지 못하므로 탁하여 집니다.

그림에서 맑은 흐름은 木火土金水의 기세의 크기가 균일하여 순조롭게 흐르고 있습니다.
반면 탁한 흐름은 木의 기세가 강한데 火의 기세가 갑자기 약하여지므로 기세의 병목현상으로 인하여 木의 기세가 제대로 흐르지 못하고 지체되고 정체되어 물이 웅덩이에 고이듯이 탁하게 되는 것입니다.

火의 기세는 작은데 土의 기세 역시 그리 크지 않으므로 기세의 흐름이 약합니다.
木의 기세를 火의 기세가 잘 받아들이지 못하므로 土의 기세로 약하게 흐르는 것입니다.

火土의 흐름에서 火의 기세가 미약하므로 土의 기세도 미약하여 제대로 쓰지 못합니다.
土의 기세가 미약하므로 金의 기세로 흐르는 유입량도 적어지면서
강한 金의 기세를 유지하기 위하여서는 역부족입니다.

또한 매우 강한 金의 기세가 미약한 水의 기세로 잘 흐르지 못하므로 정체되어 탁하게 되며 자칫 水의 기세가 휩쓸리기 십상입니다.

| 시 | 일 | 월 | 년 | 구분 |
|---|---|---|---|---|
| 甲 | 丁 | 癸 | 壬 | 천간 |
| 辰 | 巳 | 丑 | 寅 | 지지 |
| 辛 庚 | 己 戊 | 丁 丙 | 乙 甲 | 대운 |
| 酉 申 | 未 午 | 巳 辰 | 卯 寅 | |

丑월의 水기의 강한 기세가 木의 기세를 거쳐 丁火일간에게로 순조롭게 흐르고 있습니다.
마침 동남방木火대운에서 강한 흐름이 형성되므로 사주팔자의 기세의 흐름을 도와주니 성장운세가 지속되어 성공할 수 있는 것입니다.

격국으로는 칠살격이지만 관살혼잡으로 인하여 자칫 사주팔자가 탁하게 될 우려가 많습니다.
마침 시간에 甲木인성이 있어 칠살용인격으로 성격이 되어 격국이 맑아지며 운세등급이 높아지는 것입니다.
동남방木火대운으로 흐르며 격국을 도와주니 성장운세가 지속되어 성공할 수 있는 것입니다.

억부로는 水관살의 기세가 강하여 일간이 신약하지만 甲木을 통관용신으로 하여 水火의 기세가 균형되어 운세등급이 높아지게 됩니다.
마침 대운이 순조롭게 흐르면서 용신을 도와 기세를 맑게 하여주므로 성장운세가 지속되며 성공할 수 있는 것입니다.

조후로는 丑월의 혹한의 추위에 木火의 난방장치가 있고
동남방木火대운으로 흐르면서 냉난방장치가 적절하게 가동하므로
사주팔자를 맑고 쾌적하게 하므로 삶의 환경이 좋아 운세등급이 높아지는 것입니다.

사주팔자의 기세의 흐름이 맑으면 운세등급이 높아지는 것이고
대운에서 기세의 흐름을 돕는다면 성장운세로 발전할 수 있습니다.

## 3 기세의 균형

기세의 균형은 성장과 발전을 가져오며
기세가 강한 자가 이기는 승부의 법칙이 작용합니다.

◆ 기세의 대립 구도

| 木火 VS 金水 | 木 VS 金 | 水 VS 火 |
|---|---|---|

木火는 양의 동남방 기세이고 金水는 음의 서북방 기세입니다.
木火와 金水의 기세가 대립하고 木과 金의 기세 또는 水와 火의 기세가 대립하는 구도가 형성되면서
기세의 균형이 이루어지면 맑다고 하며 운세등급이 높아집니다.

그러나 어느 한쪽이라도 태과하거나 불급하다면
균형이 깨진 것으로 탁해지므로 운세등급이 낮아지게 됩니다.
대운에서 태과불급을 조절하여 사주팔자가 맑게 유지되면 발전과 성장을 할 수 있는 성장운세가 되며 운세등급이 높아지는 것입니다.

**기세의 대립에서는 승부의 법칙이 작용합니다.**
기세의 대립에서는 오행의 생극이 작용되지 않습니다.
기세가 강한 자가 이기는 승부의 법칙이 작용하는 것입니다.
금극목 수극화라고 하여 金水의 기세가 木火의 기세를 무조건 이기는 것이 아닙니다.
동방木의 기세가 강하고 서방金의 기세가 약하면 동방木이 이기고
서방金의 기세가 강하고 동방木의 기세가 약하면 서방金이 이깁니다.

土는 대체로 동방木火와 서방金水의 중개역할을 하는 것이지만
일반적으로 동방 진영에서는 木火의 성장을 돕고
서방 진영에서는 金水의 성장을 돕는 역할을 하는 것이 특징입니다.

**기세의 균형은 맑아지므로 성장과 발전을 가져옵니다.**
기세가 비등하다면 사주팔자가 맑아지며 기세가 균형 잡혔다고 합니다. 서로 대립되는 기세끼리 균형이 이루어지면 서로가 경쟁력의 우위를 차지하려고 노력하므로 오히려 성장과 발전을 가져오는 것입니다. 서로의 기세가 비슷하므로 서로가 견제하면서 상대보다 실력을 키우려고 경쟁하며 노력하기 때문입니다.

냉전시대에 구소련연맹과 서방국가들은 서로가 견제하며 서로의 군사력을 키우면서 과학이 발전하고 경제가 발전한 것과 마찬가지입니다. 기세의 차이가 생기면 경쟁력이 약화되므로 구소련연맹이 무너지듯 기세가 무너지며 균형이 깨지고 질서가 혼란스럽게 되는 것입니다.

**기세의 불균형은 사주팔자가 탁해지므로 삶이 어려워집니다.**
기세의 태과불급으로 인하여 기세의 균형이 어그러지고 깨지면 질서가 혼란스러워지며 사주팔자가 탁하여지고 삶이 어려워집니다.

木金이 대립하고 있는데 木의 기세가 강하고 金의 기세가 약하다면 金의 기세가 패배하기 마련입니다. 약육강식의 원칙에 의하여 패배자는 승자에게 포로가 되고 먹히므로 힘든 삶을 사는 것입니다.

木이 재성이고 金이 일간이라면 木재성의 강한 기세로 인하여 탁해지므로 金일간이 힘을 쓰지 못하므로 木재성의 포로가 되는 재다신약의 사주가 되는 것입니다. 재다신약의 사주팔자는 재물의 노예로서 어려운 삶을 사는 것입니다.

木재성의 기세가 약한데 金일간의 기세가 비겁으로 인하여 강하다면 군겁쟁재의 사주가 되어 탁해지므로 역시 어려운 삶을 사는 것입니다.
약자를 가운데 놓고 강자끼리 서로 차지하려고 으르렁거리면서 경쟁을 하여야 하므로 역시 힘들기는 마찬가지입니다.

| 시 | | 일 | | 월 | | 년 | | 구분 |
|---|---|---|---|---|---|---|---|---|
| 丁 | | 壬 | | 壬 | | 庚 | | 천간 |
| 未 | | 寅 | | 午 | | 申 | | 지지 |
| 庚 | 己 | 戊 | 丁 | 丙 | 乙 | 甲 | 癸 | 대운 |
| 寅 | 丑 | 子 | 亥 | 戌 | 酉 | 申 | 未 | |

午월에 火기가 丁火의 형질을 이루며 기세가 만만치 않습니다.
金水의 생기가 년지 申金에 의지하여 간신히 유지되고 있는 실정이므로 자칫 기세의 불균형으로 인하여 탁한 사주가 될 수 있습니다.
마침 서북방金水대운으로 흐르면서 사주팔자의 기세의 균형을 도와주므로 기세를 맑게 유지하며 성장운세를 만들어 재벌기업을 이룹니다.

격국으로는 재격인데 일간의 기세가 미약하므로 庚金인성을 상신으로 하여 재격패인격으로 성격시킵니다. 재성의 기세에 비하여 인성의 기세가 다소 미약하므로 서방金대운에 인성을 돕고 북방水대운에 일간을 도와 기세가 맑음을 유지하며 성장운세를 만들어 나가고 있습니다.

억부로는 일간이 신약하므로 庚金인성을 용신으로 하여 기세의 균형을 이루고자 합니다. 서북방金水대운으로 진행하며 용신을 도우니 기세가 맑아지며 성장운세가 지속됩니다.

조후로는 火기가 치열하므로 水기의 냉방이 필요합니다. 서북방金水대운으로 흐르며 용신을 가동시키니 삶의 환경이 맑고 쾌적하여 성공하게 됩니다.

사주팔자의 기세가 불균형이 되어 흐름과 균형이 조화롭지 않다면
대운에서 용신을 도와주어야 사주팔자가 맑고 쾌적하게 됩니다.

사주팔자가 맑고 쾌적하다면 삶의 조건이 좋아지므로 경쟁력이 생기고 성장과 발전을 하는 성장운세가 이어지며 운세등급이 높아질 수 있는 것입니다.

## 4 순일한 기세의 청탁

한두 가지의 오행으로만 이루어져 있다면
오히려 순일하므로 맑다고 합니다.

◆ 순일한 기세의 격국

| 일행득기격<br>양신성상격 | 삼상격 | 종격, 화격 |
|---|---|---|

순일한 기세의 격국으로 대표적인 것은 한 가지나 두세 가지 오행으로만 이루어진 사주팔자로서 일행득기격이나 양신성상격 또는 삼상격이며 진종격이나 진화격으로 맑고 순수하다고 합니다.
그러나 순일함을 거스르는 대운이 오면 맑음이 탁하게 변하게 되며 하락운세가 되어 어려운 삶을 살게 됩니다.

◆ 일행득기격

木의 기세로만 이루어진 사주팔자를 곡직격曲直格이라고 합니다.
火의 기세로만 이루어진 사주팔자를 염상격炎上格이라고 합니다.
土의 기세로만 이루어진 사주팔자를 가색격稼穡格이라고 합니다.
金의 기세로만 이루어진 사주팔자를 종혁격從革格이라고 합니다.
水의 기세로만 이루어진 사주팔자를 윤하격潤下格이라고 합니다.

| 戊 己 戊 己<br>辰 未 辰 未 | 庚 庚 乙 庚<br>辰 戌 酉 申 | 戊 甲 丁 甲<br>辰 辰 卯 寅 |
|---|---|---|
| 土로만 이루어져 기세가<br>맑은 사주 | 金에 木이 섞여<br>기세가 탁한 사주 | 木에 火土가 섞여<br>기세가 탁한 사주 |

일행득기는 사주팔자가 한 가지 오행으로만 이루어진 것으로 순일하여 맑지만 다른 오행이 있다면 순도가 떨어져 탁하게 됩니다.

| 시 | 일 | 월 | 년 | 구분 |
|---|---|---|---|---|
| 丙 | 甲 | 丁 | 甲 | 천간 |
| 寅 | 辰 | 卯 | 辰 | 지지 |
| 乙 甲 | 癸 壬 | 辛 庚 | 己 戊 | 대운 |
| 未 戌 | 酉 申 | 未 午 | 巳 辰 | |

木의 기세가 강하여 적천수천미에서 곡직격으로 소개한 명조이지만
木의 기세가 태강하고 火의 기세가 미흡하여 흐름이 여의치 않으므로 맑음이 탁하게 변할 가능성이 많다고 할 수 있습니다.

격국으로는 양인격이 되지만 양인을 제어할 칠살이 없고 식상이 있지만 식상이 약하므로 격국이 맑지 못합니다. 남방火대운이 오면서 식상의 기세가 강하여지므로 양인의 강한 기세를 설기하여 흐름이 맑아지므로 성장운세가 되어 운세등급이 높아지지만 서방金대운에 들어서며 균형이 어그러지며 기세가 탁하게 되므로 하락운세가 되었습니다.

억부로는 木火의 양신성상격이지만 木의 기세가 태왕하고
火의 기세가 약하므로 기세의 불균형으로 탁하여지고 있습니다.
남방火대운에 火의 기세가 강하여지고
木의 태강한 기세가 원활하게 흐르므로 성장운세로 발전하지만
서방金대운에는 기세의 불균형으로 탁하여지므로 하락운세가 됩니다.

조후로는 봄의 따뜻한 기운으로 여름을 지나면서 성장 발전하지만 혹서의 계절을 지나면서 냉방장치가 없으므로 삶이 쾌적하지 못하고 어려움을 당하게 되는 것입니다.

하나의 기세로만 이루어진 사주팔자는
해당 운에 강하게 작용하며 발전할 수 있지만
해당 운이 지나가면 결국 하락운세가 작용하여 수직 하락하는 삶을 경험할 수 있으니 경거망동하지 말고 주의해야 합니다.

◆ 양신성상격兩神成象格

| 상생격 | 木火, 火土, 土金, 金水, 水木 상생의 사주구조 |
|---|---|
| 상극격 | 木土, 土水, 水火, 火金, 金木 상극의 사주구조 |

양신성상격은 서로 기세가 비슷한 두 가지의 오행으로 이루어진
사주팔자로서 순도가 높아 맑다고 하는 것입니다.
기세의 불균형은 탁하다고 하며 대운에서 기세를 조절하여주면
탁한 것이 맑아지며 발전하게 됩니다.

| 丁甲丁甲<br>卯午卯午 | 戊丙戊丙<br>戌午戌午 | 己癸己癸<br>未亥未亥 |
|---|---|---|
| 木火의 균형으로<br>기세가 맑은 사주 | 火土의 균형으로<br>기세가 맑은 사주 | 土水의 균형으로<br>기세가 맑은 사주 |


◆ 삼상격三象格

| 木火土 | 火土金 | 土金水 | 金水木 | 水木火 |
|---|---|---|---|---|

삼상격은 세 가지 오행이 서로 기세가 비슷한 것으로 순도가 높아 맑다고 합니다.
기세의 불균형은 순도가 떨어지며 탁하게 됩니다.
기세의 균형을 조절하여주는 대운에
사주팔자의 기세가 맑아지며 발전하게 됩니다.

삼상격의 기세가 대운에서 흐름이 맑아지면 성장운세가 되어
운세등급이 높아지며 삶의 성취감을 맛보기도 하지만
자칫 한 가지 오행을 태과하게 만들면 하락운세가 되어
운세등급이 낮아지며 힘들고 어려운 삶을 살기도 합니다.

| 시 | | 일 | | 월 | | 년 | | 구분 |
|---|---|---|---|---|---|---|---|---|
| 丙 | | 乙 | | 丙 | | 戊 | | 천간 |
| 戌 | | 未 | | 辰 | | 戌 | | 지지 |
| 甲 | 癸 | 壬 | 辛 | 庚 | 己 | 戊 | 丁 | 대운 |
| 子 | 亥 | 戌 | 酉 | 申 | 未 | 午 | 巳 | |

辰월에 土의 기세가 강하다고 하여 적천수천미에서 종재격으로 소개한 명조이지만 辰월은 봄의 계절로 木의 월령이 火의 월령으로 전환하는 시기입니다. 木의 강한 기세가 火土의 기세로 강하게 흐르므로 흐름이 좋아 사주팔자가 순일하여 맑은 삼상격이기도 합니다.

격국으로는 辰월에서 戊土가 투출하여 재격인데 丙火상관이 있으므로 상관을 상신으로 하는 재용상관격으로서 격국이 맑은 것입니다.
남방火대운에 상관의 기세를 도와 성장운세로 발전하고
서방金대운에 강한 재성의 기세가 흐르는 재왕생관격으로 운세등급이 높아지며 신선의 반열에 올랐다고 합니다.

억부로는 木火土의 기세가 균형을 잡은 삼상격으로 사주팔자가 맑고 깨끗하며 대운에서 맑은 흐름을 유지하므로 인하여 성장운세가 지속되고 운세등급이 높은 명조입니다.

조후로는 봄에 태어나 가을로 이어지니 항상 쾌적한 기후를 가지고 있습니다. 청장년기에 가을 대운으로 시원한 기후가 이어지며 결실을 수확하는 즐거움이 가득하다고 할 것입니다.

양신성상격이나 삼상격의 사주팔자는 흐름이 맑아야 격이 높은 것으로 높은 등급의 운세로 살 수 있습니다.
기세의 불균형은 태과불급을 조절하기 위하여 에너지를 소비하므로 힘든 삶을 살기 마련입니다.

◆ 종격從格

| 종격 | 사주에서 강한 세력에 따르는 격으로 맑음 |

종격은 강한 세력을 따르는 사주팔자입니다.
진종격은 강한 세력을 거스르는 오행이 없어 맑은 기세로 성격되고
가종격은 강한 세력을 거스르는 탁한 기운이 존재하므로
대운에서 탁한 기운을 제거해주어야 운세가 맑아집니다.

| 乙 甲 乙 癸<br>亥 寅 卯 卯 | 丙 丙 乙 癸<br>申 申 丑 酉 | 庚 辛 壬 丁<br>寅 亥 寅 卯 |
|---|---|---|
| 木기의 진종격으로<br>기세가 맑은 사주 | 丙火로 인해<br>탁해지므로 가종 | 庚金으로 인해<br>탁해지므로 가종 |

◆ 화격化格

| 화격 | 일간이 강한 세력에 화하는 격으로 맑음 |

화격은 일간이 합화하여 합화한 오행의 세력에 따르는 것입니다.
화격에도 진화격과 가화격이 있습니다.
진화격은 왕한 세력을 거스르는 오행이 없어 맑은 기세로 성격되고
가화격은 강한 세력을 거스르는 탁한 기운이 존재하므로
대운에서 탁한 기운을 제거해주어야 운세가 맑아집니다.

| 辛 丙 癸 癸<br>亥 子 亥 亥 | 己 甲 壬 戊<br>巳 戌 戌 辰 | 辛 壬 丁 甲<br>亥 辰 卯 辰 |
|---|---|---|
| 丙辛합水되어<br>진화격으로<br>기세가 맑은 사주 | 甲己합土로 화격<br>壬水로 인해<br>탁해지며 가화 | 丁壬합木으로 화격<br>辛金으로 인하여<br>탁해지며 가화 |

| 시 | 일 | 월 | 년 | 구분 |
|---|---|---|---|---|
| 乙 | 乙 | 辛 | 辛 | 천간 |
| 酉 | 酉 | 丑 | 巳 | 지지 |
| 癸 甲 | 乙 丙 | 丁 戊 | 己 庚 | 대운 |
| 巳 午 | 未 申 | 酉 戌 | 亥 子 | |

지지에 巳酉丑합을 하고 있고 천간에
辛金이 두 개나 투출하여 金의 기세가 매우 강한데
乙木일간은 지지에 뿌리조차 없어 기세가 없으므로 辛金칠살에 종하면서 사주팔자의 기세가 순일하여 맑아지게 됩니다.

하나의 기세가 태과한 경우에는 대운에서 강한 기세를 유지하면 성장하며 발전할 수 있는 운세가 되지만 기세를 거스르는 대운에는 패배하는 운세가 되게 쉽습니다.

격국으로 보면 巳酉丑에서 辛金칠살이 투출하여 칠살격의 기세가 매우 강합니다.
칠살을 극제하는 식신이 없고 일간은 비겁이 있어도 뿌리조차 없으니 자신을 포기하고 칠살을 따르는 기신취살격의 형태를 취합니다.
서방金대운은 칠살의 기세를 강화시키는 성장운세로서 벼슬길이 순탄하였으나
남방火대운은 칠살의 기세를 역행하므로 살기 어려웠다고 합니다.

억부로는 金의 기세에 종하는 종살격이 되며
서방金대운에 용신을 도와 성장운세로 발전하지만
남방火대운에는 용신의 기세를 거스르는 하락운세로서 삶이 힘들어지며 죽음을 피하지 못합니다.

조후로는 丑월의 혹한에 서늘한 金기가 가득한 냉성체질로서
서방金대운에는 쾌적한 삶을 만들어주지만
남방火대운에는 더위를 견디지 못하고 병에 걸려 죽게 됩니다.

| 시 | 일 | 월 | 년 | 구분 |
|---|---|---|---|---|
| 甲 | 壬 | 丁 | 己 | 천간 |
| 辰 | 午 | 卯 | 卯 | 지지 |
| 己未 | 庚申 | 辛酉 | 壬戌 | 癸亥 | 甲子 | 乙丑 | 丙寅 | 대운 |

卯월에 木의 기세가 강하고 金의 기세가 없으므로
미약한 壬水일간은 丁火와 합하여 木기로 화하는 화격이 됩니다.
壬水와 丁火는 합을 하고 생산한 자식인 木기로 하여금 사주팔자를 다스리게
하므로 일간은 甲木이 대행한다고 보아도 무방합니다.

격국으로는 상관격이지만 甲木식신이 투출하여 식상이 매우 강하고
丁火재성이 월간에 투출하여 식상생재격으로 성격이 됩니다.
북방水대운에 격국을 도우므로 성장운세로 발전하여 출세하였으나
서방金대운에는 격국을 극제하여 탁하여지고 하락운세가 만들어지므로
더 이상의 발전이 없었다고 합니다.

억부로는 일간의 기세가 미약하고 木의 기세가 강하므로 丁壬합으로 木기를 생산
하여 木의 기세에 종하는 화격으로 성립이 됩니다.
북방水대운에는 木의 기세를 도와 성장운세로 발전하였으나
서방金대운에는 木의 기세를 거스르며 하락운세를 만들어 벼슬을 하지 못하였다
고 합니다.

조후로는 卯월의 봄기운이 따뜻하여 쾌적하므로
대운에서 오는 겨울과 가을의 계절을 무난하게 보낼 수 있습니다.

종격이나 화격은 강한 기세를 따르는 편이므로
강한 기세를 돕는 대운에 성장운세로 운세등급이 높아지지만
강한 기세를 거스르는 대운에는 하락운세로 운세등급이 낮아집니다.

## 5 대운에 의한 용신의 청탁기능 조절작용

대운이 용신을 도와 사주팔자의 기세가 맑아지면 성장운세가 되지만
용신을 거스르면 사주팔자의 기세가 탁해지면서 하락운세가 됩니다.

**대운은 용신을 도와 사주팔자의 기세를 맑게 합니다.**
대운의 작용으로 용신을 도와 사주팔자의 탁한 것을 맑게 만들어 주면
성장운세가 만들어지며 운세의 등급을 높이는 역할을 하지만
용신을 역행하며 사주팔자의 맑은 기세를 탁하게 함으로서
하락운세가 만들어지면서 운세등급이 낮아지게 됩니다.

**용신의 청탁기능 조절작용이란**
용신이라고 하는 것은 사주팔자에서 발생한 기세의 태과불급을 조절하는
기준역할을 하는 오행이나 육신을 말합니다.
대운에서 용신을 도와 사주팔자의 기세를 맑게 하는가하면
대운에서 용신을 거스르면 사주팔자의 기세가 탁하게 됩니다.
그러므로 대운은 용신의 청탁기능을 조절하는 역할을 하는 것입니다.

격국용신을 도와 격국의 기세를 조절하고 격국을 맑게 하므로서
격국의 등급을 높여주면서 성장운세를 만들기도 하고
격국용신을 배반하며 격국의 기세를 탁하게 만들어
격국을 파격으로 이끌고 하락운세를 만들기도 합니다.

억부용신을 도와 기세의 흐름을 조절하고 기세의 균형을 도와
기세를 맑게하여 운세의 등급을 높여주면서 성장운세를 만들기도 하고
기세의 태과불급을 심화시켜 하락운세를 만들기도 합니다.

조후용신을 도와 사주팔자의 기후환경을 조절하여
삶의 쾌적한 환경으로 만들기도 합니다.

(1) 격국용신의 청탁

격국의 기세는 대운에서 변화시키므로 성격과 패격의 원인이 되고
기세의 태과불급에 따라 격국의 청탁이 만들어지는 것입니다.

◆ 정관격의 청탁
월지 정기에서 투출한 정관격은 월령의 발현으로 기세가 강하므로
일간의 기세가 정관보다 강하다면 정관은 재성의 도움이 필요하고
일간의 기세가 약하다면 인성으로 정관의 기세를 설기하여 일간을 도와주어야
정관격이 맑아지는 것입니다.

정관용재격은 정관격의 기세가 약하므로 재성으로 생하는 격국입니다.
재생관으로 정관의 기세는 강한데 일간의 기세가 약하다면 격국의 질이 낮아지므로 운세등급이 낮아지게 됩니다.
이때 대운에서 인수와 비겁으로 일간을 도와주어야 격국이 맑아지며
운세의 등급이 높아지고 성장운세가 되는 것입니다.
그러나 대운에서 재성과 관성이 온다면 기세의 불균형이 심화되어
격국이 탁해지므로 운세등급이 낮아지고 하락운세가 되는 것입니다.

정관패인격은 정관의 강한 기세를 인성으로 설기하는 격국입니다.
인성의 기세가 강하다면 대운에서 재성으로 인성을 억제하여
격국을 맑게 하여 성장운세를 도모하지만
사주팔자에 식상이 있다면 재성운이 인성을 억제하여 오히려 식상이 보호되므로
정관격이 파격이 되는 결과가 되어 하락운세가 될 것입니다.

정관격에 칠살이 있다면 관살혼잡이 되어 격국이 탁하여지므로
대운에서 상관이나 겁재로 칠살을 합살하거나 극제한다면 격국이 맑아집니다.

| 시 | | 일 | | 월 | | 년 | | 구분 |
|---|---|---|---|---|---|---|---|---|
| | 戊 | | 乙 | | 壬 | | 甲 | 천간 |
| | 寅 | | 巳 | | 申 | | 申 | 지지 |
| 庚 | 己 | 戊 | 丁 | 丙 | 乙 | 甲 | 癸 | 대운 |
| 辰 | 卯 | 寅 | 丑 | 子 | 亥 | 戌 | 酉 | |

申月 정관격에서 壬水가 투출하여 인수격이 되었지만
戊土재성이 壬水인성을 억제하여 인수격은 파격이지만 정관격을 생하여
패중유성으로 격국이 맑아진 설상공의 명조입니다.

戊土재성이 정관격을 생하는 정관용재격으로 성격이 됩니다.
乙木일간은 甲木겁재의 도움으로 격국을 다스릴 수 있으니
기세의 균형을 도모하여 격국이 맑아지고 운세의 등급이 높아지게 됩니다.

서방金대운에는 정관격의 기세가 강하여지므로 癸水와 甲木이 일간을 도와
기세의 균형을 이루므로 격국이 맑아지며 성장운세가 되었고

북방水대운에는 壬水인성의 기세가 강하여지므로 인수용재격으로 성격되므로
丙丁火 식상이 戊土재성을 도와 기세의 균형을 이루며 격국이 맑아지며 성장하는
운세가 되었고

동방木대운에는 일간의 기세가 강해지므로 戊己土재성이 인수를 극제하며
격국을 도우므로 편안한 노후로서 안정운세가 지속됩니다.

사주팔자에 있는 형충은 정관격에게는 좋지 않은 영향을 준다고 하지만 寅巳申 삼
형은 양기가 강하게 발산하는 것이므로 북방水대운의 시기에 오히려 안정된 발전
을 할 수 있는 여건을 만들어 주는 것입니다.
만약에 동남방木火대운으로 흘렀다면 양기의 폭발로 급진적인 발전을 할 수는 있
지만 불안정한 삶이 될 것입니다.

◆ 재격의 청탁

월지 정기에서 투출한 재격은 월령의 발현으로 기세가 강하므로
일간의 기세가 강하면 신왕재왕격으로 격국이 맑아지며
운세의 등급이 높아지고 성장운세로 발전하지만
일간의 기세가 약하다면 재다신약으로 격국이 탁해집니다.

일간의 기세가 약하다면 인성대운과 비겁대운이 와야
격국이 맑아지며 성장운세를 만들어 운세등급을 높일 수 있습니다.
상관대운은 재격의 기세를 더욱 강하게 하여주므로 격국이 탁해지고
칠살대운 역시 약한 일간을 공격하므로 격국을 탁하게 하므로
하락운세를 만들게 됩니다.

재용식생격은 일간의 기세가 강하므로
식상으로 설기하여 재격을 돕는 격국으로 성격되는 것입니다.
일간의 기세가 약하다면 격국이 탁해지는데
대운에서 인성이나 비겁으로 도와준다면 격국이 맑아집니다.
그러나 재성과 식상이 대운에서 온다면
탁한 것을 더욱 탁하게 만들어 주므로 하락운세가 되는 것입니다.

재격패인격은 일간의 기세가 약하므로
인성으로 일간을 도와 맑은 격국으로 성격되는 것입니다.
인성의 기세가 약하면 대운에서 인성과 관성으로 도와야 격국이 맑아지고
일간의 기세가 약하면 대운에서 인성으로 도와야 격국이 맑아지며
성장운세가 될 수 있습니다.

재격이 식상과 인성을 함께 쓰는 격국에서는
일간의 기세가 약하다면 대운에서 인성과 비겁으로 도와야 하고
식상의 기세가 약하다면 대운에서 식상과 재성으로 도와야
격국이 맑아지고 성장운세가 되는 것입니다.

재격에 상관을 쓰는 재대상관격에서 일간의 기세가 약하다면
대운에서 비겁으로 도와야 기세의 균형을 도모할 수 있습니다.
대운에서 칠살이 온다면 상관과 합하므로 파격이 되어 격국이 탁하고
인성이 온다면 상관을 극하므로 파격이 되며
정관이 온다면 상관에게 극을 당하므로 격국이 탁하게 되며 하락운세가 될 것입니다.

재격에 칠살을 쓰는 재대칠살격에서
일간의 기세가 약하다면 대운에서 비겁과 인성으로 도와야 하고
일간의 기세가 강하다면 대운에서 식상으로 칠살을 제살하여야
격국이 맑아지며 성장운세가 될 수 있습니다.

재격에 인성과 칠살을 쓰는 재용살인격에서도
일간의 기세가 약하다면 대운에서 인성으로 일간을 도와야 하나
대운에서 재성이나 관살이 온다면 기세의 균형이 어그러지고 격국이 탁해지며
하락운세가 될 것입니다.

| 시 | 일 | 월 | 년 | 구분 |
|---|---|---|---|---|
| 乙 | 戊 | 壬 | 壬 | 천간 |
| 卯 | 午 | 子 | 申 | 지지 |
| 庚 己 | 戊 丁 | 丙 乙 | 甲 癸 | 대운 |
| 申 未 | 午 巳 | 辰 卯 | 寅 丑 | |

子월에 壬水재성이 두개나 투출하고 지지에 申子합으로
재성水기의 기세가 강한데 乙木관성도 있어 재왕생관격으로 성격됩니다.

동방木대운에 월령을 설기하며 격국을 성장시키므로 출세를 하였고
남방火대운에 일간을 도와 격국을 맑게 하니 성장운세로 발전하며 명예를 드높이고 안정운세로 노후를 이어가는 갈참정의 명조입니다.

| 시 | 일 | 월 | 년 | 구분 |
|---|---|---|---|---|
| 庚 | 丙 | 甲 | 乙 | 천간 |
| 寅 | 申 | 申 | 未 | 지지 |
| 丙子 | 丁丑 | 戊寅 | 己卯 | 庚辰 | 辛巳 | 壬午 | 癸未 | 대운 |

申월에서 庚金이 시간에 발현되어 재격의 기세가 강한데 일간 丙火의 기세가 미약하므로 甲乙木인성을 쓰는 재격패인격으로 성격이 됩니다.

남방火대운에 일간의 기세를 도와 신왕재왕의 격국으로 형성이 되며 성장운세를 만들어 운세등급을 높였으며
동방木대운에 인성의 기세가 왕성하여지므로 재격을 도와 격국을 맑게 유지하므로 높은 등급의 성장운세를 만들어 귀하게 된 증참정의 명조입니다.

| 시 | 일 | 월 | 년 | 구분 |
|---|---|---|---|---|
| 辛 | 庚 | 己 | 乙 | 천간 |
| 巳 | 寅 | 卯 | 未 | 지지 |
| 辛未 | 壬申 | 癸酉 | 甲戌 | 乙亥 | 丙子 | 丁丑 | 戊寅 | 대운 |

卯월에 乙木재성이 년간에 발현하고 재격의 기세가 매우 강합니다.
일간은 기세가 미약하므로 己土인수를 상신으로 하는 재격패인격으로
격국의 성격을 도모하고 있습니다.

북방水대운에 미약한 일간의 기세가 더욱 미약해지므로
격국을 탁하게 만들어 하락운세로 힘들고 어려운 삶이 되었으며
서방金대운에 일간의 기세를 도와 신왕재왕의 격국이 다소 맑아지며
성장운세가 만들어지므로 작은 부자가 되었다고 합니다.

◆ 인수격의 청탁

월지 정기에서 투출한 인수격은 기세가 강합니다.
일간의 기세가 약하다면 일간을 돕는 격국이 되겠지만
일간의 기세가 강하다면 식상으로 설기하며 기세의 균형을 이루어야
격국이 맑아질 것입니다.

인수용관격은 일간의 기세가 약할 때 효과적이지만
일간이 강해도 기세의 균형이 이루어지면 격국이 맑아지게 됩니다.
인성의 기세가 강하다면 대운에서 재성으로 인성을 억제하고
관성의 기세가 강하다면 대운에서 식상으로 관성을 억제하면
격국이 맑아지고 성장운세로 발전하게 됩니다.

인수용재격은 인성의 기세가 강할 때 효과적입니다.
재성의 기세가 강하다면 대운에서 비겁으로 재성을 억제하거나
관성으로 설기하면 격국이 맑아지지만
대운에서 재성이 온다면 재성을 더욱 강하게 만들어
격국을 파괴하므로 하락운세가 되어 어렵게 됩니다.

인수용살격은 칠살을 인화하여 쓰므로 격국이 맑아지지만
대운에서 재성으로 칠살을 생하고 인성을 극하면
격국이 탁하게 되므로 하락운세가 되지만
대운에서 인성과 비겁 그리고 식상으로 격국을 도와주면
격국이 맑아지므로 성장운세가 됩니다.

인수용식상격은 일간의 기세가 강하여지므로
식상으로 설기하여 기세의 균형을 도모하는 격국입니다.
대운에서 재성이 강하게 오면서 조화가 된다면 성장운세가 되지만
인수격이 약하다면 강한 재성으로 인하여 인수격이 파괴되므로
격국이 탁해지며 오히려 하락운세가 됩니다.

| 시 | 일 | 월 | 년 | 구분 |
|---|---|---|---|---|
| 戊 | 辛 | 戊 | 丙 | 천간 |
| 子 | 酉 | 戌 | 寅 | 지지 |
| 丙 乙 甲 癸 壬 辛 庚 己 | | | | 대운 |
| 午 巳 辰 卯 寅 丑 子 亥 | | | | |

戌월에 戊土인성이 투출하여 인수격이 됩니다.
년간 丙火정관을 인화하여 인수용관격으로 성격이 되고
격국이 맑아 귀하게 된 장참정의 명조입니다.

북방水대운에 비겁의 기세를 이끌면서 맑은 기세로 성장하고
동방木대운에 戊土인성으로 하여금 식상을 제어하며 丙火관성을 발전시키므로
격국이 맑아지며 명예가 빛나고 운세의 등급이 높아지며 안정운세를 유지하게 됩니다.

| 시 | 일 | 월 | 년 | 구분 |
|---|---|---|---|---|
| 己 | 丙 | 乙 | 戊 | 천간 |
| 亥 | 午 | 卯 | 戌 | 지지 |
| 癸 壬 辛 庚 己 戊 丁 丙 | | | | 대운 |
| 亥 戌 酉 申 未 午 巳 辰 | | | | |

卯월에 乙木인성이 투출하여 인수격의 기세가 강하므로
식상으로 설기하는 인수용식상격의 격국으로 성격됩니다.
격국이 맑고 운세등급이 높아 귀하게 된 이장원의 명조입니다.

남방火대운에 강한 일간의 기세를 식상의 기세로 흐르게 도우므로
격국이 맑음을 유지하며 운세등급을 높이고 성장운세로 출세하고
서방金대운에 노력한 결실을 맺으면서 격국의 맑음을 유지하므로
안정운세로 부귀를 유지할 수 있는 것입니다.

◆ 식신격의 청탁

월지 정기에서 투출한 식신격의 기세는 강하므로
일간의 기세가 강하고 설기하는 재성의 기세도 강하여야
맑은 격국으로 높은 등급의 성장운세를 누릴 수 있습니다.

식신격의 기세가 강한데 인성과 비겁의 기세도 강하다면
대운에서 재성으로 강하게 설기하여야 기세의 균형을 만들지만
대운에서 재성의 기세가 약하다면 설기가 제대로 이루어지지 않고 오히려 격국이 탁해지며 하락운세가 될 것입니다.

식신대살격에서는 식신과 칠살의 대립이므로 서로의 기세의 균형을 맞추어주어야 격국이 맑아지며 운세등급이 높아지게 됩니다.
칠살의 기세가 약한데 대운에서 비겁이나 식상이 온다면 제살태과가 되어 격국이 탁해지고 칠살의 기세가 강한데 대운에서 재성이 오면 재생살이 되어 일간을 위협하므로 격국이 탁해지며 하락운세가 되는 것입니다.

식신생재격에서는 일간이 강하여야 격국이 맑아집니다.
일간이 약하다면 대운에서 인성이나 비겁으로 일간을 도와주어야 격국이 맑아지고 성장운세가 발현되는 것입니다.
일간이 약한데 대운에서 식상이나 재성 또는 관성이 온다면 기세의 균형이 심화되며 하락운세가 되는 것입니다.

식신용살인격에서는 인성이 칠살을 인화할 수 있는 기세가 있어야 사주팔자가 맑아지고 격국이 맑아지는 것입니다.
일간의 기세가 약한데 대운에서 재성으로 인성을 극하면 격국이 탁하여지므로 하락운세가 되는 것이고 일간의 기세가 강하다면 대운에서 식상으로 설기하거나 관살로 일간의 기세를 억제하여 기세의 균형을 이루면 격국이 맑아지고 성장운세가 이어지며 발전하게 되는 것입니다.

| 시 | 일 | 월 | 년 | 구분 |
|---|---|---|---|---|
| 癸 | 癸 | 癸 | 丁 | 천간 |
| 丑 | 亥 | 卯 | 未 | 지지 |
| 乙 丙 丁 戊 己 庚 辛 壬 | | | | 대운 |
| 未 申 酉 戌 亥 子 丑 寅 | | | | |

卯월 식신격이 지지에 亥卯未 木국을 구성하지만 이끌어주는 천간이 없으므로
丁火재성을 추구하는 식신생재의 격국으로 성격이 됩니다.
격국의 흐름이 좋아 맑다고 하며 성장운세가 지속되는 명조입니다.
북방水대운에 일간의 기세를 강하게 만들어 흐름을 좋게 만들어주므로
격국이 맑아지고 성장운세로 출세를 할 수 있는 여건이 되었으며
서방金대운에 안정운세가 지속되며 명예가 높아지는 운세입니다.

| 시 | 일 | 월 | 년 | 구분 |
|---|---|---|---|---|
| 己 | 癸 | 辛 | 辛 | 천간 |
| 未 | 酉 | 卯 | 卯 | 지지 |
| 癸 甲 乙 丙 丁 戊 己 庚 | | | | 대운 |
| 未 申 酉 戌 亥 子 丑 寅 | | | | |

卯월의 식신격이지만 천간에 발현되지 않았고
일간은 일지酉金을 통하여 辛金인성에 겨우 의지하고 있습니다.
己土칠살이 시간에 투출되어 있으므로 식신용살인격으로 성격되지만
기세가 미흡하여 운세등급이 다소 떨어진다고 할 수 있습니다.
북방水대운에 일간과 재관의 기세를 강하게 하면서 격국을 도우니
기세가 맑아지고 성장운세를 이루며 출세하였으며
서방金대운에 인성과 식상의 기세가 강하여지므로 맑은 격국이 이어지고
안정운세를 유지하며 부귀를 누리는 상국공의 명조입니다.

**대운이 좋으면 사주팔자 좋은 것보다 훨씬 부귀할 수 있습니다.**

◆ 칠살격의 청탁

월지 정기에서 투출한 칠살격은 기세가 강합니다.
칠살격은 일간을 공격하므로 식신으로 제살하거나 인성으로 인화하여 쓰는 것이
격국을 맑게 하는 것이며 운세등급이 높아지는 것입니다.

살용식제격은 식신으로 칠살을 제살하여 쓰는 격국으로
일간의 기세가 강해야 좋으며 식신과 칠살의 기세가 균형을 이루어야
격국이 맑아지며 높은 등급의 성장운세를 누릴 수 있는 것입니다.
일간의 기세가 약하다면 대운에서 비겁으로 일간을 도와주어야
격국이 맑아지며 운세등급이 높아지게 됩니다.

칠살용재격은 칠살의 기세가 미약하므로 재성으로 칠살격을 생하여
기세의 균형을 도모하는 격국입니다.
재성의 기세가 강하다면 대운에서 비겁으로 재성을 억제하거나
인성으로 일간을 강하게 만들어주어야 기세의 균형으로 성장운세를 만들어 주는
것입니다.

살용인수격은 인성으로 칠살을 인화하여 기세의 흐름을 도모하는 격국입니다.
대운에서 기세의 균형을 도와주어야 격국이 맑아지며 성장운세가 되는 것입니다.

칠살격에서 정관이 있다면 관살혼잡으로 격국이 탁하게 되므로
일간의 기세를 강하게 하거나 식상으로 관살혼잡의 탁한 기세를 맑게 하여주는
대운에서 성장운세가 만들어지게 됩니다.

살용양인격에서는 칠살과 양인의 대결이므로 서로간의 기세의 균형이 알맞아야
격국이 맑고 운세의 등급이 높아지는 것입니다.
칠살과 양인은 지지의 충으로도 이어지므로 기세의 균형이 가장 중요합니다.

| 시 | 일 | 월 | 년 | 구분 |
|---|---|---|---|---|
| 庚 | 丁 | 甲 | 戊 | 천간 |
| 戌 | 未 | 子 | 戌 | 지지 |
| 壬 辛 | 庚 己 | 戊 丁 | 丙 乙 | 대운 |
| 申 未 | 午 巳 | 辰 卯 | 寅 丑 | |

子월 칠살격이지만 천간에 발현하지 못하여 기세가 약하므로
庚金재성을 상신으로 하여 칠살용재격으로 성격이 됩니다.
戊土상관이 재성을 돕고 庚金재성이 칠살을 도우며 甲木인성으로 인화하여 일간을 도우니 흐름이 좋아 격국이 맑아지므로 운세의 등급이 높아 부귀하게 된 주승상의 명조입니다.

동방木대운에 강한 인성의 기세로 일간을 도우면서
기세의 균형을 이루며 성장운세를 만들어 출세하고
남방火대운에 격국을 도우며 맑은 격국을 유지하므로
안정운세가 유지되며 명예가 빛나게 됩니다.

| 시 | 일 | 월 | 년 | 구분 |
|---|---|---|---|---|
| 庚 | 庚 | 丁 | 癸 | 천간 |
| 辰 | 寅 | 巳 | 卯 | 지지 |
| 己 庚 | 辛 壬 | 癸 甲 | 乙 丙 | 대운 |
| 酉 戌 | 亥 子 | 丑 寅 | 卯 辰 | |

丁火관성이 투출하였지만 癸水상관에 의하여 정관이 극제되므로
칠살격이 맑아지며 부귀하였다고 적천수천미에서 소개한 명조입니다.
巳월 칠살격이지만 지지에는 寅卯辰 방합이 형성되어 木의 세력이 강한 사주팔자입니다.

동방木대운에 木재성의 기세가 강하므로
재왕생관으로 격국이 맑아지므로 성장운세로 운세등급이 높아지고
북방水대운에 강한 木의 기세를 도와 안정운세를 유지합니다.

◆ 상관격의 청탁

월지 정기에서 투출한 상관격은 기세가 강합니다.
상관격은 일간의 기세가 강하여야 격국이 맑아지지만
일간의 기세가 약하다면 인성의 기세가 강하여야 기세의 균형을 이루고
격국이 맑아지며 운세의 등급의 높아질 수 있습니다.

상관용재격은 상관의 기세가 강하여 재성으로 설기하는 격국으로
서로의 균형을 이루면 격국이 맑아지며 운세등급이 높아집니다.
일간의 기세가 약하다면 대운에서 인성과 비겁으로 일간을 도와주어야
성장운세로서 운세의 등급을 높일 수 있으며
상관이나 재성이 온다면 하락운세가 되며 어려움을 겪게 됩니다.

상관패인격은 인성의 기세로 일간을 도와야 격국이 맑게 유지되는 격국으로
총명성을 나타내며 운세등급이 높아지게 됩니다.
인성의 기세가 약하다면 대운에서 관살이나 인성으로 기세의 균형을 도모하여
격국을 맑게 하면 성장운세가 되는 것이지만
재성이 온다면 격국을 탁하게 하므로 하락운세가 되는 것입니다.

상관용관격은 상관의 기세와 정관의 기세가 균형을 이루어 격국을 맑게 만들어
성장운세가 될 수 있습니다.
정관의 특성상 대운에서 재성과 인성이 오면 성장운세가 될 수 있지만 식상이
온다면 격국이 탁해지므로 하락운세가 되는 것입니다.

상관대살격은 상관의 기세와 칠살의 기세가 균형을 이루어야 격국이 맑아지는
것입니다.
칠살의 세력이 약하다면 대운에서 인성과 재성으로 성장운세가 되지만
칠살의 세력이 강하다면 식상이나 인성으로 기세의 균형을 조절하여 격국을 맑게
하므로 성장운세가 되지만 재성운은 칠살의 기세를 더욱 강하게 하므로 격국을 탁
하게 만들어 하락운세가 되는 것입니다.

| 시 | 일 | 월 | 년 | 구분 |
|---|---|---|---|---|
| 庚 | 戊 | 己 | 壬 | 천간 |
| 申 | 午 | 酉 | 午 | 지지 |
| 丁 丙 乙 甲 癸 壬 辛 庚 | | | | 대운 |
| 巳 辰 卯 寅 丑 子 亥 戌 | | | | |

酉월은 상관격이지만 庚金식신이 투출하여 식상의 기세가 강하고
壬水재성이 있으므로 식상생재격으로 성격됩니다.
일간의 기세가 격국을 능히 감당할 수 있으므로 격국이 맑아지며 운세등급이 높아지니 부자가 되는 사춘방의 명조입니다.

북방水대운에 식상의 강한 기세를 설기하며 기세의 흐름이 맑아지므로 성장운세로 운세의 등급이 높아지고 동방木대운에는 격국의 기세를 설기하며 기세의 흐름을 맑게 만들어 안정운세를 만들어 높은 등급의 운세를 유지하고 있습니다.

| 시 | 일 | 월 | 년 | 구분 |
|---|---|---|---|---|
| 己 | 辛 | 己 | 丙 | 천간 |
| 亥 | 未 | 亥 | 申 | 지지 |
| 丁 丙 乙 甲 癸 壬 辛 庚 | | | | 대운 |
| 未 午 巳 辰 卯 寅 丑 子 | | | | |

亥월 상관격으로 천간에 투출하지 못하였고 일간의 기세마저 미약하므로 己土인성을 패인하여 상관패인격국으로 성격시켜 격국의 맑은 흐름을 만들고 운세의 등급을 높이며 귀하게 된 정승상의 명조입니다.

북방水대운에 월령을 도와 성장운세를 만들어 출세하고
동방木대운에 상관의 기세를 이끌어 丙火관성으로 기세의 흐름이 이어지므로 격국이 맑아지고 성장하는 운세로서 운세 등급이 높아지며 남방火대운에 관성의 기세가 강하여지며 흐름이 원활하므로 안정운세가 이어집니다.

### ◆ 양인격의 청탁

양인격은 월령의 기세가 매우 강한 격으로 천간으로 발현되지 않아도 자체로 강한 기세를 갖고 있습니다.
관살을 상신으로 하여 양인을 극제하여야 효과적이며 기세의 균형을 이루면 격국이 맑아집니다.

양인용관격에서 양인과 정관의 기세가 균형을 이루면 격국이 맑아지고
운세의 등급이 높아지지만
정관의 기세가 약하다면 대운에서 재성이나 관살로 정관을 돕고
정관의 기세가 강하다면 인성과 비겁으로 양인을 도와야 하며
정관을 극제하거나 합거하는 식상대운은 하락운세가 됩니다.

양인용살격에서 양인과 칠살의 기세가 균형을 이루면 격국이 맑아지고
칠살의 기세가 약하다면 대운에서 재성과 관살로 성장운세가 되며
칠살의 기세가 강하다면 대운에서 인성과 비겁 또는 식상으로 도와주어야
성장운세가 되는 것입니다.

| 시 | | 일 | | 월 | | 년 | | 구분 |
|---|---|---|---|---|---|---|---|---|
| 丙 | | 壬 | | 丙 | | 己 | | 천간 |
| 午 | | 寅 | | 子 | | 酉 | | 지지 |
| 戊 | 己 | 庚 | 辛 | 壬 | 癸 | 甲 | 乙 | 대운 |
| 辰 | 巳 | 午 | 未 | 申 | 酉 | 戌 | 亥 | |

子월 양인격인데 己土정관이 약하므로 기세가 강한 丙火재성을 상신으로 하여 양인용재격으로 성격시키므로 격국이 맑아지면서 운세의 등급의 높아 귀하게 된 승상의 명조입니다.

서방金대운에 양인의 기세를 기르는 성장운세로 출세하고
남방火대운에 양인과 재관의 기세가 균형을 이루며 안정운세를 유지하게 됩니다.

◆ 록겁격의 청탁

일간의 오행과 같은 월로서 양인격을 제외하고 모두 록겁격이라고 합니다. 록겁격도 역시 천간에 발현되지 않아도 일간이 발현되었으므로 강한 기세를 나타내며 재관의 기세와 균형을 이루어야 격국이 맑아지게 됩니다.

록겁용재격은 록겁격과 재성의 기세가 균형을 이루어야 격국이 맑아지며 운세의 등급이 높아집니다.
식상과 재성의 기세가 강하다면 대운에서 인성으로 성장운세를 이끌고
재성의 기세가 약하다면 인성으로 인하여 하락운세가 될 것이므로
재성을 돕는 식상과 재성으로 성장운세를 만들어야 할 것입니다.

록겁용관격은 록겁격과 관성의 기세가 균형을 이루어야 격국이 맑아지고 운세의 등급이 높아집니다.
관성의 기세가 약하다면 대운에서 재성으로 관성을 도와 주어야 성장운세가 될 것이지만
대운에서 식상으로 관성을 극제한다면 하락운세가 될 것입니다.

록겁용살격은 록겁격과 칠살의 기세가 균형을 이루어야 격국이 맑아지며 운세의 등급이 높아집니다.
칠살은 역용의 대상이므로 대운에서 식상으로 제살하여야 성장운세가 되지만
재성이 온다면 재생살이 되어 하락운세가 됩니다.
칠살이 약하다면 재성으로 칠살을 도와 성장운세가 되기도 합니다.

록겁용식상격은 식상과의 기세가 균형을 이루어야 이상적이고
대운에서 재성의 기세가 강하다면 발전하는 성장운세가 됩니다.

록겁격에서 관살혼잡의 기세가 강하면 격국을 탁하게 하는 요인이 되지만 식상으로 제복하여 기세의 균형을 이룬다면 격국이 맑아지고 운세의 등급도 높아지기도 합니다.

| 시 | 일 | 월 | 년 | 구분 |
|---|---|---|---|---|
| 癸 | 癸 | 戊 | 庚 | 천간 |
| 亥 | 酉 | 子 | 戌 | 지지 |
| 丙 乙 甲 癸 壬 辛 庚 己 | | | | 대운 |
| 申 未 午 巳 辰 卯 寅 丑 | | | | |

子월 록겁격으로 기세가 매우 강합니다.
戊土정관이 투출하여 록겁용관격이고 庚金인성이 정관을 보호하여
격국이 맑으므로 운세등급이 높아 귀하여진 김승상의 명조입니다.

동남방木火대운에 사주의 강한 기세가 원활하게 흐르므로
격국이 맑게 유지되며 성장운세가 지속되고 부귀를 누리게 됩니다.

| 시 | 일 | 월 | 년 | 구분 |
|---|---|---|---|---|
| 壬 | 癸 | 丙 | 甲 | 천간 |
| 辰 | 丑 | 子 | 子 | 지지 |
| 甲 癸 壬 辛 庚 己 戊 丁 | | | | 대운 |
| 申 未 午 巳 辰 卯 寅 丑 | | | | |

子월 록겁격의 기세가 매우 강한데
甲木상관과 丙火재성의 기세가 미약하므로
록겁용상관생재의 격국이 탁하다고 합니다.

동방木대운에 甲木상관의 기세를 강하게 하며 격국을 도우므로
격국이 맑아지며 성장운세로서 출세하고
남방火대운에는 丙火재성의 기세를 강하게 유지하면서
격국의 흐름을 안정시키므로 안정운세가 지속됩니다.

### (2) 억부용신의 청탁

**오행의 흐름이 좋거나 균형이 이루어진 것을 맑다고 하며**
**오행의 태과불급으로 인하여 기세가 불균형하다면 탁하다고 합니다.**

맑은 사주팔자는 성장운세로 발전할 가능성이 많지만
탁한 사주팔자는 하락운세로 추락하기 쉽습니다.

오행의 태과불급으로 인하여 기세가 불균형이 되었다면
이를 조절하고 기세의 균형을 도모하여 사주팔자를 맑게 하여주는
기준이 되는 것을 억부용신이라고 합니다.

억부용신은 대운에서 작용합니다.
사주팔자의 기세의 태과불급을 조절하는 기준이 되는 억부용신을
대운에서 도와 기세의 균형을 도모한다면
성장운세를 만들어 높은 등급의 운세를 만들 수 있지만
대운에서 억부용신을 거스르며 방해한다면
하락운세로서 낮은 등급의 운세를 만들게 됩니다.

억부용신은 일간 위주로 기세를 조절하는 용신이 있고
오행을 위주로 기세를 조절하는 용신이 있습니다.

일간 위주의 억부용신은 일간을 중심으로
인성과 비겁의 기세와 식상과 재성과 관성의 기세를 비교하여
기세가 약한 쪽에서 가장 강한 오행을 억부용신으로 구하게 됩니다.

오행 위주의 억부용신은 사주팔자의 오행의 기세를 비교하여
기세의 대립과 흐름을 살피며 사주팔자의 탁함을 제거하고 맑게 유지하는 오행으로 억부용신을 구하게 됩니다.

| 시 | 일 | 월 | 년 | 구분 |
|---|---|---|---|---|
| 丁 | 己 | 壬 | 庚 | 천간 |
| 卯 | 丑 | 午 | 辰 | 지지 |
| 庚 己 | 戊 丁 | 丙 乙 | 甲 癸 | 대운 |
| 寅 丑 | 子 亥 | 戌 酉 | 申 未 | |

일간 위주의 억부용신을 찾을 경우
火土가 인성과 비겁이고 金水木이 식상 재성 관성입니다.
午월 火월령이며 시간에 丁火인성이 투출하여 火의 기세가 강하고
일간 己土 역시 丑土에 앉아있어 기세가 약하지 않습니다.
壬水재성은 년지 辰土와 일지 丑土에 통근하고
庚金상관은 일지 丑土에 겨우 통근하여 미약합니다.
그러므로 식재관에서 가장 강한 壬水재성을 억부용신으로 합니다.

서방金대운에 용신을 도와 성장운세로 성장하고
북방水대운에 용신을 도와 성장운세로 발전하였습니다.

오행 위주의 억부용신을 찾을 경우
火土와 金水의 기세를 비교한다면 火土의 기세가 더 강합니다.
그러므로 金水를 억부용신으로 채택하게 됩니다.
서방金대운과 북방水대운으로 흐르며 金水용신의 기세를 도와주니
성장운세가 만들어지며 발전하고 운세등급을 높여갑니다.

일간 위주의 억부용신은
인비와 식재관의 대립으로 기세의 균형을 맞추어나가는 것이고

오행 위주의 억부용신은
木火와 金水의 대립으로 기세의 균형을 맞추어나가는 것입니다.
土는 木火 또는 金水의 기세를 도와주는 역할을 합니다.

| 시 | 일 | 월 | 년 | 구분 |
|---|---|---|---|---|
| 甲 | 丁 | 戊 | 壬 | 천간 |
| 辰 | 丑 | 申 | 子 | 지지 |
| 丙 乙 | 甲 癸 | 壬 辛 | 庚 己 | 대운 |
| 辰 卯 | 寅 丑 | 子 亥 | 戌 酉 | |

일간 위주의 억부용신을 찾을 경우
인비와 식재관의 기세를 비교하면 인비의 木火의 기세가 약하고
식재관의 土金水의 기세가 강하다고 할 수 있습니다.
그러므로 인비에서 가장 강한 오행인 甲木인성이 억부용신이 됩니다.

서방金대운에 용신을 극거하여 어린 시절 어려움이 많았으며
북방水대운에 용신을 도우며 성장운세로 발전하였으며
동방木대운에 용신을 도우며 안정운세를 유지하게 됩니다.

오행 위주의 억부용신을 찾을 경우
水의 기세가 가장 강하고 木火土의 기세가 약합니다.
戊土상관으로 강한 기세의 壬水정관을 극제하기 어렵고
甲木인성으로 강한 기세의 壬水를 설기하는 것도 어렵습니다.
그러므로 가종격으로 壬水정관을 전왕용신으로 채택합니다.

서방金대운에 용신을 도우며 성장운세를 만들며 성장하고
북방水대운에 용신을 도우며 성장운세로 발전하였으며
동방木대운에 용신을 설기하며 안정운세를 유지하게 됩니다.

위 명조는 일간 위주와 오행 위주의 억부용신이 다르면서
통변의 내용도 달라지게 됩니다.
실제 삶은 전왕용신에 부합됩니다.

일간 위주의 억부용신과 오행 위주의 억부용신은
관점에 따라 달라질 수 있으며 대운의 작용도 달라질 수 있습니다.

| 시 | 일 | 월 | 년 | 구분 |
|---|---|---|---|---|
| 癸 | 丁 | 壬 | 庚 | 천간 |
| 卯 | 卯 | 午 | 寅 | 지지 |
| 庚 己 戊 丁 丙 乙 甲 癸 | | | | 대운 |
| 寅 丑 子 亥 戌 酉 申 未 | | | | |

일간 위주의 억부용신을 찾을 경우
인비의 木火의 기세가 매우 강하고
식재관의 金水의 기세는 지지가 없어 매우 미약합니다.
식재관에서 억부용신을 찾아야 하지만 기세가 미약하므로
대운에서 도와주는가를 보면서 억부용신을 찾아야 합니다.

마침 서북방 金水대운으로 흐르므로
壬水관성을 억부용신으로 합니다.
서방 金대운에 용신을 도와 성장운세로 성장하고
북방 水대운에 용신을 도와 성장운세로 발전하게 됩니다.

오행 위주의 억부용신을 찾을 경우
木火의 기세와 金水의 기세를 비교하며 찾게 되는데
역시 木火의 기세가 강하고 金水의 기세가 미약하므로
대운에서 도와주는 정도에 따라 억부용신을 구하게 됩니다.

이 명조의 경우에는 인비인 木火의 기세가 강한 반면에
식재관인 金水의 기세가 미약하므로
동남방 木火대운으로 흐른다면 종격으로 전왕용신을 구하겠지만
서북방 金水대운으로 흐른다면 金水를 억부용신으로 채용하게 됩니다.

그러므로 용신을 구함에 있어
대운의 역할을 살펴보는 것도 중요하다고 할 수 있습니다.

## (3) 전왕용신의 청탁

전왕용신은 사주팔자에서 오로지 하나의 기세가 왕성한 오행입니다. 사주팔자에서 木오행의 기세로만 이루어져 있다면 순일하다고 하여 木이 전왕용신으로 격국이 맑아지는 것입니다.

대체로 일행득기격이나 양신성상격 혹은 삼상격은 하나의 기세 또는 두세 개의 기세가 존재하는 것으로 전왕용신을 삼게 됩니다.
다른 오행이 섞여 있지 않다면 진종격이나 진화격으로 전왕용신이 맑다고 하지만 다른 기운이 섞여 있다면 탁하여져 가종격이나 가화격이 되므로 대운에서 맑게 하여주기만을 바라게 됩니다.

전왕용신을 도와주는 대운은 성장운세가 되지만
전왕용신을 거스르는 대운은 하락운세가 됩니다.
특히 전왕용신의 하락운세는 강도가 강하므로 삶의 기복이 크게 변화하는 특징이 있습니다. 추락하는 하락운세는 수직 하락하는 경우도 있으므로 삶의 체감의 정도가 매우 심하게 나타나기도 합니다.

기세가 강한 것은 유통하는 흐름도 강하게 흘러야 운세가 좋아지게 됩니다. 흐름이 약한 운세는 오히려 정체현상이 일어나고 삶의 지체가 일어나기도 합니다.
강한 기세는 출구가 크고 넓어야 제대로 흐를 수 있는 것입니다.

비겁이 강한 전왕용신인데 대운에서 재성운이 온다면 군비쟁재가 되어 오히려 어려운 경우를 당하게 됩니다. 식상이 강한 전왕용신인데 운에서 관성이 온다면 역시 어려운 경우를 당하게 됩니다.

그러므로 비겁이 강한 전왕용신이라면 강한 식상운에 성장운세가 되는 것이며 식상이 강한 전왕용신이라면 강한 재성운에 성장운세가 되는 것입니다. 이때 흐름에 역행하는 운세가 온다면 하락운세가 되어 운세의 등급이 낮아지기도 합니다.

| 시 | 일 | 월 | 년 | 구분 |
|---|---|---|---|---|
| 甲 | 丁 | 丙 | 戊 | 천간 |
| 辰 | 卯 | 辰 | 申 | 지지 |
| 甲 癸 壬 辛 庚 己 戊 丁 | | | | 대운 |
| 子 亥 戌 酉 申 未 午 巳 | | | | |

辰월은 木火土의 기세가 강한 달입니다. 甲木과 戊土는 지지에 세력이 강하지만 丙火는 지지에 통근하지 못하고 있습니다. 그러나 辰월은 火氣가 강하게 일어나는 때이므로 약하지 않다고 합니다. 木火土의 기세가 모두 비슷하여 균형을 이루고 있으므로 기세가 맑은 삼상격의 전왕용신을 채택하고 있습니다.

남방火대운에 火土의 기세를 강하게 만들어 출세하고
서방金대운에 전왕용신을 강하게 설기하며 흐름을 맑게 만들어
성장운세가 발현되므로 부자가 되었다고 합니다.
이처럼 왕기를 극하는 운일지라도 설기하는 운세의 흐름이 원활하면 오히려 발전하는 성장운세가 될 수 있습니다.

| 시 | 일 | 월 | 년 | 구분 |
|---|---|---|---|---|
| 辛 | 戊 | 辛 | 戊 | 천간 |
| 酉 | 戌 | 酉 | 戌 | 지지 |
| 己 戊 丁 丙 乙 甲 癸 壬 | | | | 대운 |
| 巳 辰 卯 寅 丑 子 亥 戌 | | | | |

土와 金의 오행으로만 구성되어 있는 양신성상격입니다.
다른 오행이 섞이지 않아 순일하므로 기세가 맑다고 합니다.

북방水대운에 金기를 강하게 설기하며 성장운세가 되며 출세하였지만 동방木대운에는 흐름에 역행하여 하락운세가 만들어지고 운세등급이 낮아지므로 직위가 떨어지며 명예가 실추되었다고 합니다.

### (4) 조후용신의 청탁

여름에 태어난 사주팔자는
水기가 있어야 냉방장치가 잘된 것으로 조후가 조화를 이룬 것이고 水기가 없다면
조화가 안 된 것으로 어려운 삶을 살게 됩니다.

겨울에 태어난 사주팔자도
火기가 있어야 난방장치가 잘 되어 삶이 편하다고 합니다.
火기가 없다면 추위에 떨며 어려운 삶을 살게 되는 것입니다.

| 시 | 일 | 월 | 년 | 구분 |
|---|---|---|---|---|
| 丙 | 甲 | 癸 | 丙 | 천간 |
| 寅 | 子 | 巳 | 午 | 지지 |
| 辛 庚 | 己 戊 | 丁 丙 | 乙 甲 | 대운 |
| 丑 子 | 亥 戌 | 酉 申 | 未 午 | |

巳월 초여름에 태어나고 사주에 火의 기세가 강합니다. 마침 일지에 子水가 있고 월간에 癸水가 투출하여 조후를 구비하므로 운세가 쾌적하여 부귀하여진 전참정의 명조입니다. 서북방金水대운으로 흐르며 냉난방 장치가 가동이 잘되므로 대체로 무난하고 편안한 안정운세가 이어가는 삶이 돕니다.

| 시 | 일 | 월 | 년 | 구분 |
|---|---|---|---|---|
| 丁 | 庚 | 甲 | 戊 | 천간 |
| 丑 | 午 | 子 | 申 | 지지 |
| 壬 辛 | 庚 己 | 戊 丁 | 丙 乙 | 대운 |
| 申 未 | 午 巳 | 辰 卯 | 寅 丑 | |

金水상관격으로 火기가 있어야 추위를 견딜 수 있는 명조입니다.
마침 시간에 丁火정관이 투출하여 사주를 쾌적하고 맑게 만들어 주고 동남방木火대운에 냉난방 장치가 가동이 잘되므로 쾌적한 삶으로 안정운세를 이어가며 귀하여진 어느 승상의 명조입니다.

◆ 운세의 청탁 요인

| 기세의 태과불급 | 대운의 작용 |
|---|---|

기세의 태과불급은 사주팔자를 탁하게 만드는 요인이 되므로
운세에 미치는 영향이 대단히 크다고 할 수 있습니다.
대운의 작용에 의하여 기세의 태과불급이 조절되어 에너지의 균형을 맞추어준다면 사주팔자가 맑아지며 성장운세가 되므로 성장하고 발전하는 삶이 됩니다.

◆ 기세의 태과불급

| 태과 | 평균보다 왕성하고 강한 것 |
|---|---|
| 불급 | 평균보다 쇠약한 것 |

기세가 태과하다는 것은 평균보다 기세가 왕성하고 강한 것으로
과도한 성장으로 인하여 삶의 어려움을 만드는 요인이 되며
기세가 불급하다는 것은 평균보다 기세가 쇠약하다는 것으로
에너지의 부족으로 인하여 제대로 성장과 발전을 하지 못하는 결과를 가져오는 것입니다.

◆ 기세의 태과불급을 조절하는 용신의 작용

용신은 기세의 균형을 도모하여 사주팔자의 운세를 맑고 깨끗하게 유지하기 위한 것으로 다음과 같은 작용이 있습니다.

· 운세등급의 고저를 알 수 있습니다.
· 성장운세와 하락운세를 알고 미리 대처할 수 있습니다.
· 성격과 적성에 따른 직업의 능력을 알 수 있습니다.
· 명예와 재물의 정도를 판단할 수 있습니다.
· 가정생활에 대한 행복의 정도를 알 수 있습니다.
· 개인의 건강과 질병을 판단할 수 있는 것입니다.

◆ 대운의 작용

| 성장운세 | 사주팔자의 용신을 도와 기세의 균형도모 |
|---|---|
| 하락운세 | 사주팔자의 기세의 태과불급의 심화 |

대운에서 용신을 도와 사주팔자의 기세의 균형과 중화를 이루어준다면 사주팔자는 균형을 통하여 안정을 취하므로 이때 성장과 발전을 할 수 있는 성장운세의 운이 만들어지며 운세의 등급이 높아지는 것입니다.

◆ 기세 청탁의 유형

| 구분 | 기세의 흐름 | 기세의 균형 |
|---|---|---|
| 청 | 흐름이 순조롭고 조화를 이룬 기세 | 대립되는 기세의 강약이 균형을 이룰 때 |
| 탁 | 흐름이 정체되고 혼잡하며 조화롭지 않은 기세 | 대립되는 기세의 강약이 불균형을 이룰 때 |

◆ 흐름의 청탁

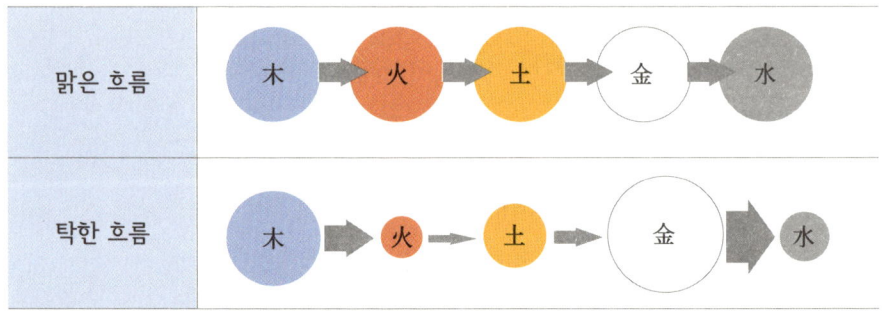

맑은 흐름은 기세의 강약이 비슷하여 순조롭게 흐르지만
탁한 흐름은 기세의 태과불급으로 인하여 흐름이 불규칙하므로 지체되고 정체되는 현상으로 탁하게 됩니다.

◆ 기세의 대립 구도

| 木火 VS 金水 | 木 VS 金 | 水 VS 火 |
| --- | --- | --- |

木火는 양의 기세이고 金水는 음의 기세입니다.
木火와 金水의 기세가 대립하고 木과 金의 기세 또는 水와 火의 기세가 대립하는 구도가 형성되면서
기세의 균형이 이루어지면 맑다고 하며 성장운세가 됩니다.

土는 대체로 동방木火와 서방金水의 중개역할을 하는 것이지만
일반적으로 동방 진영에서는 木火의 성장을 돕고
서방 진영에서는 金水의 성장을 돕는 역할을 하는 것이 특징입니다.

하나의 기세로만 이루어진 사주팔자는
해당 운에 강하게 작용하며 발전할 수 있지만
해당 운이 지나가면 결국 하락운세가 작용하여 수직 하락하는 삶을 경험할 수 있으니 경거망동하지 말고 주의해야 합니다.

◆ 대운에 의한 용신의 청탁기능 조절작용

대운에서 용신을 도와
사주팔자의 기세를 맑게 조절하면 발전하는 성장운세가 되지만
사주팔자의 기세를 탁하게 하면 하락운세가 됩니다.

격국의 기세는 대운에서 변화시키므로 성격과 패격의 원인이 되고
기세의 태과불급에 따라 격국의 청탁이 만들어지는 것입니다.

억부용신은 대운에서 작용합니다.
사주팔자의 기세의 태과불급을 조절하는 기준이 되는 억부용신을
대운에서 도와 기세의 균형을 도모한다면 성장운세를 만들어 높은 등급의 운세를 만들 수 있지만 대운에서 억부용신을 거스르며 방해한다면 하락운세로서 낮은 등급의 운세를 만들게 됩니다.

# 제4장
# 운세의 활용

運勢의 活用

### 운세를 삶에서 어떻게 활용할 것인가?

소년기에는 학업운세를 활용하고
청년기에는 직업운세와 결혼운세를 활용하고
장년기에는 직업운세와 가정운세를 활용하고
노년기에는 건강운세를 활용하게 됩니다.

사주팔자에서 만들어진 적성과 능력과 성격을
학업운세로서 계발한다면
직업운세로 직업적 성취를 이룰 것이며
결혼운세로 행복한 가정을 만들 수 있는 것입니다.

성장운세가 만들어지는 대운에서
학업운세와 직업운세가 성장발전하며
결혼운세가 순조롭게 진행될 것입니다.

안정운세가 만들어지는 대운에서
직업운세가 안정되며 재물과 명예를 취할 수 있으며
가정운세와 건강운세가 안정되며
행복을 누릴 수 있는 것입니다.

# 01 운세의 활용

행복은 현재와 관련되어 있다. 목적지에 닿아야 행복해지는 것이 아니라 여행하는 과정에서 행복을 느끼기 때문이다. - 앤드류 매튜스

### 1 운세 활용시기

| 소년기 | 청년기 | 장년기 | 노년기 |
|---|---|---|---|
| 학업운세 | 직업운세, 결혼운세 | | 건강운세 |

삶의 시기마다 운세의 활용이 달라집니다.

소년기에는 성격을 형성하고 적성과 진로를 계발하며 성장을 하는 시기입니다. 이 시기에는 부모의 영향을 많이 받으며 학생이라는 신분을 가지고 공부를 하므로 학업운세의 기세가 중요한 것입니다.

청년기와 장년기에는 적성에 따른 직업을 선택하고 사회적 성취를 위한 노력을 하는 때입니다. 재물과 명예를 추구하며 자신의 자아실현을 위한 노력을 하며 성공과 실패를 경험하기도 합니다. 청년기에는 결혼을 하게 되고 자식을 낳으며 가정을 만들어가는 시기입니다.

청년기의 결혼운세는 배우자와의 이상적인 만남으로 행복한 가정을 만드는 것으로 모두가 바라는 사항이지만 장년기에 사회적 성취를 위하여 가정에 소홀하기도 하면서 부부간의 갈등과 이별을 겪기도 하고 자식들과의 갈등이 증폭되기도 합니다.

노년기에는 자식을 독립시키고 사회에서 은퇴하여 노후생활을 하는 시기로서 건강운세를 활용하게 됩니다. 노후생활을 건강하게 보낼 것인가 질병으로 힘들게 보낼 것인가 하는 염려가 반영되는 것입니다.

## ❷ 운세 활용분야

| 적성, 능력 | 재물, 명예 | 배우자 | 정신, 신체 |
|---|---|---|---|
| 학업운세 | 직업운세 | 결혼운세 | 건강운세 |

**적성과 능력을 기르기 위하여 학업운세의 기세를 활용합니다.**
소년기에 자신의 적성을 찾아서 학문과 기술을 습득하여 직업으로 연계하여야 직업적인 성취가 가능할 것입니다.
직장인의 적성인가 아니면 사업가의 적성인가 아니면 전문가의 적성인가를 살펴서 학과를 선택하고 공부를 하여야 하며 적성에 알맞은 스펙을 쌓아 직업을 선택할 수 있는 것입니다.

**재물과 명예를 만들기 위하여 직업운세의 기세를 활용합니다.**
사회생활을 하기 위하여 직업을 선택하고 직업을 통하여 재물과 명예에 대한 욕구를 실현하며 사회적 성취를 하고자 합니다. 직업적 성취는 운세의 등급과 직결되므로 어느 직업을 수행하느냐에 따라 재물과 명예의 정도가 달라지며 운세등급이 결정됩니다. 또한 직업은 가정을 유지하기 위한 경제적 수단이기도 합니다.

**배우자를 선택하기 위하여 결혼운세의 기세를 활용봅니다.**
성인이 되어서 가정을 갖는 것은 인간의 도리입니다.
배우자와 함께 가정을 이루고 자식을 낳아 기르고 교육시키는 것이 인간의 사명이므로 배우자가 가정을 유지할 능력이 있는가를 가늠하여야 할 것입니다.
결혼운세로서 성격, 직업적 능력, 소비성향, 건강 등을 살펴야 행복한 가정을 누릴 수 있는 것입니다.

**건강을 유지하기 위하여 건강운세의 기세를 활용합니다.**
건강은 생애 전 기간에 걸쳐 매우 중요합니다.
건강을 지키지 못하면 재물과 명예가 아무리 많아도 소용없으며 직업적인 어려움과 함께 가정의 행복을 깨는 주요 원인이 됩니다.

# 학업운세

## 1 학업운세의 개념

젊어서 배우면 장래가 밝고 열심히 배우면 늙어서도 쇠하지 않으며 늙어서 배우면 죽어서도 썩지 않는다 - 언지사록言志四錄

**학업운세의 기세는 생존능력을 기르는 것입니다.**
적성과 능력은 살아가는데 필수적인 것입니다. 고대부터 사람은 생존하기 위하여 농사와 수렵으로 먹을 것을 조달하였습니다. 농사와 수렵은 현대에서 직업으로 발전하였고 직업은 생존하기 위한 수단이 되었습니다.

**적성과 능력은 생존하기 위한 수단이며 능력입니다.**
학업을 하는 목적은 적성과 능력을 길러 직업에 활용하고자 하는 것입니다. 직업은 생존하기 위하여서는 절대적으로 필요한 것이기 때문에 적성과 능력이 없이는 경쟁사회에서 도태되기 십상입니다.

**적성과 능력이 삶의 질을 좌우합니다.**
적성과 능력이 뛰어난 자는 직업을 성공적으로 수행하면서 높은 등급의 운세로 삶의 질을 높일 수 있지만 적성과 능력이 없다면 직업을 수행하기 어려우므로 운세 등급은 낮아지고 삶의 질이 떨어질 수밖에 없는 것입니다.

부모의 능력이 좋아서 금수저로 태어났다고 하여도 소년기에 적성과 능력을 기르지 못한다면 운세의 등급은 낮아지기 마련입니다.
비록 부모의 능력이 부족하여 흙수저로 태어났다고 하여도 자신의 노력으로 적성과 능력을 제대로 기른다면 높은 등급의 운세로 진입하며 높은 질의 삶을 유지할 수 있는 것입니다.

**성장운세에는 학업운세의 기세가 강합니다.**

사주팔자의 기세가 균형을 이루고 흐름이 좋다면
성장운세로서 학업운세의 기세가 좋다고 합니다.

학업운세는 적성과 능력을 사회에서 직업으로 활용하기 위하여 계발하는 것입니다. 자신의 적성을 찾아내고 능력을 길러서 사회에 적응할 수 있도록 만드는 것이 학업운세의 기세입니다.

학업운세의 기세가 좋아야 학업의 성과를 달성할 수 있습니다.
금수저로 태어나도 사주팔자가 탁하여 학업운세의 기세가 약하다면
학업의 성과를 낼 수 없으므로 하락운세를 만들게 되므로
다른 방도를 찾아 성장운세로 만들고자 합니다.
즉, 국내에서 경쟁이 안 되므로 외국으로 유학을 보내서 성장운세로
유도하는 방법을 택하게 됩니다.

흙수저로 태어나도 사주팔자의 기세가 맑다면 성장운세를 만들 수 있으므로
학업운세의 기세로서 학업의 성과를 낼 수 있습니다.
학업운세로 키운 적성과 능력으로 전문가의 직업을 선택하여
삶의 질이 높은 운세등급을 누릴 수 있는 것입니다.

태어날 때 가지고 나온 재능이라고 할지라도 갈고 닦지 않으면 쓸모가 없어집니다. 피나는 노력과 땀을 흘리면서 키워야 하는 것입니다.
음악의 천재 소년 모차르트도 6세부터 아버지의 연주여행에 동참하여 실력을 갈고 닦았기에 유명한 음악가로서 명성을 빛낼 수 있었던 것입니다.
골프의 황제 타이거 우즈도 역시 아버지를 통하여 4살 때부터 골프의 재능을 갈고 닦았습니다. 인생을 알려거든 골프를 배우라는 가르침으로 타이거 우즈를 골프 황제로 키운 것입니다.

**학업을 위한 학업은 학업운세의 기세를 저하시킵니다.**

사주팔자에서 적성과 능력이 무엇인지를 우선 파악하고
학업을 하여야 성공할 가능성이 많아지는 것입니다.

학업운세는 자신의 적성과 능력을 갈고 닦는 것입니다.
지금 우리나라의 중고등 학교의 교육은 적성과 능력을 갈고 닦는 학업이 아니라 대학 입시를 위한 학업으로 변질되었습니다.
공교육이나 사교육이나 모두 입시준비를 위한 학업으로 변질된 것입니다.
학업운세가 입시운세로 변질된 것입니다.
재능을 닦아야 할 학업운세가 입시를 위한 운세로 변질되면서
자신의 적성과 능력을 갈고 닦을 기회를 잃어버린 것입니다.

그러나 학업운세가 입시운세로 변질되었다고 할지라도
대학의 학과를 선택하는데 소홀함이 없어야 할 것입니다.
학과는 자신의 적성과 일치하여야 늦게나마 대학에서라도 적성과 능력을 계발할 수 있는 것입니다. 그래야 자신에게 알맞은 직업을 선택하고 만족한 직업적 성취를 이룰 수 있기 때문입니다.

자신의 적성이 무엇인지도 모르고 무작정 대학만 들어가면 된다는 식의 학업은
결국 공허해지기 마련입니다.
학과의 선택도 자신의 적성보다는 성적에 의하여 선택된다면
정작 대학에 들어가 자신과 적성이 맞지 않는 공부를 하게되고
이 학과 저 학과를 기웃거리며 전과를 하다가 결국 아까운 세월만 허비하는
경우가 많습니다.

자신의 적성에 맞지도 않는 스펙을 쌓느라고 아까운 시간과 비용을 허비하며
노력하지만 결국 쓸모없다는 것을 알게 됩니다.
그리고 또 다른 스펙에 매달리는 것이 요즈음 청년들의 현실입니다.

**자신의 인생의 목표가 무엇인지를 우선 알아야 할 것입니다.**

목적지가 없이 달려가는 마라토너는 없습니다.
무작정 달려가다가는 샛길로 빠지면서 결국 허무해지기 때문입니다.

인생의 목표를 세우지 않고 공부한다는 것은 무작정 달리는 마라토너와 같습니다.
목표도 세우지도 않고 공부한다면 학업운세는 휘청거릴 것이 뻔합니다.
목적이 없는 과정은 실패하기 마련이기 때문입니다.

고등학생에게 지금 공부하는 목적이 무엇인가를 물었더니
수도권의 대학에 입학하는 것이라고 합니다.
대학에 입학하여 무엇을 하느냐고 물었더니
대기업에 취업하는 것이 목표라고 합니다.
대기업에서 무슨 일을 하느냐고 물었더니 한참을 망설이다가
그냥 주어진 직책을 수행하면 되지 않느냐고 합니다.
이 학생은 목적도 목표도 없습니다. 대기업에 들어간다고 하여도 명함만 가지고
다니면서 실적도 올리지 못하고 도태되거나 일 년 이내에 사표를 쓰고 기업을 옮
겨 다니는 철새가 될 것입니다.

외국의 고등학생에게 공부하는 목적이 무엇이냐고 물었더니
자신은 세상을 변화시키기 위하여 정치가가 되고 싶다고 합니다.
공부하는 목적이 뚜렷함을 알 수 있습니다.
대학에 입학하는 것이 목적이 아니라 정치가가 목적임을 분명하게 드러내고 있습
니다. 눈빛이 반짝이며 자신감을 나타내고 있습니다.

사주팔자에서 자신의 적성과 능력을 분명하게 알고 공부를 한다면
학업운세의 기세가 비록 약할지라도 목표를 분명하게 세울 수 있고
목적지를 향한 열정을 불태우며 노력한다면
개운의 기회를 살리며 성장운세를 만들 수 있는 것입니다.

토끼와 거북이의 경주에서 거북이가 어떻게 이겼을까요?
경주에서는 토끼가 당연히 이길 것이라고 합니다.
왜냐하면 토끼는 달리는 재능이 있고 거북이는 달릴 수 있는 재능이 없습니다.
혹자는 토끼가 게으름을 피우고 거북이는 꾸준히 노력하였기 때문이라고 합니다.
물론 틀린 말은 아닙니다.

그러나 필자는 이렇게 말하고 싶습니다.
거북이는 반드시 이길 수 있다는 목표를 정하고 자신의 능력을 꾸준히 계발하며 노력하였기에 성공할 수 있었으며 토끼는 비록 재능이 있었지만 자신의 재능만 믿고 자만하였으므로 목표가 분명하지 않고 자신의 능력을 계발하지 않고 게으름을 피웠기에 실패한 것입니다.

적성과 능력을 키우기 위한 학업운세에서 인생의 목표는 중요합니다.
정치가가 되기 위하여서는 정치학을 공부하여야 할 것이고
사업가가 되기 위하여서는 경영학을 공부하여야 할 것입니다.


**개운의 기회로 성장운세를 만드는 비결**

천재는 99%의 노력과 1%의 영감으로 이루어진다 – 에디슨

머리가 좋아 천재소리를 듣는다고 하여도 자신의 적성을 제대로 파악하지 못하고
자신의 능력이 어느 정도인지 알지 못한다면
재능만 믿고 노력을 하지 않아 도태되는 것이며
아무리 노력을 하여도 적성이 없으므로 성과가 나지 않는 것입니다.

에디슨이 말한 1%의 영감은 적성이라고 할 수 있습니다.
개운의 기회가 온 것은 1%의 적성을 살려 99%의 노력으로 성장운세를 만들어야 질이 높은 등급의 운세에 진입할 수 있는 것입니다.

## ❷ 용신의 작용에 의한 학업운세

학업운세는 격국용신으로 만든 적성과
억부용신으로 만든 능력을 계발하는 것이고
조후용신은 학업의 환경입니다.

◆ 용신의 작용

| 격국용신 | 억부용신 | 조후용신 |
|---|---|---|
| 적성 | 능력 | 환경 |

**격국용신의 학업운세는 적성을 계발하는 것입니다.**
학업운세는 격국용신의 적성을 계발하는데 중점을 두어야 합니다.
사업가가 되겠다면 경영을 배워야 할 것이고
정치가가 되겠다면 정치학을 배워야 할 것입니다.
법관이 되겠다고 하면 법학을 배워야 할 것이고
의사가 되겠다고 하면 의학을 배워야 할 것입니다.

직장인이 되어도 자신의 적성을 계발하여야 능력을 발휘하여 성공할 수 있습니다.
사무직의 적성인데 기술직을 한다면 능력을 발휘하지도 못하고 일에 싫증을 내며
사표를 주머니에 넣고 다니면서 스트레스로 하루하루를 보낼 것입니다.
또한 기술직이 적성인데 사무직을 선택하여도 결과는 마찬가지입니다.

중고등학생의 경우에는 자신이 목표한 적성의 전공과목을 배우기 위한 학교와 학과를 선택하기 위한 입시 준비를 하여야 할 것입니다.
대학에서의 공부는 적성을 계발하여 사회에 적응하기 위한 것입니다.

학과의 선택은 자신의 적성을 계발하기 위한 것이므로
사주팔자에서 격국용신으로 파악하는 것입니다.

◆ 격국용신의 적성

| 록겁격 | 인수격 | 식상격 | 재격 | 관살격 |
|---|---|---|---|---|
| 독립형 | 자격형 | 인기형 | 재물형 | 조직형 |

독립형의 적성은 스스로 독립하여 재물이나 명예를 추구하는 것이며 정치가나 사업가 또는 자영업자에게 많은 유형입니다. 아랫사람들을 거느리며 권한을 행사하고 독립적인 지위를 획득하여 권위적인 행동을 하는 것을 매우 좋아합니다.

자격형의 적성은 직위 상승이나 자격의 획득을 통하여 재물이나 명예를 추구하는 것입니다. 직위상승으로 자신의 권한을 행사하는 공무원이나 회사원에게 많은 유형이며 전문직은 자격증을 획득하여 자신의 전문적인 분야에서 능력을 발휘하는 직업에 해당한다고 할 수 있습니다.

인기형의 적성은 대중의 인기를 얻거나 농수산을 통한 생산이나 공장에서 가공 생산을 하며 명예나 재물을 추구하는 것으로 주로 정치가나 연예인 그리고 농어민이나 제조생산자들이 있으며 또한 학원이나 강사 또는 초중고교선생 등의 교사들도 해당됩니다.

재물형은 재물을 유통관리하거나 소유하고 영역을 확보함으로써 명예나 재물을 추구하는 것이며 주로 금융업이나 물품 관리 또는 인력 관리업에 종사하며 특정 지역의 독점판매권이나 프랜차이즈 등의 영업행위 등도 이에 해당한다고 볼 수 있습니다.

조직형은 조직을 통하여 재물이나 명예를 추구하는 것입니다.
국가의 주요 관리직이나 기업의 전문 경영인 또는 국가를 수호하기 위한 군경 또는 사법권이 해당되며 기업의 감찰기관 등도 이에 해당되며 각종 단체나 조직 등이 이에 해당됩니다.

**억부용신의 학업운세는 능력을 계발하는 것입니다.**
억부용신은 능력을 나타냅니다. 격국용신으로 적성을 찾았다고 하여도 능력이 없다면 적성을 발휘할 수 없습니다.

여객선의 적성이라 할지라도 10톤급의 여객선이 있고 5톤급의 여객선이 있는 것은 능력의 차이라고 할 수 있습니다.
화물선의 적성이라고 할지라도 마찬가지입니다.

학업을 하는 목적은 적성을 계발하고 능력을 키우는 것입니다.
사주팔자에 주어진 적성이 여객선인지 화물선인지를 분명하게 알고
사주팔자에서 주어진 능력이 어느 정도인지를 가늠하여 능력을 키워나가는 것이 생존능력을 극대화하기 위한 학업운세입니다.

능력을 키우기 위한 억부용신은 신체가 허약한 사람이 보디빌딩으로 몸을 키우는 것과 마찬가지입니다. 적성을 발휘하기 위하여서는 힘을 기르는 것이 무엇보다 중요한 것입니다. 사주팔자에서 아무리 기세의 능력이 좋다고 하여도 노력하지 않으면 소용이 없는 것입니다.

**조후용신의 학업운세는 환경을 계발하는 것입니다.**
사주팔자에서 조후가 불급하여 환경이 열악하다면 학업에 열중하기 어려운 것입니다. 더구나 더울 때 스스로 그늘을 찾지 않고 있다면 뙤약볕에 노출되어 일사병으로 고생할 것입니다.
추울 때 따뜻한 곳을 찾지 않는다면 역시 얼어 죽을 수도 있습니다.

열악한 환경에서 공부하기란 쉽지 않습니다. 그러나 형설지공螢雪之功이란 말이 있듯이 반딧불을 등불 삼아 공부하여도 출세하는 사람은 스스로 학업운세의 환경을 극복하였다고 할 수 있습니다.

용신은 개운을 위한 사전준비를 하는 것입니다.
대운에서 용신을 돕는 운이 개운의 기회임을 알고 활용하여야 합니다.

## 3 추구성향에 따른 학업운세

| 명예추구형 | 재물추구형 |
|---|---|

학업운세는 대체로 소년기 대운에 발동하게 되는데 이때는 중고등학교에서 입시를 위한 준비를 하며 대학의 학과를 선택하고 대학에 진학하여 진로를 결정지으며 자신의 직업에 대한 꿈과 열정을 가질 때입니다. 그러므로 어떤 공부를 어떻게 하여야 할 것인가를 결정하여야 하는 것입니다.

직업의 적성은 크게 명예추구형과 재물추구형으로 나눌 수 있습니다.
자신의 적성이 명예추구형인가 직업추구형인가를 먼저 파악하여야 할 것입니다.
그래야 공부하는 목적을 정할 수 있으며 학과를 선택할 수 있는 것입니다.

**명예추구형은 자신의 이름을 빛내는 것입니다.**
조직에 취업하거나 자격을 취득하여 자신의 실력을 인정받거나 재능을 인정받음으로써 명예를 빛내고자 하는 것이 명예추구형입니다.
그러므로 조직에 들어가는 시험이나 자격을 취득하기 위한 공부를 할 것이며 재능을 인정받기 위한 실력을 길러야 할 것입니다.
대체로 정치가와 국가나 기업의 직장인 또는 학자나 예술인 또는 종교인 등 전문가에게 많은 형태입니다.

**재물추구형은 재물을 모으는 것입니다.**
기업을 통하여 투자하거나 생산이나 유통관련사업 등으로 재물을 모으는 것이 재물추구형입니다.
그러므로 기업을 경영하고 재물의 생산과 유통에 관한 지식과 장사 수완을 습득하는 공부를 하여야 할 것입니다.
대체로 사업가나 투자가 또는 자영업자에게 많은 형태입니다.

**명예추구형은 조직에 대한 공부를 하여야 합니다.**
적천수에서 관성유리회官星有理會가 되어야 명예가 빛난다고 하였습니다.
여기서 이야기하는 관성은 조직을 말합니다.
내 이름을 세상에 빛내기 위하여서는 조직을 잘 알아야 조직에서 자신의 실력을 인정받아 높은 직위에 오를 수 있으며 선거에 당선되어 고위직에 오르거나 인기를 얻어 스타가 될 수 있는 것입니다.

명예추구형의 학업운세는 조직을 공부하여야 하며 각 육신이 조직에 어떻게 작용되어 명예를 빛낼 수 있는 가를 공부하여야 하는 것입니다.

◆ 명예추구형의 학업운세

| 비겁 | 식상 | 재성 | 관성 | 인성 |
|---|---|---|---|---|
| 협동·경쟁 | 인기홍보 | 영역확보 | 조직활용 | 지위자격 |

비겁은 협동과 경쟁의 별입니다.
비겁의 명예를 위한 학업운세는 서로 협조하거나 경쟁하면서
권력을 확보하는 리더형의 자질을 기르는 것입니다.

식상은 인기 홍보의 별입니다.
식상의 명예를 위한 학업운세는 대중에게 자신의 재능을 펼치면서
인정받고 학생을 가르치는 전문가의 자질을 기르는 것입니다.

재성과 관성은 조직의 영역을 확보하는 별입니다.
재성과 관성의 명예를 위한 학업운세는 자신의 능력을 펼칠 무대인 조직을
활용하는 것으로서 사업가형의 자질을 기르는 것입니다.

인성은 자신의 직위와 자격을 인정받는 별입니다.
인성의 명예를 위한 학업운세는 조직에서 승진하고 자격을 인정받기 위한 것으로서 참모형의 자질을 기르는 것입니다.

**재물추구형은 재물에 대한 공부를 하여야 합니다.**
적천수에서 재기통문호財氣通門戶가 되어야 부자가 될 수 있다고 하였습니다.
재기는 재성이 아니라 재물의 기운입니다.
재물의 기운에 능통하여야 부자가 될 수 있는 것입니다.
부자는 재물의 기운이 있는 곳을 귀신같이 찾아낸다고 합니다.

재물추구형의 학업운세는 재물의 습성을 공부하여야 하며
재물을 소유하고 다스리는 방법을 공부하는 기세입니다.
재물은 무조건 모으기만 한다고 모아지는 것이 아닙니다.
재물을 잘 활용하면서 재물을 다스릴 수 있어야 합니다.

◆ 재물추구형의 학업운세

| 비겁 | 식상 | 재성 | 관성 | 인성 |
|---|---|---|---|---|
| 협동·경쟁 | 제조생산 | 재물관리 | 재물보호 | 재물권리 |

비겁은 협동과 경쟁의 별입니다.
비겁의 재물을 위한 학업운세는 서로 협조하거나 경쟁하면서
재물을 확보하는 리더형의 자질을 기르는 것입니다.

식상은 제조 생산의 별입니다.
식상의 재물을 위한 학업운세는 제품을 연구하여 생산하고 시장에서 인정을 받기 위하여 홍보하는 서비스형의 자질을 기르는 것입니다.
재성과 관성은 재물을 관리하고 보호하는 별입니다.
재관의 재물을 위한 학업운세는 재물의 재고를 회계 관리하고 조직을 활용하여 재물을 보호하는 사업형의 자질을 기르는 것입니다.

인성은 재물의 권리를 관리하는 별입니다.
인성의 재물을 위한 학업운세는 재물의 권리를 관리하는 참모형의 자질을 기르는 것입니다.

| 시 | | 일 | | 월 | | 년 | | 구분 |
|---|---|---|---|---|---|---|---|---|
| | 庚 | | 辛 | | 庚 | | 辛 | 천간 |
| | 寅 | | 丑 | | 子 | | 巳 | 지지 |
| 壬 | 癸 | 甲 | 乙 | 丙 | 丁 | 戊 | 己 | 대운 |
| 辰 | 巳 | 午 | 未 | 申 | 酉 | 戌 | 亥 | |

金水의 기세가 木火로 흐르며 재물과 명예추구형입니다.
소년기에 金水의 기세가 흐르지 못하고 지체되며 어려움이 있었으나
청년기에 기세가 흐르며 성장운세로서 학업운세가 발동하며 경영학을 공부하며
전문경영인으로서의 적성과 능력을 키워나가게 됩니다.

| 시 | | 일 | | 월 | | 년 | | 구분 |
|---|---|---|---|---|---|---|---|---|
| | 庚 | | 丙 | | 己 | | 乙 | 천간 |
| | 寅 | | 申 | | 丑 | | 丑 | 지지 |
| 辛 | 壬 | 癸 | 甲 | 乙 | 丙 | 丁 | 戊 | 대운 |
| 巳 | 午 | 未 | 申 | 酉 | 戌 | 亥 | 子 | |

金水의 기세와 木火의 기세가 어우러지는 명예와 재물추구형입니다.
청소년기에 성장운세로서 丙火의 밝은 빛으로 명예를 밝히고자 하는 학업운세가
발동하며 사관학교에 들어가게 됩니다.

| 시 | | 일 | | 월 | | 년 | | 구분 |
|---|---|---|---|---|---|---|---|---|
| | 甲 | | 丁 | | 己 | | 己 | 천간 |
| | 辰 | | 丑 | | 巳 | | 未 | 지지 |
| 丁 | 丙 | 乙 | 甲 | 癸 | 壬 | 辛 | 庚 | 대운 |
| 丑 | 子 | 亥 | 戌 | 酉 | 申 | 未 | 午 | |

木火의 기세가 金水로 흐르면서 명예와 재물추구형입니다.
청소년기에 성장운세로서 스타의 꿈을 안고 재물을 추구하기 위한 학업운세가 발동하여 연극영화과에 진학하게 됩니다.

| 시 | 일 | 월 | 년 | 구분 |
|---|---|---|---|---|
| 壬 | 庚 | 丁 | 庚 | 천간 |
| 午 | 午 | 亥 | 辰 | 지지 |
| 乙 甲 癸 壬 辛 庚 己 戊 | | | | 대운 |
| 未 午 巳 辰 卯 寅 丑 子 | | | | |

金水의 기세가 木火로 흐르면서 명예와 재물추구형입니다.
소년기에 성장운세로서 재능을 기르기 위한 학업운세가 발동하여 극단에 들어가 무대에서 실전을 체험하며 능력을 기릅니다.

| 시 | 일 | 월 | 년 | 구분 |
|---|---|---|---|---|
| 丙 | 丁 | 辛 | 丁 | 천간 |
| 午 | 亥 | 亥 | 酉 | 지지 |
| 癸 甲 乙 丙 丁 戊 己 庚 | | | | 대운 |
| 卯 辰 巳 午 未 申 酉 戌 | | | | |

金水의 기세가 木火로 흐르면서 명예를 추구하는 성향입니다.
청소년기에 성장운세로서 보다 넓은 세계에서 명예를 빛내고자 학업운세가 작용하여 사법고시 행정고시 외무고시에 모두 합격합니다.

| 시 | 일 | 월 | 년 | 구분 |
|---|---|---|---|---|
| 庚 | 丁 | 戊 | 庚 | 천간 |
| 子 | 酉 | 子 | 子 | 지지 |
| 丙 乙 甲 癸 壬 辛 庚 己 | | | | 대운 |
| 申 未 午 巳 辰 卯 寅 丑 | | | | |

金水의 기세가 木火로 흐르면서 명예와 재물추구형입니다.
청소년기에 성장운세로서 조직에서 명예를 빛내고자 학업운세가 작용하여 사법시험에 합격합니다.

# 03 직업운세

## 1 직업의 개념

살아야 하는 이유를 안다면
살아가는 방법이 어떠하여도 참을 수 있다. – 니체

### (1) 직업이란 생존 욕구를 충족하기 위한 수단

고대로부터 사람은 생존하기 위하여 일을 하였습니다.
사냥을 하거나 농사를 지으면서 먹거리를 조달하여야 굶지 않고 살 수 있기 때문입니다. 생존 욕구가 직업을 가지는 1차적인 목적이 되는 이유입니다.

기업체에 취업을 하여 봉급을 받거나 자영업으로 돈을 버는 행위 등은 의식주의 해결이 첫 번째의 목적입니다. 의식주가 해결되면 다음으로 문화적 욕구나 자아실현을 위한 욕구를 충족하기 위하여 일을 하는 것입니다.

성장할 때는 부모의 도움으로 의식주를 해결하며 학업을 하지만
성인이 되어 부모로부터 독립하여 배우자를 만나 결혼하면
가족을 먹여 살리고 자식을 공부시키고 가정을 유지하기 위하여
스스로 직업을 가지고 돈을 벌어야 하는 것입니다.

청소년기에는 학업을 끝내고 사회에 진출하게 되는데
이때에는 사회경험이 부족한 시기이므로 자신의 적성 분야에서 성공한 사람들로부터 경험을 전수받으며 능력을 향상시키고 어느 정도의 사회 경험을 얻게 되면 자신의 직업 적성에 따라 직장인과 사업가 또는 자영업자와 전문가로 나뉘며 생존과 자아실현을 위한 직업 활동을 하는 것입니다.

## (2) 직업이란 사회적 사명을 성취하기 위한 수단

단순히 생존하기 위하여 직업을 택한다면 재미없을 것입니다.
어렸을 때 꿈꾸던 꿈과 이상을 실현하기 위하여 노력하고
사회적 일원으로서 자신의 사명을 성취함으로써
삶의 보람을 직업을 통하여 가져오기 때문입니다.

자신이 하는 일을 즐기면서 한다는 것은 그리 쉽지만은 않습니다.
내가 원하는 일이라면 즐겁게 할 수 있지만
내가 원하지 않는 일이라면 즐겁게 할 수 없는 것이고
매일 매일 고통스러운 스트레스로 힘들 것이기 때문입니다.

나의 직업이 적성과 일치하고 내가 원하는 일이라면
즐겁고 신나게 일을 하며 꿈과 사명의 성취도 매우 쉬울 것입니다. 그러나 생존하기 위하여 일을 한다면 스트레스로 힘들 것입니다.

대기업에 입사한 사원들은 어렵게 공부하여 수백 대의 경쟁률을 뚫고 성대한 꿈을 안고 입사하였으나 1년을 넘기지 못하고 반수 이상이 이직을 고려하고 실제 100명 중 4-5명 정도는 사표를 쓰고 이직을 한다고 합니다. 그들은 멋있는 파라다이스를 꿈꾸며 꿈과 희망에 부풀었던 대기업의 사원생활이 지옥과도 같았다고 합니다.

자신의 적성과 능력을 고려하지 않고 인기직에만 지원한다면 얼마 안가서 사표를 쓰고 이직을 해야 할 것입니다.
자신의 적성으로 이직한 경우에는 만족한 직장생활을 할 수 있지만
자신의 적성이 아닌데도 불구하고 견디며 지내는 대다수의 사람들은
억지로 직장생활을 하면서 지옥과도 같은 생활을 감내하며 스트레스에 시달리는 것입니다.

자신의 일을 즐기는 자만이 사회적 성취를 할 수 있는 것입니다.

## ❷ 직업의 적성과 능력

**직업의 운세는 적성과 능력의 기세가 맑아야 성장하는 운세입니다.**

◆ 직업의 적성과 능력

| 적성 | 능력 |
|---|---|
| 기의 왕쇠 | 세의 강약 |

직업은 생계를 유지하거나 직업적 성취를 위하여 자신의 적성과 능력에 따라 일정한 기간 동안 계속하여 종사하는 일입니다.
적성과 능력에 따라 직업을 선택한다면 성공할 가능성이 많지만
적성은 있는데 능력이 안 되거나 적성도 아니고 능력도 없는 직업을 선택한다면 실패하며 고생하는 삶을 살기 마련입니다.

부모들은 자식의 장래를 염려한다고 하면서
자신들이 선택한 적성으로 아이들이 성공하기를 바랍니다.
그러나 아이들은 각자의 개성에 의하여 적성이 정해져 있으므로
부모들이 선택한 적성으로 인하여 어려움을 당할 수 있는 것입니다.

어떤 의사의 아버지가 아들이 의사가 되어
자신의 병원을 대형병원으로 키워주기를 바라는 마음이 있었습니다.
아들은 교사가 되고 싶은데 아버지의 강요로 어쩔 수 없이 의과대학에 지원을 하고 번번이 실패하며 3수를 하고 있는 것입니다.
아들의 어머니는 걱정이 되어 상담을 의뢰하였습니다.
의사의 적성이 아니고 교사의 적성이라고 하니 아들은 눈물을 흘리며 고개를 끄덕이는 것입니다.
어머니는 남편을 설득하고 아들은 사범대학에 응시하여 합격하고
지금은 열심히 교사 수업을 받으며 행복하게 살고 있답니다.

### (1) 적성은 하늘에서 부여한 기세의 재능

**사주팔자에서 가장 강한 기세가 적성이 될 수 있습니다.**

사람이 태어나면서 하늘에서 사주팔자를 부여하고 각자의 재능을 명시하였습니다. 이를 적성이라고 하며 격국으로 세분하고 있는 것입니다. 격국은 직업의 적성으로 재능이라고 하며 재능의 기세가 왕성하고 쇠퇴함에 따라 직업의 그릇이 정해진다고 하는 것입니다.
격국의 기세가 왕성하고 알맞은 기세로 성격이 된다면 적성에 따른 직업의 질이 높다고 할 수 있습니다.

월령은 계절의 기로서 사주에서 가장 왕성한 기세가 되는 것입니다.
사주팔자에서 가장 왕성한 기세가 적성이 될 수 있는 것이므로 월령에서 격국용신을 찾으라고 자평진전에서 강조하고 있는 이유입니다.
월령의 기세가 왕성하면 적성의 기세가 왕성한 것이므로
재능이 있다고 하는 것이며 월령의 기세가 쇠약하면 적성의 기세가 쇠약한 것으로 재능이 부족하다고 하는 것입니다.

월령의 기세가 천간에 투출한다면 잠재적인 능력을 현실에서 발휘할 수 있지만
월령의 기세가 천간에 투출하지 못하면
적성이 드러나지 않은 것으로 적성을 발휘하기 어렵습니다.
이때는 월령을 포기하고 사주팔자에서 가장 강한 기세를 따르며 적성을 만들어가야 합니다.

월령의 기세가 천간에 투출하여도 흐름이 좋지 않으면
적성을 발휘하기 어려우므로 월령을 생하고 설기하며 이끌어 주어야 하는 것입니다. 이것을 격국이라고 하는 것입니다.
격국이 성격되고 기세의 흐름이 맑으면 고품격의 격국이라고 합니다.

| 시 | 일 | 월 | 년 | 구분 |
|---|---|---|---|---|
| 戊 | 乙 | 己 | 庚 | 천간 |
| 寅 | 卯 | 卯 | 寅 | 지지 |
| 丁 丙 乙 甲 癸 壬 辛 庚 | | | | 대운 |
| 亥 戌 酉 申 未 午 巳 辰 | | | | |

卯월에서 태어난 乙木일간의 기세가 매우 강하지만 土金의 재관세력이 없어 작용을 하지 못하므로 乙木이 독자적으로 적성으로 작용하며 재능을 발휘하고 있습니다. 서방金대운에 기세가 균형을 이루며 성장운세를 만들어갑니다.

| 시 | 일 | 월 | 년 | 구분 |
|---|---|---|---|---|
| 甲 | 丁 | 戊 | 壬 | 천간 |
| 辰 | 丑 | 申 | 子 | 지지 |
| 丙 乙 甲 癸 壬 辛 庚 己 | | | | 대운 |
| 辰 卯 寅 丑 子 亥 戌 酉 | | | | |

지지 申子辰의 세력에서 壬水정관이 투출하여 기세가 매우 강하므로
甲木상관으로 펼쳐나가는 것이 적성입니다.
서북방金水대운에서 적성을 강화시키며 능력을 키워나가고 세상을 따뜻하게 하고자 하는 열망이 가득합니다.

| 시 | 일 | 월 | 년 | 구분 |
|---|---|---|---|---|
| 乙 | 癸 | 丁 | 辛 | 천간 |
| 卯 | 酉 | 酉 | 未 | 지지 |
| 乙 甲 癸 壬 辛 庚 己 戊 | | | | 대운 |
| 巳 辰 卯 寅 丑 子 亥 戌 | | | | |

酉월에서 투출한 辛金인성이 乙木식상으로 펼쳐나가며 자신을 표현하는 능력이 적성입니다. 북동방水木대운으로 흐르며 흐름을 원활하게 하므로 성장운세를 만들어가며 운세등급을 높이고 있습니다.

## (2) 능력은 하늘에서 부여한 기세의 역량

**적성의 기세가 강하다면 역량이 있다고 합니다.**

주어진 적성으로 직업을 수행하는 능력이 역량입니다.
역량이 있어야 적성을 수행할 수 있는 능력이 있는 것입니다.
역량이 없다면 적성의 기세가 강하여도 용두사미가 되기 쉽습니다.

크고 호화로운 여객선에는 용량이 커다란 엔진이 필요한데
용량이 작은 엔진을 장착한다면 역량을 제대로 발휘하지 못합니다.
여객선이 적성이라면 엔진은 역량이 되는 것입니다.

월지에서 투출한 천간의 재능이 아무리 왕성하다고 하여도
돕는 기세가 없으면 역량을 발휘하기 어렵습니다.
왕성한 재능과 그에 알맞은 역량이 있어야 기세가 있다고 하는 것이며 능력을 제대로 발휘하는 것입니다.

역량의 세력은 지장간의 세력으로 알 수 있습니다.
가령 寅월에서 투출한 甲木이 지지에 寅卯辰이 있다면 세력이 가장 강하다고 합니다. 즉, 재능과 역량이 갖추어진 것입니다.
또한 寅월인데 甲木이 투출하지 못하고 寅卯辰만 있다면 현실적으로 드러난 재능이 아니므로 잠재능력만 강하게 됩니다.
이러할 때는 운에서 甲木이 와야 재능을 발휘할 수 있지만 제한적이므로 오래도록 능력을 발휘하기 어렵습니다.

申월인데 庚金이 투출하지 못하면 庚金은 잠재능력으로 있을 뿐이고
지지에 寅卯辰이 있으며 甲木이 투출하였다면 甲木이 기세를 가지면서 능력을 발휘하게 됩니다. 하지만 甲木도 대운에서 도와야 성장운세로 발현되어 성공할 수 있습니다.

| 시 | 일 | 월 | 년 | 구분 |
|---|---|---|---|---|
| 丁 | 丁 | 癸 | 己 | 천간 |
| 未 | 巳 | 酉 | 未 | 지지 |
| 乙 丙 丁 戊 己 庚 辛 壬 | | | | 대운 |
| 丑 寅 卯 辰 巳 午 未 申 | | | | |

酉월이지만 천간에 투출하지 못하여 기세가 미약하여 火土의 기세로 세상을 지배하고자 하는 적성이 강하게 작용합니다. 남방火대운에는 火土의 기세를 도와 성장운세로서 발전하지만 동방木대운에는 기세가 어두워지면서 하락운세로 추락합니다.

| 시 | 일 | 월 | 년 | 구분 |
|---|---|---|---|---|
| 己 | 甲 | 乙 | 甲 | 천간 |
| 巳 | 申 | 亥 | 辰 | 지지 |
| 癸 壬 辛 庚 己 戊 丁 丙 | | | | 대운 |
| 未 午 巳 辰 卯 寅 丑 子 | | | | |

亥월에서 甲乙木비겁으로 정치가의 적성으로 쓰고자 합니다.
동방木대운에 성장운세가 되어 운세등급이 높아졌지만
남방火대운은 하락운세가 되어 안정운세를 유지하기 어렵습니다.

| 시 | 일 | 월 | 년 | 구분 |
|---|---|---|---|---|
| 庚 | 丁 | 甲 | 丁 | 천간 |
| 戌 | 巳 | 辰 | 酉 | 지지 |
| 丙 丁 戊 己 庚 辛 壬 癸 | | | | 대운 |
| 申 酉 戌 亥 子 丑 寅 卯 | | | | |

木金이 대립하는 구조로서 庚金재성을 중하게 쓰는 적성입니다.
동방木대운에 甲木인성을 키우기 위한 학업운세가 발현되고 북방水대운에는 庚金의 강한 기세를 제련하며 능력을 발휘하는 성장운세로 운세등급을 높이며 서방金대운에 안정운세를 유지하게 됩니다.

## 3 사회적 욕구에 의한 적성과 능력

**명예와 재물은 불가분의 관계입니다. 마치 음양의 관계처럼 상대성과 상호보완성과 공존성을 갖는다고 할 수 있습니다.**

### (1) 명예와 재물에 대한 인식

독일의 철학자 임마누엘 칸트(Immanuel Kant 1724-1804)는 순수이성비판에서 인간은 감성感性을 통하여 사물의 정보를 받아들이고 오성悟性을 통하여 사물을 재구성하여 인식한다고 합니다.
감성이란 오감으로 보고 듣고 맛보고 냄새 맡고 느끼는 것을 말하고 오성이란 오감으로 들어온 사물을 경험이나 직관으로 재구성하여 자신만의 사물을 만드는 것이라고 합니다.
즉, 장미꽃을 보면서 장미와 관련된 경험이나 직관으로 스토리를 재구성하여 아름답거나 슬픈 장미를 연상하는가 하면 고통스러운 감정을 표현하기도 합니다.

사주팔자도 이와 같아서 천간 지지로 구성되어 있는 사주팔자는
사물의 본질 그 자체이지만 사주팔자에서 움직이는 육신은 주관적으로 스토리를 재구성하여 명예와 재물에 따라 달리 움직이는 것입니다.

같은 재성이라고 하여도
재물추구형은 재물을 소유하는 적성과 능력으로 나타나는 것이고
명예추구형은 명예를 빛내기 위한 자신의 영역을 확보하는 것으로 서로 다르게 나타나게 됩니다.

그러므로 재성이 많다고 재물이 많은 것이 아니며 인성이 많다고 명예가 많은 것이 아닙니다. 개인의 적성과 능력에 따라 재물이 만들어지기도 하고 명예가 만들어지기도 하는 것입니다.

**명예와 재물은 불가분의 관계입니다.**
명예와 재물은 불가분의 관계이므로 서로 나눠질 수 없는 것입니다.
적성과 능력이 강하다면 명예와 재물을 이루기 쉽지만
적성과 능력이 약하다면 명예와 재물을 이루기 어렵습니다.

사주팔자의 구조에서 일반적으로 식상과 재성이 움직이면 재물추구형이라고 하며
관성과 인성이 움직이면 명예추구형이라고 합니다.
그러나 재물추구형에도 관성과 인성이 움직이기도 하며
명예추구형에도 식상과 재성이 움직이기도 합니다.
그러므로 식상과 재성은 사업가이고 관성과 인성은 직장인이다 하는 고정관념은
갖지 않는 것이 좋습니다.

명예와 재물은 음양의 관계와 같은 것으로 서로 떨어질 수 없는 것입니다. 하지만
명예와 재물을 동시에 추구할 수 없는 것이니 명예를 추구하면서 동시에 재물을
추구하기 어렵고 재물을 추구하면서 동시에 명예를 추구하기 어렵습니다.
이것을 명예와 재물의 상대성이라고 하는 것입니다.

명예는 자신의 이름을 빛내는 것이 목적이고
재물은 자신의 소유를 극대화하는 것이 목적입니다.
적성과 능력의 기세가 강하다면 명예나 재물을 이루기가 쉬워집니다.
명예추구형이라고 하여도 재물을 동원하면 명예를 이루기가 쉬워지며
재물추구형이라고 하여도 명예를 동원하여 재물을 이룰 수 있습니다.
이것을 명예와 재물의 상호보완성이라고 합니다.

명예추구형이 명예를 이루면 재물도 함께 성취를 하는가 하면
명예와 재물을 몽땅 잃어버리는 경우도 있습니다.
재물추구형도 마찬가지로 재물과 명예를 함께 취하는 경우도 있는가 하면 재물과
명예를 동시에 잃어버리는 경우도 있습니다.
이것을 명예와 재물의 공존성이라고 합니다.

## 명예와 재물은 중용과 기회가 생명입니다.

**현명한 자는 서두르지 않고 서두르는 자는 현명하지 않다 - 중국속담**

중용은 시중時中편에서 가장 알맞은 시기를 말하고
맹자는 양극단의 중앙에 선다고 하여도
모두를 아우르지 않으면 역시 한 가지를 고집하는 것이라고 말합니다.
명예와 재물을 모두 아우르며 적절한 시기에 조화롭게 쓸 줄 알아야 한다는 것을
가르치고 있는 것입니다.

명예만 취하는 사람이 있는가 하면 재물만 취하는 사람들이 있습니다.
이들은 중용의 반대인 극단주의자들입니다.
극단을 취하게 되면 명예를 취하다가 재물을 잃게 되는 것이고
재물을 취하다가 명예를 잃게 되는 것입니다.
이것이 양극단에서 위태로운 길을 가는 것이나 다름 없습니다.

진정한 중용의 이치는 명예와 재물의 중간에서 상황을 주시하며
사주팔자와 대운에서 운세를 가늠하며 때를 기다리는 것입니다.
명예운세가 오면 명예를 취하고 재물운세가 오면 재물을 취하는 태도가
진정한 시기를 아는 시중時中의 지혜라고 합니다.

명예와 재물을 취하는 사주팔자는 하늘에서 정하여 줍니다.
그러나 기회를 포착하는 것은 사주팔자의 주인공이 하는 것입니다.
사주팔자에 운세가 주어지고 기회가 온다고 하여도 이를 포착하지 못하면
운은 흘러가 버리고 맙니다.

**한번 담근 강물에 두 번 다시 발을 담글 수 없다.**
**- 그리스의 철학자 헤라클레이토스(herakleitos)**

**돈을 벌고자 직업을 택하였다면 재물추구형입니다.**
직장에 취업하여 재물을 모으기는 어렵습니다.
월급으로 받는 직장인의 연봉으로는 한 푼도 쓰지 않고 10년을 모아야 겨우 집 한 채를 살 수 있을 정도입니다.

재물을 모으고 싶다고 아무나 하는 것이 아닙니다.
사업을 할 수 있는 적성과 능력이 있어야 합니다. 적성과 능력이 없는 데도 불구하고 사업을 한다고 하면 대부분 실패하기 마련입니다.
직장인의 사주팔자는 사업을 할 수 있는 적성과 능력이 없습니다.
자영업을 하거나 기업을 세워 경영을 하거나 공장을 세워 생산을 하거나 모두 적성과 능력이 없다면 돈을 벌 수 없는 것입니다.

**자신의 이름을 빛내고자 직업을 택하였다면 명예추구형입니다.**
정치가나 연예인 또는 전문가는 자신의 재능과 이름을 널리 알려
대중의 인기를 얻고자하는 명예추구형입니다.
자신을 홍보하기 위하여 방송 언론의 매체를 타는 것은 필수이며
방송 언론을 통하여 자신의 재능을 홍보하고 자랑하며
대중의 인기를 얻어야 이름을 빛낼 수 있는 것입니다.

직장인은 승진을 통하여 직위를 확보하고 권리를 행사하며
명함으로 자신의 이름을 빛내는 명예추구형입니다.
승진을 위하여 직장에 충성하고 자신의 능력을 최대한 발휘하면서
인정을 받고 직위를 부여받아 권한을 확보하는 것입니다.

**명예추구형이나 재물추구형이나**
다른 사람들과의 경쟁은 불가피합니다.
다른 사람을 이겨야 명예를 얻고 재물을 얻을 수 있는 것입니다.
그러므로 사주팔자에 경쟁력이 강한 기세를 가지고 있어야 합니다.

## (2) 재물추구형의 적성과 능력

재물운세란 식상으로 생산하고 재성으로 소유하며 관살로 보호하고 인성으로 관리하며 일간과 비겁으로 취할 수 있는 적성과 능력입니다.
이것이 적천수에서 말하는 재기통문호財氣通門戶라고 하는 것입니다. 재기통문호란 재물의 마을로 통하는 문으로 부자의 기세란 뜻입니다.

부자가 되고 싶으면 부자와 가까이 살면서
부자들의 생활 습성을 배우라는 속담이 있습니다.
그들이 재물을 어떻게 다루는지 배우라는 뜻입니다.

**사주팔자에 재성이 많다고 부자가 되는 것이 아닙니다.**
재성은 단지 재물을 소유하고자 하는 욕망입니다.
욕망은 큰데 재물을 취한 능력이 없다면 재다신약이 되어 재물의 노예가 되기 쉽습니다. 재물에 대한 욕망을 다스릴 힘이 있어야 하는 것입니다. 부자들은 재물을 다스릴 적성과 능력이 있기 때문에 부자가 될 수 있는 것입니다.

사람은 태어날 때 하늘에서 사주팔자에 부여한 적성과 능력이 있는 것입니다.
사주팔자에 재물의 마을로 통하는 문을 열 수 있는 능력이 있어야 하며 운에서 오는 기회를 포착하여 문을 열고 들어가야 하는 것입니다. 기회를 포착하지 못하면 문을 열 수 없습니다.

재물은 식상으로 생산하고 재성으로 소유하며 관살로 보호하고 인성으로 권리를 갖는 것이며 비겁으로 경쟁하며 취하는 것입니다.
그러므로 재성만이 재물이 아닙니다.
어느 때 어떠한 방법으로 재물을 얻는가를 알아야
적절한 시기에 적절한 재물을 얻을 수 있는 것입니다.
그래서 소크라테스는 너 자신을 알라고 하였습니다.
자신을 안다는 것은 자신의 적성과 능력을 알고 행동하는 것입니다.

◆ 식상으로 재물을 생산하는 적성과 능력

식상은 생산력입니다. 농사를 지어 농산물을 생산하는 것도 식상의 행위이며 어선을 타고 바다에 나가 물고기를 잡거나 공장에서 제조 생산하는 것도 식상의 행위로서 이것을 식상생재라고 합니다.

식상의 기세가 강하다면 생산능력이 있는 것이며 식상의 기세가 약하다면 생산 능력이 없는 것입니다. 식상의 생산능력이 있어야 재물을 많이 만들 수 있는 것입니다. 식상은 농부에게 밭이나 마찬가지입니다. 밭이 넓다면 농작물을 많이 생산할 수 있지만 밭이 좁으면 생산량이 적을 수밖에 없습니다.

식상의 기세가 강하여 밭이 넓어도 일간의 기세가 약하다면 생산을 하기 어렵습니다. 밭은 넓어도 농사를 짓는 농부의 힘이 없으므로 밭을 일구기 힘들어 결실을 제대로 만들지 못하는 것입니다.
그러므로 일간은 비겁이나 인성의 힘을 빌려서 밭을 일구어야 하는데
사주팔자에 비겁이나 인성의 기세가 약하다면 밭을 일구지 못하므로
농사를 짓지 못하고 넓은 밭을 놀려야 하는 경우가 생기는 것입니다.

일간의 기세가 강한데 식상의 기세가 약하여도 역시 마찬가지입니다. 능력은 있는데 밭이 좁으니 많은 생산을 하기 어렵습니다.
비겁이 많다면 작은 밭을 서로 차지하려고 싸울 것이며
이때 재성운이 온다면 서로 경쟁하며 빼앗으려 하므로 군겁쟁재나 군비쟁재의 현상이 일어나므로 힘들고 어렵게 살기 마련입니다.

식상의 기세가 강하여 종아從兒가 된다면 식상에 종하여 소작인과 같이 살아야 하므로 식상에 매이는 것입니다. 오직 생산에만 매달리며 기진맥진 일을 하지만 정작 결과는 없는 상태가 되기 쉽습니다.
이때 대운에서 오는 재성의 기세에 따라 재물을 얻을 수 있습니다.
대운에서 재성이 강하게 온다면 많은 재물을 소유할 수 있지만
재성의 기세가 작다면 작은 재물에 만족하고 마는 것입니다.

◆ 재성으로 재물을 소유하는 적성과 능력

일반적으로 재성을 재물로 잘못 알고 있는 경우가 많습니다.
재성은 재물 자체가 아니라 재물을 소유하는 적성과 능력을 말합니다.

콜럼버스가 아메리카 신대륙을 발견하자
유럽 사람들은 너도나도 달려가 말뚝 박기에 바빴다고 합니다.
말뚝을 박는 것은 자신의 소유라고 주장하기 위함입니다.
재성은 이와 같이 자신의 소유를 확장하는 적성과 능력입니다.
정재는 이미 소유한 영역이고
편재는 보다 넓은 영역을 소유하고자 하는 욕망이라고 합니다.

일간의 기세가 강하고 재성의 기세가 강하면
신왕재왕身旺財旺의 사주로서 부자가 될 가능성이 많습니다.
일간의 기세가 강하고 재성이 적성이고 능력의 기세가 강하다면
재물을 소유할 수 있는 능력이 있으므로 부자가 될 수 있는 것입니다.

재성의 기세가 강하여 재물을 소유할 수 있는 적성과 능력이 많아도 일간의 기세가 약하다면 재다신약財多身弱이라고 하여 재물을 소유하고자 하는 욕망은 강하지만 일간의 기세가 약하므로 재물을 취할 수 있는 능력이 부족하므로 재물의 노예가 되기 십상입니다.

재성의 기세가 약하다면 재물을 소유할 수 있는 적성과 능력이 적은 것인데 일간의 기세가 강하다면 재물을 취하고자 하는 욕망이 강하므로 비겁과 경쟁을 하여야 합니다.
이것을 군비쟁재群比爭財 또는 군겁쟁재群劫爭財라고 하는 것입니다.

재왕생관財旺生官은 관살을 생하여 소유한 재물을 안전하게 보호하는 것으로 재성에 대한 안전욕구를 충족시킬 수 있습니다.

◆ 관살로 재물을 보호하는 적성과 능력

관살은 비겁으로부터 재물을 안전하게 보호하는 적성과 능력이 있습니다.
재왕생관의 기능이 그러합니다.

재성이 소유한 재물을 비겁에게 빼앗기지 않으려면
재성은 관살을 생하여 비겁으로부터 재물을 보호하여야 안전합니다.
이를 재왕생관財旺生官이라고 합니다.

일간의 기세가 약한데 비겁의 기세가 강하다면 소유하는 재물을 비겁에게 빼앗길 우려가 많습니다. 그러므로 재성은 관살을 생하여 비겁을 극제함으로서 재물을 안전하게 보호할 수 있는 것입니다.
이는 마치 개인의 자산을 국가의 경찰력으로 보호하는 것과 마찬가지입니다. 또한 금융기관에 예탁하거나 투자하는 것도 이 경우에 속하며 주식회사 등 법인 기업을 설립하는 것도 역시 마찬가지입니다.
그러므로 재왕생관은 투자가와 기업가에게 많은 격국입니다.

재성이 정관을 생하는 재생관은 재물을 보호하기 적당한데 칠살을 생하는 재생살은 격국을 파괴시키는 역할을 한다고 합니다.
자평진전에서 재생살을 두려워하는 이유입니다. 그러나 비겁이 강하고 칠살이 약하다면 재생살은 오히려 격국을 안정시키는 역할을 하고 비겁으로부터 재물을 보호하여주는 역할을 하므로 유용하게 됩니다.

관살이 재물을 보호하고 있는데 비겁이 식상을 생하여 관살을 무력화시키고 재물을 빼앗을 수 있습니다. 이때 일간은 인성으로 식상을 극제하고 관살을 살리어 재물을 보호해야 합니다.
즉, 경쟁자들의 수단에 의하여 기업이 도산하거나 합병되는 경우로서 이때는 자신의 권리를 강화하여 재물을 지킬 수 있는 것입니다.

◆ 인성으로 재물을 관리하는 적성과 능력

인성은 재물의 권리를 인정하는 적성과 능력이 있습니다.

인성은 문서이고 권리입니다.
재물을 소유하는 권리를 인정받는 것이 인성입니다.
재성은 자신의 소유물인 재물에 대한 인성의 권리를 인정받기 위하여 인성을 극하는 것입니다. 등기부등본이나 소유 권리증서, 유가증권, 주식 등이 여기에 속합니다.

재성이 관살을 생하는 것은 재성의 재물을 조직에 의하여 보호받기 위함이고 관살이 인성을 생하는 것은 재성의 소유물인 재물에 대한 권리를 문서를 통하여 인정하고자 하는 것입니다.

인성은 재물에 대한 권리를 인정하는 것이므로 가장 안전한 보호장치이기도 합니다. 은행에 화폐를 보관하고 통장을 받는 것은 화폐에 대한 권리를 인정받는 것이며 유가증권이나 주식을 구입하여 보관하는 것도 자신의 재물가치에 대한 권리를 인정받는 것입니다.
부동산에 대한 등기권리증은 자신의 재산 가치에 대한 권리를 인정받는 것이며 자동차 등록증도 역시 마찬가지라고 할 수 있습니다.
수출입업자가 화물선에 화물을 적재하고 받는 선화船貨증권도 역시 자신의 재물에 대한 권리를 인정받는 것이며
창고에 물품을 보관하고 받는 창고증권도 역시 마찬가지이며 이들은 사고팔 수 있는 유가증권이기도 합니다.

인성이 비겁을 생하는 것은 재물에 대한 권리를 비겁에게 양도하는 것입니다.
대신 거래를 통하여 비겁의 소유인 화폐를 받음으로써 또 다른 재물을 유입한다고 볼 수 있습니다.

◆ 일간과 비겁으로 재물을 취하는 적성과 능력

일간과 비겁은 협동하거나 경쟁하면서 재물을 취하는 적성과 능력이 있습니다.

일간의 기세가 강하고 식상의 기세가 약하거나 없고 재성의 기세가 강하다면 일간은 생산보다는 사업을 통하여 재성을 소유할 수 있는 적성과 능력을 신왕재왕身旺財旺의 사주라고 하며 자영업자나 사업가에게 많은 형태입니다.

일간의 기세가 강한데 비겁도 있다면 비겁과 같이 경쟁하면서 재물을 취하게 됩니다. 재성의 기세가 약하다면 소유할 재물이 적으므로 비겁과 힘든 경쟁을 하게 될 것입니다.
이것을 군비쟁재 또는 군겁쟁재라고 하며 일간은 만족을 하지 못하므로 항상 재물에 쪼들리며 살게 되는 것입니다.

일간의 기세가 약한데 재성의 기세가 강하다면 재다신약財多身弱이라고 하며 재성을 취할 능력이 없으므로 재물만 쫓아다니지만 능력이 미약하므로 어렵고 힘든 삶을 살게 되는 것입니다.
이때 강한 비겁이 있거나 대운에서 비겁이 온다면 비겁과 협동하여 재성을 취할 수 있으나 비겁과 함께 취한 재물을 나누지 않고 욕심을 부린다면 비겁에게 모두 빼앗길 수 있습니다.

신왕재왕의 사주팔자는 균형이 이루어져야 발전을 하는데 약간이라도 균형이 어그러지면 문제가 발생합니다.
즉, 대운에서 비겁이 온다면 쟁탈작용이 일어나므로 상대를 배려하며 함께 나누어야 하며 재성이 온다면 서로 협동하여야 개운의 요소가 되는 것입니다.
비겁은 형제와 같지만 항상 적이 될 수 있음을 잊지 말아야 합니다.

◆ 재물추구형의 사주

| 시 | 일 | 월 | 년 | 구분 |
|---|---|---|---|---|
| 壬 | 戊 | 戊 | 庚 | 천간 |
| 戌 | 申 | 寅 | 戌 | 지지 |
| 노년기 | 장년기 | 청년기 | 소년기 | |
| 丙 乙 | 甲 癸 | 壬 辛 | 庚 己 | 대운 |
| 戌 酉 | 申 未 | 午 巳 | 辰 卯 | |

戊土일간은 木火와 金水의 기세관계를 보는 것이 일반적입니다.
월령이 木기이지만 木火의 세력이 약하고 金水의 세력이 강하며 일간 戊土의 세력도 강한 사주입니다.

월령 木기는 기세가 미약하여 쓰지 못하고 기세가 강한 金水의 기세를 쓰고자 합니다. 즉, 식신생재를 쓰는 것이니 제조생산을 하여야 한다는 것입니다. 그러므로 이 사주는 재물추구형이 되는 것입니다.

庚金식신은 제조생산을 하는 적성과 능력이 있는 것이며 壬水재성은 재물을 소유하고 저장하는 기능이 있습니다. 戊土일간은 비견과 협동하며 재물을 생산하고 소유하는 적성과 능력이 있다고 하는 것입니다.

소년기 木대운에 金기 재물의 꿈을 안고 가출하여 사업수완을 배우고
청년기 火대운에는 일간을 지원하여 金水식상생재의 에너지가 되어
재물을 생산하는 왕성한 구조로서 성장운세를 이루며 높은 등급의 운세를 만들게 됩니다. 적천수에서도 金水의 기운은 木火운에 발전을 하다고 하였습니다.

장년기 金대운에는 木火의 기세가 쇠약해지고 金기가 왕성해지니 기업은 세계적 기업을 성장할 수 있는 성장운세가 지속되나
과도한 火기의 에너지를 사용하다보니 몸이 더 이상 견디기 어려워 건강에 이상이 오고 사망하게 됩니다.

| 시 | 일 | 월 | 년 | 구분 |
|---|---|---|---|---|
| 癸 | 戊 | 辛 | 丙 | 천간 |
| 亥 | 午 | 丑 | 子 | 지지 |
| 노년기 | 장년기 | 청년기 | 소년기 | |
| 己 戊 | 丁 丙 | 乙 甲 | 癸 壬 | 대운 |
| 酉 申 | 未 午 | 巳 辰 | 卯 寅 | |

丑월의 월령 土기는 水기를 木기로 전환하는 작용을 합니다.
사주팔자에 있는 金水의 기세를 대운에서 木火의 명예를 추구하고 있으나 재성의 기세가 강하므로 신왕재왕의 모습으로 재물을 추구하게 됩니다.

천간에서 丙辛합은 재물을 추구하고 戊癸합은 명예를 추구하는 특징적인 모습을 보이고 있습니다. 그러나 모든 합이 그러하듯이 결국 공허해지는 현상은 피할 길이 없습니다.

소년기 木대운에는 운세등급이 낮은데서 출발하였으나
청년기 甲辰대운에는 재왕생관의 격국이 맑아지며 성장운세를 만들어 대학을 졸업하고 직장생활을 하며 경영능력을 키우고
乙巳대운에 火대운이 시작하면서 金水의 기세와 火土의 기세가 균형을 이루며 성장운세가 만들어지니 기업을 창업하고 신흥재벌이 되어 운세등급을 높이므로 재벌이 되었습니다.

장년기 火대운에는 지나친 火의 기세로 인하여 명예를 추구하려고 정치계에 뛰어들었으나 실패하고 하락운세로 전환되며 몰락의 길을 걷게 됩니다.

노년기 金대운에는 사주팔자에서 강한 水기가 힘을 잃으면서 동력마저 발휘하지 못하므로 하락운세가 만들어지며 급속도로 추락하고 결국 몰락하게 됩니다.

## 3 명예추구형의 적성과 능력

**명예운세란 재물운세와 상대적인 것으로 자신의 이름을 빛내는 것입니다. 식상으로 자신을 홍보하고 인기관리를 하며 재성으로 자신의 영역을 다스리고 관살로 조직을 관리하며 인성으로 권한을 인정받고 비겁으로 경쟁하는 것입니다.**

적천수에서는 귀한 사람을 관성유리회官星有理會라고 하였으며 천한 사람을 관성환불현官星還不見이라고 하였습니다. 관성유리회란 관성의 이치를 깨닫는 것이고 관성환불현은 관성이 아직 나타나지 않은 것이라고 합니다.

당시의 사회상으로 명예를 얻는 것은 오직 관직을 얻는 것입니다. 그러므로 관성은 곧 국가를 뜻하였습니다. 국가의 요직에 발탁되어 벼슬을 얻어야 비로소 직위를 통한 명예를 얻을 수 있는 것입니다.

하지만 현대 사회에서는 그러하지 않습니다. 물론 국가공무원이 되어 높은 직위를 얻으면 명예가 빛나지만 요즈음은 대기업에 취업하는 것이 명예가 더 빛나기도 합니다.
또한 연예인이나 정치가는 대중의 인기를 얻으면 스타가 되거나 선거를 통하여 직위를 얻음으로써 명예를 빛내기도 하는 것입니다.

그러므로 명예도 재물과 마찬가지로 육신이 작용하여 생기는 것입니다. 비겁으로 경쟁하여 명예를 취하고 식상으로 인기를 얻어 명예를 빛내며 재성으로 영역을 차지하여 명예를 수호하며 관살로 조직을 관리하고 인성으로 직위를 차지하여 권한을 행사하며 명예를 빛내는 것입니다.

**사주팔자에 적성과 능력이 있고 기회가 오기 전까지 준비하고 노력하는 자만이 기회를 잡아 명예를 빛낼 수 있는 것입니다.**

◆ 식상으로 자신을 홍보하고 인기 관리하는 적성과 능력

식상은 자신의 실력을 알리고 홍보하는 것입니다. 동물의 세계에서 수컷은 암컷에게 자신을 인정을 받기 위하여 화려한 모습이나 강한 모습을 나타내며 자랑을 합니다.
암컷은 수컷을 비교하며 가장 강한 상대를 골라 교미를 허락하게 됩니다. 생존에 강한 품종을 생산하기 위한 필수적인 과정이라고 합니다.

기업은 브랜드를 홍보하고 인정받아야 기업 가치가 높아지고 명예가 빛나게 됩니다. 2018년도에 미국 유력 경제 전문지 포브스가 추정한 삼성의 브랜드 가치는 세계 7위로 476억 달러이며 우리 돈으로 51조원 정도라고 합니다.
현대 자동차는 세계 75위로 87억 달러이며 우리 돈으로 9조원 정도라고 합니다. 이처럼 기업은 브랜드 가치로 명예를 나타냅니다.

정치인이나 연예인은 대중의 인기를 얻기 위하여 자신의 실력을 홍보하고 자랑하며 인정을 받고자 합니다.
대중의 인기를 얻어야 선거에 당선되고 스타가 되어 명예가 빛나며 이름의 가치가 올라가기 때문입니다.

직장인이나 전문가 역시 자신의 실력을 홍보하고 인정받아야 직장의 신임을 받아 승진할 수 있으며 높은 직위를 얻어 권한이 많아지며 연봉이 높아지는 것입니다.
이름 가치가 높으면 여기저기에서 높은 연봉으로 스카우트하는 대상이 될 것입니다.

명예는 이름을 빛내는 것입니다. 식상은 자신의 이름을 빛내기 위하여 자신의 실력을 대중에게 홍보하고 인기를 얻고 지지자들을 확보하여야 하는 것입니다.
그래야 이름의 브랜드 가치가 올라가는 것입니다. 브랜드 가치가 올라가야 스타가 될 수 있으며 명예를 빛낼 수 있는 것입니다.

◆ 재성으로 자신의 영역을 다스리는 적성과 능력

재성은 자신의 영역을 표시하고 다스리는 것입니다.
동물의 세계에서 동물들은 배설물 등으로 자신의 영역을 표시하고 다른 동물들이 자신의 영역에 들어오게 되면 이들을 내쫓으려고 합니다.

영역은 자신의 생존성을 높이기 위한 공간입니다.
영역 안에 경쟁자가 많으면 많을수록 먹이를 획득하기 위한 가능성이 줄어들므로 이를 지키고자 필사적인 노력을 하는 것입니다.

정치인들이 영역을 지키며 자신의 구역을 관리합니다.
다른 정당인들과 경쟁하며 지켜야 하는 대상입니다.
재성이 강하다면 영역의 기세가 강한 것이므로 구역을 다스리기 유리하지만 재성이 약하다면 기세가 약하므로 경쟁에서 뒤처지게 됩니다.

연예인도 방송의 영역을 확보하여야 인기를 구할 수 있습니다.
방송의 영역을 차지하지 못하면 대중의 인기를 얻기 힘들므로 스타가 되기 어려운 것입니다. 가수 싸이는 유튜브YouTube를 통하여 전 세계를 자신의 영역으로 만들며 일약 스타가 된 사례로 유명합니다.

직장인이나 전문가들도 자신의 영역을 확보하여야 능력을 발휘할 수 있습니다. 조직에서 보다 넓은 분야의 영역을 확보하여야 높은 직위로 승진할 수 있는 것이며 권한과 권리가 주어지는 것입니다.

재성이 강하다면 영역 관리에 대한 적성과 능력이 있는 것입니다.
영역 관리는 권한이므로 자신의 명예와 직결되며 생존 능력과 직결되는 것입니다.
식상이 재성을 생하는 것은 인기관리를 통하여 자신의 영역을 확보하는 것이며 재성이 관살을 생하는 것은 자신의 영역을 보호하는 것이며, 재성이 인성을 극하는 것은 자신의 영역에 대한 권리를 확보하는 것입니다. 비겁이 강하면 영역 싸움을 벌여야 할 것입니다.

◆ 관살로 자신의 영역을 보호하는 적성과 능력

관살은 자신의 영역을 보호하며 조직을 다스리는 작용을 합니다.
자신의 활동영역을 확보하였으면 영역을 보호하여야 합니다.
외부의 침입을 막아내고 영역을 빼앗기지 않기 위하여 군대를 육성하여 상대의 공격을 막아내야 할 것입니다.

영웅은 목숨을 내놓으면서 자신의 무리를 지키는 자입니다.
그래서 영웅의 명예는 최상의 것입니다. 평화시에는 영웅이 탄생하지 않습니다.
영웅이 할 일이 없기 때문입니다. 그러나 전쟁이 일어나고 외부의 침략이 있다면 영웅은 명예의 빛이 나기 시작합니다.
이순신 장군의 영웅적 명예가 빛이 나는 것이며
안중근 의사의 영웅적 명예가 빛이 나는 이유입니다.

자신의 영역을 확보하였으면 영역을 지켜야 합니다. 혼자서 영역을 지킬 능력이 없으면 조직을 활용하여 영역을 보호받아야 합니다.
정치가는 정당에 소속되어 정당의 이념을 따름으로써 정당이 자신의 영역을 보호하여 주는 것이며, 연예인은 엔터테인먼트 등 연예기획사에 소속되어 자신의 영역을 보호받는 것입니다.

공무원은 국가에 소속되고 직장인은 기업에 소속되어 조직에 충성함으로써 국가나 조직이 자신의 영역을 보호해주는 것입니다.
충성하지 않는 조직원을 조직이 보호하여 주지 않습니다.
오히려 적으로 간주하여 추방하거나 감옥에 가두어 버리는 것입니다.

관살이 강하다면 관살에 기대여 자신의 영역을 보호받을 수 있지만
식상이 섣불리 관살을 극하면 관살은 일간을 가만 놔두지 않습니다.
즉, 자신의 인기가 좋다고 하여 소속사를 버리는 연예인은 소속사로부터 거액의 위약금을 청구 받을 것입니다. 자신의 인기가 좋다고 하여 정당을 배신하는 행위는 정당에서 더 이상 보호해 주지 않습니다.

◆ 인성으로 자신의 권위를 인정받는 적성과 능력

인성은 직위를 나타냅니다. 명예의 상징이기도 합니다. 인성印星이란 도장을 뜻하며 자신의 지위와 권한을 나타내는 것이기 때문입니다.
로마의 황제도 반지에 도장을 새겨 결제를 함으로써 황제의 권위를 나타내었으며 조선의 왕들도 국새로 왕명을 나타내었습니다.

정치인이 선거를 통하여 시장이나 도지사 또는 국회의원이나 대통령이 되는 것도 국민의 신임을 받아 지위와 권한을 인정받는 것입니다.
사주팔자에서 인성의 기세가 강하다면 직위를 받을 수 있는 적성과 능력이 있다고 할 것입니다. 그러나 단순히 인성만 강하다고 적성과 능력이 있다고 하여서는 안 됩니다.
가장 중요한 것은 기세의 균형임을 알아야 할 것입니다.

인성은 비겁의 보호를 받으므로 비겁의 동의가 없다면 인성은 능력을 인정받지 못하는 것입니다. 또한 관살은 인성을 생하여 조직을 운영하므로 관살의 생함이 없다면 역시 인성은 힘을 쓰지 못하는 것입니다.
식상과 재성은 인성과 기세의 균형을 이루는 중요한 수단이므로 자신을 홍보하고 영역을 차지하지 못한다면 역시 인성은 힘을 쓰지 못하는 것입니다.
이처럼 육신은 저마다의 작용이 있으므로 인성을 명예의 별로 쓰고자 한다면 서로의 균형과 조화가 이루어져야 합니다.

木火의 인성은 대외적으로 자신을 빛내는 것이지만
金水의 인성은 실리를 차지하는 것이므로 성격이 다릅니다.
木火의 인성은 木火의 대운에는 자신을 빛낼 수 있지만
金水의 대운에는 결실을 만들어야 하므로 빛을 내서는 안 됩니다.
金水의 인성은 金水의 대운에 결실을 거두지만
木火의 대운에는 金水의 에너지로 성장을 해야 하는 것입니다.
土의 인성은 사주의 구조에 따라 성장을 도울 것인가 아니면 결실을 맺을 것인가를 판단하여야 할 것입니다.

◆ 비겁으로 협동과 경쟁을 하는 적성과 능력

명예의 직위를 얻기 위하여서는 비겁과 협동하거나 경쟁하여야 합니다. 스타는 수많은 경쟁자를 물리치고 최고의 명예를 얻을 수 있는 것이며 정치인이나 직장인 역시 경쟁자와의 싸움에서 이겨야 명예를 얻을 수 있는 것입니다.

정치인이 시장이나 도지사가 되기 위하여서는 정당에서 공천을 받아야 선거에 출마할 수 있으며 지지자들과 협동하여 경쟁자와 싸워 이겨야 선거에서 당선되어 직위를 부여받을 수 있는 것입니다.
정당에서 공천을 받는 행위는 관살의 승인을 받는 것이며
지지자와 협동하는 행위는 비겁과 협동하는 것이며
경쟁자와 싸우는 것은 비겁과 경쟁하는 것입니다.

직장인이 승진을 하기 위하여서는 직장에서 승인을 받아야 하며 직장동료와 경쟁하여야 하는 것입니다.
역시 직장은 관살이며 동료는 비겁이 되는 것입니다.
하나의 자리를 두고 비겁과 경쟁하므로 치열한 싸움이 되는 것입니다.
연예인은 인기를 얻기 위하여서는 반드시 팬들을 확보하여야 하는 것입니다. 다른 연예인들이 비겁이고 팬들은 재성이 되어 영역을 구성하기 때문입니다. 연예인은 임기가 없습니다. 인기를 얻지 못하면 명예는 한순간에 날아가 버리고 맙니다.

명예는 재물과 다릅니다. 재물은 비겁이 서로 나누어 가질 수 있지만 명예는 나누어 가지지 못합니다. 반드시 승리한 자만이 가질 수 있는 것이 명예입니다. 그래서 정치인들은 서로 공평하게 나누어 가지기 위하여 임기를 정하지만 결국 실력 있는 사람이 차지하게 마련입니다.

권력을 차지하기 위하여서는 일간의 기세가 강하여야 하는 것이며
비겁을 자신의 기세로 활용할 수 있어야 진정한 승리자가 되며 명예를 차지할 수 있는 것입니다.

◆ 명예추구형 사주

| 시 | 일 | 월 | 년 | 구분 |
|---|---|---|---|---|
| 戊 | 戊 | 壬 | 壬 | 천간 |
| 午 | 申 | 寅 | 申 | 지지 |
| 노년기 | | 장년기 | | 청년기 | | 소년기 | | 대운 |
| 庚 | 己 | 戊 | 丁 | 丙 | 乙 | 甲 | 癸 | |
| 戌 | 酉 | 申 | 未 | 午 | 巳 | 辰 | 卯 | |

寅월생이지만 월령의 기세가 약하므로 壬水재성을 활용하여 동남방木火대운에서 명예를 추구하는 사주입니다.

壬水재성은 선친이 이루어놓은 영역이며 사주에 金기 식상이 부족하므로 재물을 만들 능력이 없지만 남방火대운에서 기세의 균형으로 성장운세가 발현되고 재물을 다스릴 권한을 얻게 됩니다.

소년기와 청년기에 동남방木火대운으로 흐르며 인성의 기세가 강하므로 학문과 예술을 중시하는 명예추구형의 사주로서 적성과 능력을 활용하여 대학교수로 활동하게 됩니다.

장년기 남방火대운에는 선친의 가업을 유지하기 위하여 그룹의 총수로 활동을 하면서 제2창업을 유도하고 항공 산업을 발전시키는 등 명품의 기업을 만드는 역할을 하게 됩니다. 선친이 이루어놓은 壬水재성을 발전시켰으므로 명예를 빛내는 역할을 한 것입니다.

노년기 서방金대운에는 자신의 적성인 문화 예술 활동을 계속하기 위하여 동생에게 자리를 물려주고 그룹의 문화재단 및 예술의 전당 이사장을 역임하며 명예를 빛내는 활동을 계속하게 됩니다.

명예추구형은 명품을 만드는 것이 삶의 보람입니다.

| 시 | 일 | 월 | 년 | 구분 |
|---|---|---|---|---|
| 壬 | 丙 | 丙 | 丙 | 천간 |
| 辰 | 寅 | 申 | 午 | 지지 |
| 노년기 | 장년기 | 청년기 | 소년기 | |
| 甲　癸 | 壬　辛 | 庚　己 | 戊　丁 | 대운 |
| 辰　卯 | 寅　丑 | 子　亥 | 戌　酉 | |

가을의 丙火가 서북방金水대운을 지나며 찬란한 빛을 비추며
결실을 거두고 있으므로 명예로 재물을 추구하는 사주입니다.

丙火가 세 개나 투출하고 지지에 기반세력이 든든하므로 강하지만
월령에서 壬水칠살이 투출하여 金월령의 기운이 약하고
壬水칠살의 기세도 辰土에 앉아 미약합니다.
하지만 대운에서 金水의 기세를 지원하여 기세의 균형을 도모하고
성장운세를 만들어 운세등급을 높이는 역할을 하고 있습니다.

소년기와 청년기에는 서북방金水대운으로써 金水의 기세가 강하여지므로 재왕생관의 패턴을 형성하면서 성장운세를 만들며 성장하고
庚子대운부터 성장운세의 기세를 타고 영역을 확장하고 조직을 확충하여 운세등급을 높이며 명예와 재물을 동시에 추구하게 됩니다.

장년기 木운에는 丙火의 기세가 아침 햇살과 같이 왕성해지는 때이므로 壬癸水로 밝게 비추니 명예가 더욱 더 드높아지리라 봅니다.
하지만 너무 강해지면 어두워지기 마련이니 더욱 더 겸손한 사양지심辭讓之心을 내면서 세상을 품어 안아야 개운이 되며 안정될 것입니다.

木의 기세는 측은지심惻隱之心을 내는 것이니 음지에서 고생하는 사람들을 위하여 지혜롭게 대처해 나간다면 안정운세를 유지하면서 명예스러운 삶을 영위할 것입니다.

## 4 적성과 능력의 운세 활용

세상에서 가장 어리석은 사람은 자신의 직업을 의무로 생각하고
억지로 일하는 자이다. - 버나드 쇼

### (1) 적성과 능력의 성향

적성을 계발하는 것은 직업을 선택하는데 있어 매우 중요한 것입니다. 직업을 의무로 선택하는 것이 아니라 삶의 즐거움으로 선택하여야 행복한 삶을 살 수 있는 것입니다.

자신의 적성에 알맞은 직업은 삶의 질을 아름답게 만들 수 있습니다. 적성에도 맞지 않은 직업은 의무감으로 억지로 하는 직업이므로 만족감이 떨어질 수밖에 없는 것입니다. 직업의 적성을 계발하기 위하여서는 자신의 적성을 우선 파악하여야 하는 이유입니다. 적성을 계발하고 능력을 기른다면 사회적 성취감을 높이고 직업의 만족도를 높일 수 있기 때문입니다.

◆ 적성의 성향

| 리더형 | 참모형 | 전문가형 | 봉사형 |
|---|---|---|---|
| 명예, 재물 | 명예 | 재물, 명예 | 명예 |

리더형은 지도자나 사업가에게 많은 유형으로 명예 또는 재물을 추구하는 경향이 있습니다.
참모형은 공무원이나 직장인 또는 정치가에게 많은 유형으로 명예를 추구하는 경향이 있습니다.
전문가형은 학자나 예술가 그리고 자영업자에게 많은 유형으로 재물 또는 명예를 추구하는 경향이 있습니다.
봉사형은 사회복지시설 및 종교시설 또는 인권단체에 많은 유형으로 명예를 추구하는 경향이 있습니다.

## (2) 적성과 능력의 계발

적성을 찾았으면 능력을 기르는 계발을 하여야 할 것입니다.
능력이 없으면 적성이 발전하기 어려운 것입니다.

즉, 10톤의 화물이 있는데 5톤의 능력밖에 없다면 10톤의 화물을 다 싣지 못하고 남은 5톤에 대한 미련으로 인하여 불만족한 삶을 살아야 하는 것입니다.

**소년기는 적성과 능력을 계발하는 시기입니다.**
적성과 능력은 소년기에 계발하여야 청년기에 꽃을 피울 수 있으며
장년기에 결실을 맺을 수 있는 것입니다.

사주팔자에 적성과 능력이 어느 정도인지를 파악하고 계발하여야 꿈을 이룰 수 있는 것입니다. 자신의 적성이 아닌데도 불구하고 엉뚱한 꿈을 꾸며 노력만 한다고 꿈이 이루어지는 것은 아닙니다.
능력이 부족한데도 불구하고 섣불리 덤볐다가는 허송세월만 하게 됩니다.

대체로 중학생이 되면 자신의 꿈을 이루기 위하여
성향에 따른 적성을 파악하고 진로를 결정하여
능력을 기르기 위한 학업을 하여야 하는 것입니다.
리더형의 적성인데도 불구하고 참모형의 적성의 능력을 기른다면 직업의 만족도는 떨어질 것입니다. 그러므로 성향을 확실하게 파악하고 능력을 길러야 할 것입니다.

소년기는 적성과 능력을 계발하는 운세입니다.
사주팔자에서 성향을 분석하여 적성을 찾아내고 능력을 계발하여야 사회적 성취를 이룰 수 있으며 만족한 삶을 살 수 있는 것입니다.
적성과 능력을 계발하는 학업운은 적성의 성향에 의한 기세에 의하여 좌우됩니다.

**직장인의 적성은 취업이 최선입니다.**
직장인은 취업을 해야 적성에 알맞은 것입니다. 국가나 공기업 또는 대기업이나 중소기업 등에 취업하여 자신의 능력을 펼쳐나가며 명예를 추구하는 것이 직업적 성취감을 높일 수 있는 것입니다.

청년들이 취업하여 초기에 이직률이 매우 높은 것은 자신의 적성을 제대로 찾지 못하였기 때문입니다.
대기업에 들어갔다고 하여도 1년 안에 이직하는 사람들이 많다고 하는데 이는 자신에게 부여된 임무가 적성과 동떨어져 있기 때문입니다.

학업운세가 좋아 일류대학을 나오더라도 자신의 적성에 알맞은 직책이라면 즐거운 마음으로 일을 할 수 있지만 적성에 맞지 않는다면 만족하지 못할 것입니다. 그러므로 사주팔자에서 자신의 분수를 깨닫고 자신의 적성에 알맞은 직장을 선택한다면 운명을 스스로 받아들이는 것이므로 만족한 삶을 살 수 있는 것입니다.

직장인의 적성이 취업인데 재물욕심이 많아 사업을 하겠다고 한다면 실패의 연속이고 성공하기 어렵습니다. 이는 재다신약 사주에서 흔히 보는 예입니다. 강한 재성의 이점을 살려 재물보다는 자신의 영역을 확대하기 위한 노력을 하여야 직장에서 자신의 지위를 확대하고 만족한 직장생활을 할 수 있는 것입니다.

직장인의 적성에도 리더형과 참모형
그리고 전문가형과 봉사형의 성향이 있습니다.
리더형의 직장인은 부서나 팀을 이끌면서 업무를 수행하기를 좋아하므로 부서장이나 팀장에게 알맞은 적성으로 리더십을 발휘합니다.
참모형은 리더를 보좌하며 자신의 책무를 수행하는 것을 좋아하지만 리더로서의 역할을 잘 하지 못하는 단점이 있습니다.
전문가형은 자신의 재능을 인정받으며 업무를 즐기고
봉사형은 조직에 헌신하며 충성하는 것을 본분으로 삼게 됩니다.

**사업가의 적성은 경험을 쌓는 것이 최선입니다.**

청년기에는 사회에 첫발을 내딛는 때이므로 사업가의 적성이 있다고 하여도 아직 경험이 부족할 때입니다. 그러므로 사업가의 능력을 키우기 위하여 취업을 통하여 경험을 쌓고 자신만의 노하우를 만들어야 자신의 적성인 사업을 성공적으로 수행할 수 있는 것입니다.

청년기에는 경험을 쌓아가며 기초를 다져야 하는 것입니다.
대부분이 경험이 없이 사업에 대한 동경만으로 시작을 하거나 직장에서 상사들의 간섭에 염증을 느끼고 독립하여 사업을 하겠다고 무모하게 시작하는 사람들은 실패로 이어지게 마련입니다.

사업을 하고자 한다면 우선 자신이 하고 싶은 사업을 운영하는 기업체에 취업하여 경험을 쌓는 것이 최선입니다.
일을 하고 급여를 받기 위하여 취업하는 것이 아니라 경험을 쌓기 위하여 취업을 한다는 것을 잊어서는 안 됩니다.
경영과 영업의 노하우를 배우고 익히면서 경험을 쌓아야 하는 것입니다. 경영을 익히는 것은 총무부서가 적격이고 영업을 익히는 것은 영업부서가 적격입니다.
더 이상 배울 것이 없다면 다른 업체로 옮겨서 배워야 합니다. 적어도 두세 군데의 업체에서 경영과 영업을 익히고 자신감이 붙으면 그때서야 비로소 자신의 사업체를 만들 수 있는 것입니다.

사업가의 적성에도 리더형과 참모형 그리고 전문가형과 봉사형의 성향이 있습니다. 리더형의 사업가는 사업체를 이끌면서 경영하기를 좋아하므로 대표이사나 기업회장으로서 리더십을 발휘합니다.
참모형은 리더를 보좌하는 이사직 등 전문 경영인의 역할에 적합하고
전문가형은 자신의 재능으로 전문적인 분야에서 사업적인 능력을 발휘하며 조직을 기업화시키는가 하면
봉사형은 영업분야 등에서 재능을 발휘하며 조직에 헌신하게 됩니다.

**전문가의 적성은 자격증을 확보하는 것입니다.**
요즈음은 자격증의 시대라고 하여도 과언이 아닙니다.
국가자격증의 종류만도 천여 개가 된다고 합니다.
여기에 민간자격증까지 합한다면 수천 개의 자격증이 있습니다.

자격증을 획득하는 목적은 대부분 취업을 하기 위하여 스펙을 쌓는 것이라고 합니다. 기업에서도 자격증을 가진 전문가를 원한다고 합니다.
또한 자격증을 갖춘 자영업자는 성공할 가능성이 많은 것도 자신의 전문성이 인정을 받기 때문입니다.

일반적으로 전문가라고 하면 '사'자의 직업군을 말합니다. 대체적으로 의사, 변호사, 회계사, 세무사, 변리사, 조리사, 미용사, 기능사 등으로 간판에 자신의 이름을 내걸고 영업을 하는 고품격의 직업군이 있는가 하면 그러하지 않은 직업군도 있습니다.

전문가의 사주팔자는 대부분 인성과 비겁 그리고 식상이 발달되어 있으며 재관운으로 흐르므로 명예와 재물을 동시에 추구합니다.
총명하고 재능이 좋아야 하며 자신의 전문분야에 대한 해박한 지식과 기술을 가지고 있어야 하는 것입니다.
석박사의 학위와 자격증으로 전문가가 될 수 있으며 기술을 연마하여 달인의 경지에 있다면 역시 고품격의 전문가라고 할 수 있습니다.

전문가의 적성에도 리더형과 참모형 그리고 전문가형과 봉사형의 성향이 있습니다. 리더형의 전문가는 조직을 이끌면서 업무를 수행하기를 좋아하므로 기업의 조직이나 자신의 사업체를 이끄는 리더십을 발휘합니다.
참모형은 리더를 보좌하며 기업의 조직에서 자신의 전문성을 발휘하며 자신의 재능을 인정받기를 좋아합니다.
전문가형은 연구소 등에서 자신의 전문적인 분야를 발전시키며
봉사형은 자신의 전문적인 분야로 조직에 헌신하기를 좋아합니다.

**적성의 성향과 능력의 계발이 직업운세를 좌우합니다.**
의사나 변호사가 되고자 한다면 적성과 능력이 충족되어야 하고
의사나 변호사 성향의 기세가 있어야 자격을 취득하기 위한 공부를 할 수 있는 것
입니다. 의사나 변호사가 되고 싶다고 하여 누구나 되는 것은 아니기 때문입니다.

같은 의사라고 할지라도 적성의 성향에 따라 달라집니다.
리더의 직장인 성향이라면 대형 병원의 원장으로서
병원을 운영해야 직업적인 만족감이 있을 것이며
참모의 직장인 성향이라면 대형 병원의 과장이나 부장으로서
원장을 보좌하며 직업적인 만족감을 얻을 것이며
전문가의 직장인 성향이라면 대형 병원의 전문 분야에서
자신의 재능을 펼치며 직업적인 만족감을 얻을 것이며
봉사형의 직장인 성향이라면 대형 병원의 응급센타나 진료실에서
환자를 위하여 봉사하며 직업적인 만족감을 얻을 것입니다.

리더의 사업가 성향이라면 자신이 개업한 병원을 키워나가며
직업적인 만족감을 얻을 것이고
참모의 사업가 성향이라면 종합병원에서 원장을 보좌하며
병원운영에 참여하면서 직업적인 만족감을 얻을 것이고
전문가의 사업가 성향이라면 자신의 전문 분야의 병원을 설립하여
운영하면서 직업적인 만족감을 얻을 것이고
봉사형의 사업가 성향이라면 환자에게 봉사하기 위한 복지 병원 등을
운영하며 직업적인 만족감을 얻을 것입니다.

직업적 적성의 성향은 어느 직업에서나 적용되는 것으로
리더형인가 참모형인가 아니면 전문가형인가 봉사형인가를 살펴본다면 직업적 적성에 따른 직업의 형태를 알 수 있는 것입니다.
더구나 기세의 균형이 좋아 기세가 맑다면 운세등급이 높아지는 결과로서 명예와 재물을 추구할 수 있는 것입니다.

| 시 | 일 | 월 | 년 | 구분 |
|---|---|---|---|---|
| 丙 | 戊 | 丙 | 丙 | 천간 |
| 辰 | 寅 | 申 | 戌 | 지지 |
| 노년기 | | 장년기 | | 청년기 | | 소년기 | | |
| 甲 | 癸 | 壬 | 辛 | 庚 | 己 | 戊 | 丁 | 대운 |
| 辰 | 卯 | 寅 | 丑 | 子 | 亥 | 戌 | 酉 | |

戊土일간은 火기를 성장시키고자 하는 열망이 가득합니다.
丙火인성은 명예의 별이며 천간에 3개나 떠있으니 일간을 도와 세상을 밝게 비추고자 하므로 사회취약계층을 위한 봉사형의 전문가 적성으로서 명예를 추구하는 성향입니다.

격국으로 식신격이지만 천간에 발현하지 못하여 기세가 미약하므로 丙火인성을 적성으로 선택하여 전문가로서 세상을 밝게 만들기 위하여 노력하는 모습이 보입니다.
청년기에 진입하며 북방水대운에 어두운 세상에 대비하여 세상의 질서를 바로잡는 법관이 되고자하는 학업운세가 발현되고 독학으로 乙卯년에 丙火의 빛을 밝히는 합격운세가 되므로 사법고시에 합격합니다.

이 사주의 특징은 월령인 金기가 미약하므로 월령을 포기하고 사주팔자에서 가장 기세가 강한 丙火인성을 적성으로 택하며 전문가의 적성을 계발한 것이라고 할 수 있습니다.

북방水대운으로 흐르면서 庚辛金이 식상으로 발현하지만 재물보다는 명예를 택하면서 정치를 통하여 자신의 이념을 실현하고자 노력하게 됩니다.
동방木대운인 壬寅대운 壬午년에 丙火의 밝은 빛이 寅午戌 삼합으로 세력이 강하여지고 壬水를 통하여 세상에 널리 비추며 봉사형의 지도자로서 역할을 하지만 癸卯대운 己丑년에는 丙火가 흐려지므로 자신의 명예를 지키기 위하여 세상과 결별하는 용단을 내리게 됩니다.

| 시 | 일 | 월 | 년 | 구분 |
|---|---|---|---|---|
| 己 | 丙 | 癸 | 庚 | 천간 |
| 亥 | 午 | 未 | 子 | 지지 |
| 노년기 | 장년기 | 청년기 | 소년기 | |
| 辛 庚 | 己 戊 | 丁 丙 | 乙 甲 | 대운 |
| 卯 寅 | 丑 子 | 亥 戌 | 酉 申 | |

未월에 火土기세와 金水의 기세가 대비를 이루고 있습니다.
격국으로 己土상관격이지만 대운이 서북방金水운으로 흐르므로
일간 丙火의 밝은 빛으로 어두움을 비추고자 하는 봉사형의 전문가의 적성으로서 명예를 추구하는 성향입니다.

火土와 金水의 기세가 대비하고 있지만 火土의 기세가 다소 강하므로 金水로 흐르고자 하며 마침 서북방金水대운으로 원활하게 흐르지만 대운 천간에서는 火土의 뜻이 계속되므로 재물보다는 명예를 밝히는 성장운세로서 운세등급을 높이고 있는 것입니다.

소년기에 서방金대운으로 흐르며 丙火의 뜻을 밝히고자 의사의 적성을 택하고 적성과 능력을 계발하는 학업운세가 발현되었으며
청년기에 성장운세로 재능을 성장시키는 운을 맞이하며 대학병원 외과의사가 되었습니다.

장년기 북방水대운에는 戊己土식상으로 하여금 태과하여지는 水의 기세를 억제하면서 丙火의 기세로 어두움을 밝히는 역할을 하므로
응급의료센타에서 환자들의 생명을 살리는 봉사의 의료활동을 계속하게 됩니다.

환자에 대한 측은지심은 木의 기세가 불급함에 따라 추구하는 정신으로 장차 다가오는 동방木대운에 응급의료센타를 확대하고자하는 염원으로 의료봉사의 결실을 얻고자 하는 노력입니다.

## 5 격용신으로 보는 직업의 적성과 재능

직업은 생존하기 위하여 필요한 수단이며
사회적 성취를 이루고 재물과 명예욕을 충족시키며
자아실현과 행복을 추구하는 수단이기도 합니다.

◆ 적성과 직업

| 격용신 | 적성 | 직 업 |
|---|---|---|
| 식상격 | 인기형<br>생산형 | 정치가, 연예인, 초중고교사, 방송언론인, 작가,<br>농수산물생산자, 공장제품생산자, 홍보담당자 |
| 재격 | 재물형<br>유통형 | 기업가, 회계사, 세무사, 국가재정직, 기업회계직, 증권거래사, 재정설계사 유통관리사, 물품관리인, 인력공급사 |
| 관살격 | 조직형<br>사법형 | 국가공무원, 회사원, 조합원, 노조원, 협회원<br>판검사, 경찰관, 군인, 교도관, 사회복지사, 국회의원,<br>정당인, 외교관, 공보관 |
| 인수격 | 자격형<br>전문형 | 변호사, 법무사, 법리사, 의사, 물리치료사, 공인중개사,<br>설계사, 대학교수, 전문기술사, 종교인, 수행자 |
| 록겁격 | 독립형<br>육체형 | 대표이사, 자영업자, 운동선수, 근로노동자 |

## (1) 격용신의 적성과 재능

**격국의 격용신은 월령의 기세이며 하늘이 부여한 재능입니다.**
**월령의 기세는 사주팔자에서 기세가 가장 왕성하므로**
**운세의 등급을 높이면서 삶의 진로로서 훌륭한 직업이 되는 것입니다.**

◆ 甲乙木일간의 적성

| 월령 | 木 | 火 | 金 | 水 | 土 |
|---|---|---|---|---|---|
| 월지 | 寅卯辰 | 巳午未 | 申酉戌 | 亥子丑 | 辰戌丑未 |
| 격용신 | 록겁격 | 식상격 | 관살격 | 인수격 | 재격 |
| 적성 | 독립형 | 인기형 | 조직형 | 자격형 | 재물형 |

甲乙木일간에게 寅卯辰월에 木월령의 기세가 가장 강하게 나타나는 때입니다. 그러므로 록겁격이라고 하며 자주적이고 독립적인 리더형 또는 사업가의 오너와 혼자서 운영하는 자영업자의 적성으로도 적합하며 육체적으로 힘을 쓰는 운동선수나 근로노동자에게도 적합합니다.

巳午未월에는 火월령의 기세가 가장 강하게 나타나는 때입니다.
木일간은 화려하게 꽃을 피우는 시기로서 자신이 닦은 기술과 노하우를 인기와 생산에 적용하는 식상격의 적성으로 알맞습니다.

申酉戌월에는 金월령의 기세가 가장 강하게 나타나는 때입니다.
木일간은 조직을 위하여 일을 하며 조직에서 자신의 능력을 최대한 발휘하며 노력의 대가를 인정받는 적성으로 알맞습니다.

亥子丑월에는 水월령의 기세가 가장 강하게 나타나는 때입니다.
木일간은 자신의 능력을 키우는 시기로서 학문과 기술을 연마하며 자격을 인정받는 전문적인 분야의 적성으로 알맞습니다.

辰戌丑未월에는 계절의 월령과 함께 土의 기세가 강하게 나타납니다.
木일간은 각각의 계절에 의한 적성을 나타내면서 재물을 유통하고 관리하는 적성을 동시에 나타내게 됩니다.

◆ 丙丁火일간의 적성

| 월령 | 木 | 火 | 金 | 水 | 土 |
|---|---|---|---|---|---|
| 월지 | 寅卯辰 | 巳午未 | 申酉戌 | 亥子丑 | 辰戌丑未 |
| 격용신 | 인수격 | 록겁격 | 재격 | 관살격 | 식상격 |
| 적성 | 자격형 | 독립형 | 재물형 | 조직형 | 인기형 |

寅卯辰의 월령은 木기로서 인수격으로 자격형의 적성을 나타내고
巳午未의 월령은 火기로서 록겁격으로 독립형의 적성을 나타내고
申酉戌의 월령은 金기로서 재격으로 재물형의 적성을 나타내고
亥子丑의 월령은 水기로서 관살격으로 조직형의 적성을 나타냅니다.
辰戌丑未월은 土기가 강한 잡기의 월령으로서 계절마다 각각의 적성을 나타내면서 식상격으로 인기형의 적성을 동시에 나타냅니다.

◆ 戊己土일간의 적성

| 월령 | 寅卯辰 | 巳午未 | 申酉戌 | 亥子丑 | 辰戌丑未 |
|---|---|---|---|---|---|
| 격용신 | 관살격 | 인수격 | 식상격 | 재격 | 록겁격 |
| 적성 | 조직형 | 자격형 | 인기형 | 재물형 | 독립형 |

寅卯辰의 월령은 木기로서 관살격으로 조직형의 적성을 나타내고
巳午未의 월령은 火기로서 인수격으로 자격형의 적성을 나타내고
申酉戌의 월령은 金기로서 식상격으로 인기형의 적성을 나타내고
亥子丑의 월령은 水기로서 재격으로 재물형의 적성을 나타냅니다.
辰戌丑未월은 土기가 강한 잡기의 월령으로서 계절마다 각각의 적성을 나타내면서 록겁격으로 독립형의 적성을 동시에 나타냅니다.

◆ 庚辛金일간의 적성

| 월령 | 寅卯辰 | 巳午未 | 申酉戌 | 亥子丑 | 辰戌丑未 |
|---|---|---|---|---|---|
| 격용신 | 재격 | 관살격 | 록겁격 | 식상격 | 인수격 |
| 적성 | 재물형 | 조직형 | 독립형 | 인기형 | 자격형 |

寅卯辰의 월령은 木기로서 재격으로 재물형의 적성을 나타내고
巳午未의 월령은 火기로서 관살격으로 조직형의 적성을 나타내고
申酉戌의 월령은 金기로서 록겁격으로 독립형의 적성을 나타내고
亥子丑의 월령은 水기로서 식상격으로 인기형의 적성을 나타냅니다.
辰戌丑未월은 土기가 강한 잡기의 월령으로서 계절마다 각각의 적성을 나타내면서 인수격으로 자격형의 적성을 동시에 나타냅니다.


◆ 壬癸水일간의 적성

| 월령 | 寅卯辰 | 巳午未 | 申酉戌 | 亥子丑 | 辰戌丑未 |
|---|---|---|---|---|---|
| 격용신 | 식상격 | 재격 | 인수격 | 록겁격 | 관살격 |
| 적성 | 인기형 | 재물형 | 자격형 | 독립형 | 조직형 |

寅卯辰의 월령은 木기로서 식상격으로 인기형의 적성을 나타내고
巳午未의 월령은 火기로서 재격으로 재물형의 적성을 나타내고
申酉戌의 월령은 金기로서 인수격으로 자격형의 적성을 나타내고
亥子丑의 월령은 水기로서 록겁격으로 독립형의 적성을 나타냅니다.
辰戌丑未월은 土기가 강한 잡기의 월령으로서 계절마다 각각의 적성을 나타내면서 관살격으로 조직형의 적성을 동시에 나타냅니다.

격용신은 태어난 계절에서 발현하는 월령의 강한 기세로서
일간의 적성이 되는 것이며
일간이 수행하여야 하는 사명이기도 합니다.

**(2) 식상격의 생산과 인기를 발산하는 재능**

**식상은 제품을 생산하는 행위입니다.**
식신생재는 과일이나 어류 등 농수산물을 재배하여 생산 판매하거나 광산에서 석탄이나 광석을 채취하여 판매하거나 식당에서 음식을 만들어 파는 행위 또는 가내 수공업 등을 말합니다.

상관생재는 농수산물을 대량으로 가공 생산하거나 공장에서 대량의 제품을 제조 생산하여 유통시키는 행위로서 공산품을 제조 생산하는 것으로 보는 것이 일반적입니다.

**식상은 자신의 재능을 펼치는 행위입니다.**
식상패인은 자신이 습득한 지식이나 전문적인 기술을 발휘하는 전문가로서 달인의 경지를 지닌 사람들이 많습니다.
대체로 총명하다고 하며 천재소리를 듣기도 하고 끼가 많다고도 하며
예능 분야에서 뛰어난 역량을 발휘하여 인기가 높은 편이기도 합니다.

식상은 자신이 습득한 지식이나 기술을 학생들에게 전수하여 제자를 양성하는 교사의 적성이기도 하고 자신의 재능으로 작품을 만드는 작가 등의 행위도 식상입니다.

**식상은 사람들에게 인기를 얻는 행위입니다.**
정치인이나 연예인은 대중의 인기를 얻기 위하여 노력을 합니다.
정치가는 국민의 지지를 얻어야 권력을 장악할 수 있으며
연예인은 대중의 인기를 얻어야 스타가 될 수 있습니다.

방송 언론인이 자신이 수집한 정보를 대중에게 알리며 지지를 얻는 것도 식상의 행위입니다.
기업을 알리기 위하여 제품의 인지도를 높이기 위하여 광고 홍보나 쇼윈도 진열과 제품을 팔기 위한 영업행위 등도 식상의 행위입니다.

| 시 | 일 | 월 | 년 | 구분 |
|---|---|---|---|---|
| 壬 | 戊 | 己 | 丁 | 천간 |
| 戌 | 子 | 酉 | 巳 | 지지 |
| 丁 丙 乙 甲 | 癸 壬 辛 庚 | | | 대운 |
| 巳 辰 卯 寅 | 丑 子 亥 戌 | | | |

酉월 식신격으로 자신의 재능을 마음껏 발산하여 세계적인 선수가 되어 명예를 빛내는 사주입니다.

지지에서 巳酉합을 하며 巳火인성의 기운을 끌어들이고 戊己土의 기세가 도와주므로 인하여 金월령의 기세가 매우 강합니다.

더구나 년간 丁火가 巳火위에서 戊己土를 생하므로 일간의 기세를 더욱 강하게 만들어 주고 있습니다.

월령의 기세는 일지 子水를 통하여 시간 壬水로 흐르며 성장운세를 발현하므로 자신의 노력으로 재능을 계발하여 북방水대운에 능력을 계발하고 펼치며 대중의 인기를 얻었으며 동방木대운에는 원활한 기세의 흐름을 타고 안정운세로서 조직에서 자신의 능력으로 후배를 양성하는데 모든 노력을 기울이게 됩니다.

| 시 | 일 | 월 | 년 | 구분 |
|---|---|---|---|---|
| 庚 | 庚 | 壬 | 壬 | 천간 |
| 辰 | 寅 | 子 | 寅 | 지지 |
| 庚 己 戊 丁 | 丙 乙 甲 癸 | | | 대운 |
| 申 未 午 巳 | 辰 卯 寅 丑 | | | |

金水상관격으로 식상이 년월에 가득하여 일간庚金을 맑게 씻어주는 월령의 기세가 맑으므로 운세등급이 높은 명예추구형입니다.

강한 월령의 기세가 동방木대운과 남방火대운으로 흐르면서 기세의 흐름이 원활하고 맑고 쾌적하므로 성장운세가 발현되고 운세등급을 높이며 연예인으로서 스타의 인기를 누리고 있습니다.

## (3) 재격의 재물을 소유하거나 관리하는 재능

재격은 재물을 소유하는 능력이 있습니다.
농수산물이나 공장 제품을 생산하는 것은 재물을 소유하기 위한 것입니다. 제품을 팔아서 화폐로 바꾸어 재물을 소유하는 것입니다.

재격은 재물을 관리하는 능력이 있습니다.
정재는 나의 재물이고 편재는 남의 재물이라고 합니다. 정재는 내가 노력하여 벌어들인 재물로서 일정한 수입으로 연봉이 대표적이라고 할 수 있습니다. 임대 수입이 일정하다면 이것도 정재이고 사업 수입도 일정하다면 이것도 정재의 범주에 속합니다.

국가의 재정이나 금융기관의 화폐 또는 대형물류업체나 유통업체의 물건 등은 편재라고 할 수 있습니다. 재격의 적성이 있는 사람들은 국가 재정을 관리하는 재정직이나 금융기관의 임직원 또는 대형물류를 관리하는 유통관리사, 물품관리인 등의 직업으로 재능이 있다고 할 수 있습니다. 편재는 커다란 재물을 관리하는 재능이기 때문입니다.

국가의 세금을 관리하는 세무사나 기업의 회계를 담당하는 회계사 등도 재격의 재능이 발달한 사람들입니다. 또한 가정의 가계를 담당하는 것도 재격의 범주에 속합니다.

대기업의 재벌이나 법인 등의 기업이 가지고 있는 재물은 모두 편재라고 할 수 있습니다. 개인이 소유한 것이 아니기 때문입니다. 그러므로 큰 재물을 관리하는 재벌이나 기업가 등은 편재의 재능이 있다고 하는 것입니다.

기업가의 입장에서 직원은 재성이 됩니다.
신강하고 재왕생관격이라면 기업을 운영하는 재능이 있는 것으로 기업에 속한 직원들을 관리하고 경영하는 재능이 있는 것입니다.
인사관리나 전문경영인들의 재능이기도 합니다.

| 시 | 일 | 월 | 년 | 구분 |
|---|---|---|---|---|
| 丁 | 壬 | 壬 | 庚 | 천간 |
| 未 | 寅 | 午 | 申 | 지지 |
| 庚 己 戊 丁 丙 乙 甲 癸 | | | | 대운 |
| 寅 丑 子 亥 戌 酉 申 未 | | | | |

丁火가 寅午합으로 지지에 기세를 갖고 있는 강한 재격으로 재물을 관리하는 능력이 있습니다.
서북방金水대운으로 흐르며 명예를 추구하는 구조로서 전문경영인의 재능을 가지고 있는 사주입니다.

| 시 | 일 | 월 | 년 | 구분 |
|---|---|---|---|---|
| 癸 | 戊 | 辛 | 丙 | 천간 |
| 亥 | 午 | 丑 | 子 | 지지 |
| 己 戊 丁 丙 乙 甲 癸 壬 | | | | 대운 |
| 酉 申 未 午 巳 辰 卯 寅 | | | | |

金水식재의 기세가 매우 강한 식신생재격으로 재물을 만들어 소유하는 능력이 뛰어난 사주입니다. 동남방木火대운으로 흐르며 재물로 명예를 추구하고자 합니다.

| 시 | 일 | 월 | 년 | 구분 |
|---|---|---|---|---|
| 辛 | 壬 | 丙 | 乙 | 천간 |
| 丑 | 戌 | 戌 | 未 | 지지 |
| 戊 己 庚 辛 壬 癸 甲 乙 | | | | 대운 |
| 寅 卯 辰 巳 午 未 申 酉 | | | | |

木火식재의 기세가 미흡한 재격으로 남방火대운으로 흐르면서 재격을 도와 재물과 명예를 동시에 추구하며 세계적인 기업으로 성장시키는 능력을 발휘합니다.

(4) 관살격의 조직을 관리하고 경영하는 재능

관살격은 조직이 나를 소유하는 것으로 조직에 소속된 것입니다.
국가 공무원이나 직장인들은 국가라는 조직과 기업에 소속되어 법과 규정에 의한 업무를 수행하며 조직을 관리하고 경영하는 것입니다.

정관격은 조직에 소속되어 조직을 관리하는 것입니다.
정관은 법과 규정에 의하여 조직을 관리하는 것이므로 국가 공무원이나 기업에 속한 회사원의 재능입니다. 조직에 충성하고 상부의 지시를 따르고 규정대로 업무를 처리하는 재능이 있습니다.

학생은 학교가 정관으로 학교에 소속되어 공부를 하는 것이며
가족은 가정이 정관으로 가정에 소속되어 행복을 추구하는 것이며
환자는 병원이 정관으로 병원에 소속되어 치료를 받는 것이며
장애인 등 사회취약계층은 복지시설이 정관이며 복지시설에 소속되어 보호를 받는 것입니다.

편관격은 법과 규정을 수호하며 관리하는 것입니다.
편관은 칠살이라고도 하며 법과 규정을 지키지 않는 사람들을 구속하고 처벌하여 법과 규정을 수호하는 재능이 있습니다.

국회의원들이 법을 제정하고 법관들은 판검사와 변호사의 직책을 가지고 수행하고 일선에서는 경찰관들이 위반자들을 단속하며 교도소는 죄인들을 가두고 감화하는 것입니다. 조직의 감찰직이나 감사직들도 모두 이에 해당한다고 할 수 있습니다. 이들이 내적인 수호를 한다면 군인들은 외적으로 국가를 수호하는 재능이 있는 것입니다.

식신제살이나 상관대살의 격국은 자신의 식신재능을 조직에서 펼치는 것이므로 조직에 봉사하며 조직을 홍보하고 생산적인 일을 함으로써 조직을 활성화시키는 재능이 있습니다. 외교관이나 공보직 또는 정당에 속한 조직원 등이 이에 해당한다고 할 수 있습니다.

| 시 | 일 | 월 | 년 | 구분 |
|---|---|---|---|---|
| 丁 | 丙 | 乙 | 癸 | 천간 |
| 酉 | 戌 | 丑 | 亥 | 지지 |
| 丁 戊 己 庚 辛 壬 癸 甲 | | | | 대운 |
| 巳 午 未 申 酉 戌 亥 子 | | | | |

金水재관의 기세가 강한 정관격으로
북서방金水대운에 격국의 기세가 태과하여 어려움이 많았으나
남방火대운에 기세의 균형으로 성장운세가 발현되며 명예가 빛납니다.

| 시 | 일 | 월 | 년 | 구분 |
|---|---|---|---|---|
| 壬 | 丙 | 丙 | 丙 | 천간 |
| 辰 | 寅 | 申 | 午 | 지지 |
| 甲 癸 壬 辛 庚 己 戊 丁 | | | | 대운 |
| 辰 卯 寅 丑 子 亥 戌 酉 | | | | |

金水재관의 기세가 미약한 칠살격으로
서북방金水대운에서 기세의 균형으로 성장운세가 발현되고 조직을 관리하는 능력이 뛰어나 운세등급이 높아지며 명예가 빛나게 됩니다.

| 시 | 일 | 월 | 년 | 구분 |
|---|---|---|---|---|
| 甲 | 丁 | 甲 | 癸 | 천간 |
| 辰 | 酉 | 子 | 巳 | 지지 |
| 丙 丁 戊 己 庚 辛 壬 癸 | | | | 대운 |
| 辰 巳 午 未 申 酉 戌 亥 | | | | |

金水재관의 기세가 강한 칠살격으로
서방金대운에 관살의 기세가 태과해지며 어려움이 많았으나
남방火대운에 기세의 균형을 이루며 명예를 빛내게 됩니다.

### (5) 인수격의 자격으로 인정받는 재능

인수격은 지위와 권한을 대표합니다.
조직에서 직위에 임명되는 것은 직위에 대한 권한을 확보하는 것으로 명예를 얻는 것이 됩니다.

인수印綬란 직위를 나타내는 도장이란 뜻으로 직위를 대표하는 것입니다. 왕의 인수는 옥새玉璽라고 하며, 국가의 인수는 국새國璽라고 하고, 직책의 인수는 직인이라고 하며, 개인의 인수는 인장이라고 하지만 요즈음은 사인sign으로 대체하는 것이 일반적입니다.

인수용관격은 조직에서 지위와 권한을 확보하는 것으로 명예와 직결되는 것입니다. 직인을 확보하여 결제 권한을 행사하고 조직의 장악력을 나타내는 권한이 있기도 합니다.
지위의 크고 작음은 격국의 기세로 영향을 미친다고 할 수 있습니다.
인수격은 자격을 인정받는 것입니다.
학문을 습득하거나 전문적인 지식이나 기술을 습득하여 학위나 국가 자격증을 취득하거나 민간 자격증 등을 취득하는 것은 모두 자신의 재능을 문서로 인정받기 위한 것으로 정인이라고 합니다.
자격증을 취할 목적을 가지지 않고 학문이나 전문지식을 습득하고 해당 분야의 달인이나 전문가가 되는 경우는 편인이라고 합니다.

인수격은 재산의 등기문서로서의 효력을 인정받습니다.
부동산 등기부등본이나 예금통장 등은 재산의 권리를 인정하는 문서입니다. 자신의 소유를 인성으로 인정받으며 안전하게 보호받는 행위이기도 합니다. 인수용재격 등이 이에 해당한다고 할 수 있습니다.

인수격은 영성과도 관계가 있습니다. 종교인이나 수행자 등 영적인 면을 추구하는 것도 인성의 역할입니다. 영적인 수행이나 지혜를 단련하여 인간의 행복을 추구합니다.

| 시 | 일 | 월 | 년 | 구분 |
|---|---|---|---|---|
| 庚 | 丁 | 甲 | 丁 | 천간 |
| 戌 | 卯 | 辰 | 亥 | 지지 |
| 丙 丁 戊 己 庚 辛 壬 癸 | | | | 대운 |
| 申 酉 戌 亥 子 丑 寅 卯 | | | | |

木火인비의 기세가 강한 인수격으로
북방水대운에 기세의 균형으로 성장운세를 가져오므로 행정고시에 합격하여 공직생활을 하고 서방金대운에 명예가 빛납니다.

| 시 | 일 | 월 | 년 | 구분 |
|---|---|---|---|---|
| 甲 | 丙 | 丁 | 己 | 천간 |
| 午 | 申 | 卯 | 卯 | 지지 |
| 己 庚 辛 壬 癸 甲 乙 丙 | | | | 대운 |
| 未 申 酉 戌 亥 子 丑 寅 | | | | |

木火인비의 기세가 강한 인수격으로
북방水대운으로 흐르며 인성을 도와 성장운세로 연구활동을 하였으며
서방金대운에 사주의 흐름을 도우니 안정운세를 유지하며 명예가 빛나게 됩니다.

| 시 | 일 | 월 | 년 | 구분 |
|---|---|---|---|---|
| 丁 | 丙 | 戊 | 乙 | 천간 |
| 酉 | 辰 | 寅 | 未 | 지지 |
| 庚 辛 壬 癸 甲 乙 丙 丁 | | | | 대운 |
| 午 未 申 酉 戌 亥 子 丑 | | | | |

木火의 기세가 강한 인수격으로 북방水대운에 인성을 도와 지식을 탐구하는 성장운세를 만들고 서방金대운으로 흐르며 성장운세의 여기를 몰아 명예를 빛내지만 흐름이 원활하지 못하므로 결국 하락운세로 돌아서게 됩니다.

## (6) 록겁격의 독자적이고 자주적인 재능

록겁격은 독자적으로 재성을 소유하고 조직을 관리하는 재능이 있습니다. 조직에 속하지 않고 스스로 자주적으로 독립적으로 운영하는 재능이 있는 것입니다. 록겁격이 조직에 소속되어 직장생활을 하는데 어려움을 느끼는 이유입니다.

록겁격이 조직을 장악하게 되면 권력을 행사합니다.
조직의 장이나 기업의 회장 그리고 정치인 등은 조직을 장악하여 권력을 행사하므로 록겁격이 많게 됩니다. 조직을 장악하여 자신의 권한을 행사하는 것입니다.

특히 양인격의 경우는 재성을 잡아먹는 하마이므로 관살이 없으면 재성을 보호하지 못합니다. 그러나 양인은 전문직의 별이라고도 하므로 잘만 쓰면 국가를 보호하고 사회질서를 보호하며 환자를 보호 치료하는 전문직으로 활동할 수 있습니다.

자영업자는 주로 록겁격의 재능입니다.
혼자서 독립적으로 운영하는 사업체를 가지고 있는 경우를 자영업자라고 합니다. 요즈음 많이 보는 1인 기업도 역시 록겁격의 형태라고 볼 수 있습니다. 록겁격의 기세가 크고 대운에서 흐름이 좋으면 큰 조직을 운영될 수 있습니다.

운동선수는 록겁격에서 많이 나옵니다.
자신의 힘으로 다른 선수들과 경쟁하는 것이기 때문입니다.
자신의 기세가 강하여야 경쟁하여 이길 수 있기 때문입니다.
기세가 약하다면 선수로서의 재능이 부족하다고 보는 것입니다.

록겁격은 자신의 힘을 쓰는 것이므로 일반 노동자에게도 많습니다.
록겁격의 기세가 있기는 하지만 기세의 유통이 원활하지 않거나
인성조차 없다면 생계를 위하여 자신의 힘을 쓸 수밖에 없습니다.

| 시 | 일 | 월 | 년 | 구분 |
|---|---|---|---|---|
| 乙 | 丁 | 丁 | 壬 | 천간 |
| 巳 | 未 | 未 | 午 | 지지 |
| 乙 甲 | 癸 壬 | 辛 庚 | 己 戊 | 대운 |
| 卯 寅 | 丑 子 | 亥 戌 | 酉 申 | |

木火의 기세가 강한 록겁격이지만 木火기세를 따르는 종격입니다.
서방金대운에 기세의 흐름이 좋아 성장운세가 되어 출세하였지만
북방水대운에는 왕신을 배반하니 기나긴 유배생활을 지내다가
동방木대운에 왕신을 도와 안정운세가 되어 학문을 완성하게 됩니다.

| 시 | 일 | 월 | 년 | 구분 |
|---|---|---|---|---|
| 乙 | 丙 | 丙 | 丁 | 천간 |
| 未 | 辰 | 午 | 卯 | 지지 |
| 戊 己 庚 辛 | 壬 癸 | 甲 乙 | | 대운 |
| 戌 亥 子 丑 | 寅 卯 | 辰 巳 | | |

木火의 기세가 강한 양인격으로 木火기세를 따르는 종격입니다.
동방木대운에 왕신을 도와 축구선수로서 국가대표로 활약을 하며
북방水대운에는 왕기를 배반하므로 지도자로서 후배를 양성하며 조용히 지내는
개운을 택한다면 안정운세를 유지할 수 있습니다.

| 시 | 일 | 월 | 년 | 구분 |
|---|---|---|---|---|
| 己 | 丙 | 壬 | 乙 | 천간 |
| 丑 | 戌 | 午 | 卯 | 지지 |
| 甲 乙 丙 丁 | 戊 己 | 庚 辛 | | 대운 |
| 戌 亥 子 丑 | 寅 卯 | 辰 巳 | | |

木火의 기세가 강한 양인격으로 동방木대운에 왕신을 도와 명예를 빛내고 재물도
성취하였으나 북방水대운에는 개운으로 안정운세를 유지하여야 할 것입니다.

### 핵심 Tip

재물과 명예는 불가분의 관계입니다.
재물을 성취하면 명예는 저절로 올라가며
명예를 성취하면 재물은 저절로 따라옵니다.

재물과 명예는 분수에 알맞아야 합니다.
분수에 맞지 않은 재물을 취하다가는 명예를 잃기 쉬우며
분수에 맞지 않은 명예를 취하다가는 재물을 잃기 쉬운 것입니다.

분수分數란
사주팔자에 있는 적성과 능력의 기세입니다.
기세가 강하고 맑으면 운세등급이 높아지므로 분수가 있다고 하고
기세가 약하고 탁하면 운세등급이 낮아지므로 분수가 없다고 합니다.

재물과 명예운세의 분수는 사주팔자에서 기세가 맑게 조화되고
대운에서 성장운세가 발현되어야 운세등급이 높아지는 것입니다.
대운에서 하락운세가 된다면 분수를 잃어버리게 됩니다.

사주팔자에서 기세가 태과불급하여 탁한데 대운에서 돕지 않으면
분수를 잃고 욕망에 사로잡혀 하락운세로 추락하므로
개운을 통하여 욕망을 조절하여야 안정운세를 만들 수 있습니다.

개운은 신의 도움이 필요 없는 인간의 자유의지로만 가능한 것이니
대운의 작용에 의하여 만들어지는 하락운세를 멈추고
자유의지를 작동하여 안정운세를 만들 수 있는 것이며
안정운세를 만들어야 디딤돌로 삼아 대운에서 오는 성장운세나 사회적인
운세를 편승할 수 있는 기회를 잡아야 성공할 수 있습니다.

자유의지는 희망과 노력이 없이는 실행할 수 없습니다.

# 04 가정운세

## 1 가정의 개념

자신을 닦고 가정을 편안하게 하여야 나라를 다스릴 수 있고 천하를 평정할 수 있다. - 대학

(1) **가정이란 가족이 함께 사는 공간**

가정은 나와 형제들이 자라고 교육받는 부모의 가정이 있고 내가 성장하여 부모로부터 독립하여 배우자를 만나 가정을 이루고 자식을 낳아 기르는 가정이 있습니다.

◆ 가정의 구성원

| 부모의 가정 | 나의 가정 |
|---|---|
| 부모와 형제 | 배우자와 자식 |

부모의 가정 구성원은 부모와 형제이고
나의 가정 구성원은 배우자와 자식입니다.

부모에 의하여 나와 형제가 길러지고 교육을 받게 됩니다.
나와 배우자에 의하여 자식이 길러지고 교육을 받는 것입니다.

부모의 금슬이 좋아 행복한 가정에서는 나와 형제들이 안정된 가정에서 행복을 느끼며 자라지만
부모의 금슬이 나빠 갈등이 심한 가정에서는 나와 형제들이 불안한 상태에서 어렵게 자랄 것입니다.

나와 배우자의 금슬이 좋고 나쁨에 따라 나의 자식들도 역시 마찬가지로 안정된 가정이냐 아니냐에 따라 자라는 환경이 달라질 것입니다.

## (2) 금수저와 흙수저의 가정환경

부모의 가정이 부유하다면 소위 금수저의 집안이 될 것이고
부모의 가정이 가난하다면 소위 흙수저의 집안이 될 것입니다.

금수저의 가정에서 태어나면 부모의 재산을 대물림 받으며 양질의 성장환경에서 양질의 교육을 받을 것입니다.
흙수저의 가정에서 태어나면 열악한 성장환경에서 교육을 제대로 받지 못하지만 때로는 자수성가로 운세등급이 급등하기도 합니다.
개천에서 용 난다는 속담은 흙수저로 태어나 자수성가하는 경우를 말하는 것으로 재벌닷컴에서 발표(2018년)한 주식부자 100명 중에 자수성가형이 31명이나 부자로서 용이 되었음을 알려주고 있습니다.

**자수성가는 개인의 노력과 운에 의하여 만들어집니다.**
금수저일지라도 노력과 운이 없이는 성취를 하기 어렵습니다.
부모가 부자일지라도 부모의 가업을 물려받지 않고 스스로 창업하여 성공하는 경우에도 자수성가하였다고 합니다. 이는 부모와 관계없이 스스로의 노력과 성장운세의 발현으로 성취하였기 때문입니다.

자수성가는 금수저나 흙수저의 구분이 없습니다. 사주팔자의 기세가 좋고 운에서 기세를 도와주는 성장운세이라면 스스로 노력하여 자수성가로 자신의 뜻을 이룰 수 있기 때문입니다.

금수저는 높은 등급의 운세에서 출발하였지만 하락운세로 인하여 운세등급이 하락하는 경우도 있고 안정운세로 인하여 운세등급을 유지하기도 합니다.
흙수저는 낮은 등급의 운세에서 출발하였지만 성장운세로 인하여 운세등급이 급등하기도 하면서 자수성가로 높은 등급의 운세로 진입하기도 하는 것입니다.

| 시 | 일 | 월 | 년 | 구분 |
|---|---|---|---|---|
| 癸 | 戊 | 辛 | 丙 | 천간 |
| 亥 | 午 | 丑 | 子 | 지지 |
| 己 戊 丁 丙 乙 甲 癸 壬 | | | | 대운 |
| 酉 申 未 午 巳 辰 卯 寅 | | | | |

흙수저로 태어나 어린 시절 신문팔이를 하면서 어렵게 공부하지만 스스로 창업하여 재벌기업을 이룬 자수성가형입니다.

사주팔자에 강한 水기의 기세로 인하여 재다신약의 사주이지만 남방火대운에 성장운세가 발현되면서 일간을 도와 성장하고 운세등급이 급등하는 경우입니다.

| 시 | 일 | 월 | 년 | 구분 |
|---|---|---|---|---|
| 壬 | 戊 | 戊 | 庚 | 천간 |
| 戌 | 申 | 寅 | 戌 | 지지 |
| 丙 乙 甲 癸 壬 辛 庚 己 | | | | 대운 |
| 戌 酉 申 未 午 巳 辰 卯 | | | | |

부모가 부자로서 금수저이지만 스스로 창업하여 재벌기업을 이룬 자수성가형입니다. 전형적인 식신생재의 사주팔자로써 남방火대운에 성장운세가 발현되면서 일간을 도와 성장하는 운세입니다.

| 시 | 일 | 월 | 년 | 구분 |
|---|---|---|---|---|
| 辛 | 戊 | 丁 | 己 | 천간 |
| 酉 | 戌 | 丑 | 未 | 지지 |
| 己 庚 辛 壬 癸 甲 乙 丙 | | | | 대운 |
| 巳 午 未 申 酉 戌 亥 子 | | | | |

부모는 소상인으로 흙수저이지만 게임으로 성공함으로써 포브스 1조원 부자에 선정된 자수성가형입니다. 사주팔자에 丑戌未 삼형으로 몰입에너지를 만들고 서방 金대운에 성장운세가 발현합니다.

### (3) 가정이란 행복을 충족하는 공간

행복은 현재와 관련되어 있다. 목적지에 닿아야 행복해지는 것이 아니라 여행하는 과정에서 행복을 느끼기 때문이다. - 앤드류 매튜스

**부부가 사랑으로 행복을 만들어가는 공간입니다.**
남녀가 서로 만나서 사랑을 확인하고 결혼을 하여 가정을 꾸미고 자식을 낳아 기르게 됩니다. 모두가 이상적인 가정을 꿈꾸며 행복한 가정을 유지하기를 원합니다.
그러나 살아가다보면 제일 먼저 부딪치는 것이 각자의 성격을 극복하지 못하고 이혼이라는 수순을 밟는 가정이 늘어나고 있습니다.
연애할 때는 안 그랬는데 결혼하여 살다보니 이해하지 못하는 성격으로 인하여 서로가 어려움을 겪는 경우가 많은 것이 현실입니다.

대체로 남성들은 편안한 가정을 원하는 편이고 여성들은 사랑이 충만한 가정을 원하는 편입니다.
그러나 서로가 원하는 상태를 얻지 못한다면 상대를 원망하고 불륜을 저지르는가 하면 별거나 이혼을 선택하기도 합니다.
또한 가정을 유지할 능력이 부족하여 경제적 어려움을 호소하는 경우도 많으며 사업을 하다가 실패를 하여 갑자기 가정이 깨지는 경우도 허다하다고 합니다.

부모의 사랑이 금이 가면 나와 형제들이 어려움을 당하는 것이고
부부의 사랑이 금이 가면 자식들이 어려움을 당하는 것입니다.

사주팔자에서 서로가 원하는 배우자 상을 미리 알고 결혼을 한다면
사고를 미연에 방지하고 행복한 결혼생활을 할 수 있으며
자식들의 불행도 방지할 수 있는 것입니다.

## ❷ 결혼과 배우자 운세

**결혼은 인륜대사人倫大事라고 하여 인간생활의 중대한 일이며
삶의 행복을 위하여 배우자 선택에 신중하여야 합니다.**

결혼은 가정을 이루기 위한 필수 과정입니다.
남녀가 만나 연애를 하고 서로 사랑을 확인하며 결혼의 수순을 밟는 것은 가정을 만들기 위함입니다.
가정은 개인의 삶을 행복하게 만드는 곳이므로 신중을 기하여 배우자를 선택하여야 하는 것입니다. 내가 원하는 이상적인 배우자인가 아닌가에 따라 삶이 달라지기 때문입니다.

### (1) 이상적인 배우자의 조건

| 성격 | 직업 | 건강 | 집안 |
|------|------|------|------|

이상적인 배우자의 조건을 모두 갖춘다는 것은 매우 어렵습니다. 성격이 조화가 되어야 하고 안정적인 직업과 건강한 심신으로 가정을 유지할 수 있어야 하며 서로의 집안의 수준도 고려하여야 하는 것입니다.

성격의 조화를 이루었다면 행복한 결혼생활을 유지하는 것이 일반적이지만 성격이 서로 조화가 되지 않는다면 다른 조건이 아무리 좋아도 행복한 결혼생활을 하지 못한다고 합니다. 그만큼 성격의 중요성이 가장 크다고 할 것입니다.

직업은 사회적 성취를 위한 개인적인 목적을 달성하는 면도 있지만 가정을 유지하기 위하여서도 필수적이라고 할 수 있습니다. 직업은 경제적 충족을 가져다주므로 가계의 안정과 자식의 교육에 필요한 재정을 조달하기 위하여서는 안정적인 수입이 필요하기 때문입니다.

가족의 건강은 행복한 가정을 유지하기 위하여서는 필요한 것입니다. 가족의 질병을 치료하기 위하여서는 경제적인 면과 정신적인 면으로 다른 가족들이 고통을 받을 수 있으며 이로 인하여 가정이 깨지는 경우도 있기 때문입니다.

일반적으로 사회적으로 명망이 있는 직업을 가지거나 재물이 많은 배우자를 선택하는 것을 선호한다고 합니다. 또는 부모의 직위가 높거나 재물이 많은 부자의 자식이 우선순위에 들어갈 것입니다.
서로가 이러한 조건을 원하므로 비슷한 수준의 상대가 아니라면 배우자로 선택되기 어렵습니다.
간혹 행운을 얻어 신데렐라가 된다고 하여도 부모나 자신의 수준이 상대의 기대에 미치지 못하여 결혼생활에 어려움을 겪으며 집안 분위기에 적응하지 못하고 불행한 결혼생활을 하다가 중도에 탈락하는 경우도 많은 것이 현실입니다.

**이상적인 배우자는 가능성을 보아야 합니다.**
개인의 능력이 가정을 유지할 수준에 미치지 못한다면 가능성이 없다고 합니다. 아무리 부모가 부자인 금수저라고 하여도 결혼을 하여 가정을 유지할 능력이 부족하다면 가능성이 없다고 하여야 합니다.
비록 부모가 가난한 흙수저라고 하여도 개인의 능력이 좋다면 얼마든지 가정을 유지할 수 있는 능력이 있으므로 가능성이 있다고 하는 것입니다.

2018년에 재벌닷컴에서 발표한 100명의 주식부자들 중에서 상위 50%를 제외하면 하위에서 31명이 자수성가로 부자가 된 사람들이라고 합니다. 자수성가란 부모의 재산을 물려받지 않고 스스로 성공한 삶을 말합니다. 가능성이 있으면 부모의 재산에 관계없이 스스로의 능력으로 얼마든지 부자가 될 수 있음을 보여주는 통계입니다.

부자가 아니어도 가정을 유지할 능력이 있으면 가능성이 있다고 합니다.

## (2) 현대적 의미의 겉궁합과 속궁합

| 겉궁합 | 가정을 유지할 수 있는 능력의 여부 |
|---|---|
| 속궁합 | 자신이 원하는 배우자상의 여부 |

고전적인 겉궁합과 속궁합은 성격과 성적인 것을 보는 것이 일반적입니다. 겉궁합은 년지를 위주로 판단하며 속궁합은 일지를 위주로 판단하지만 이러한 판단법은 단식판단이므로 오류가 많다고 할 수 있습니다. 실제로 궁합이 좋다고 하여 결혼하였는데 이혼하는 사례는 얼마든지 찾아볼 수 있는 것이 현실입니다.

년지를 위주로 하는 겉궁합은 띠로 보는 단식판단법입니다.
寅午戌생은 호랑이띠, 말띠, 개띠의 조합으로 인연이 있다고 보는 것입니다. 그러나 띠의 조합이라고 하여 겉궁합이 좋다고 한다면 백년해로하며 잘 살아야 할 것이지만
실제로 이혼하는 경우가 많으므로 궁합이 좋다고 할 수 없습니다.

일지를 위주로 하는 속궁합은 지지합으로 보는 단식판단법입니다.
일지가 午火이라면 상대의 일지가 未土가 되어 午未합이 되므로 궁합이 좋다고 합니다. 지지합이 음양의 합이기는 하지만 실제로 지지합이 되어 결혼하였다고 하여도 반드시 백년해로하며 사는 것이 아닙니다.

그러므로 고전적인 년지의 삼합띠나 일지의 지지합이 되었다고 궁합이 좋다고 말하기는 어려우며 더구나 년지와 일지에서 원진살이나 탕화살이 있다고 하여 궁합이 나쁘다고 하는 등의 단식판단은 실제로 궁합이 좋은 커플이 결합하지 못하는 불상사도 발생하는 것입니다.
원진살이라고 하여 꺼려하며 결혼하였으나
실제로 서로를 아끼며 사랑하며 잘 사는 경우도 있고
일지 합이 되어 좋은 궁합이라고 하여 결혼하였으나
실제로 별거나 이혼 등으로 헤어지는 부부도 많은 것이 현실입니다.

### 현대적 의미의 겉궁합이란

기세의 등급이 적절하다면 재물과 명예를 만들 수 있으며 대운에서 도와 태과불급이 조절되어 성장운세가 발현되고 심신이 건강하여지므로 현대적인 의미로 겉궁합이 좋다고 할 수 있는 것입니다.

우선 가정을 유지할 수 있는 능력의 여부를 보는 것이 겉궁합입니다.
능력이 부족하여 가정을 유지하기 어려운 사주팔자라면 결혼생활을 지속하기 어려우므로 이혼이나 별거라는 과정을 밟게 되는 것입니다.

가정을 유지할 수 있는 사주팔자는 기세가 강하며 격국이 맑고 오행의 흐름이 좋으며 기세의 균형이 적절하게 조화되어 운세등급이 적절하여야 합니다.
또한 대운에서 도와주어야 성장운세로서 성장과 발전을 하며 가정을 유지할 수 있는 능력이 있다고 할 것입니다.
대운에서 흐름을 방해한다거나 격국을 파괴하는 경우에는 하락운세가 되어 가정을 유지할 능력을 잃어버리기도 합니다.

또한 부부의 성격이 조화되어야 이상적인 겉궁합이라고 할 수 있습니다. 대체로 사주팔자가 맑으면 상대를 이해하는데 어려움이 없습니다. 그러나 태과불급으로 인하여 탁하다면 자신만 알고 자신의 주장만 하게 되므로 갈등이 생기기 마련입니다.
사주팔자가 맑으면 성격이 조화되어 있으므로 원만하다고 합니다.
태과불급으로 인하여 탁하다면 성격이 비뚤어지거나 편협되어 고약하다고 합니다.

자신의 사주팔자의 기세를 조절하기 위한 용신이 상대의 사주팔자에 주된 요소로 자리 잡고 있다면 궁합의 운세가 좋다고 합니다.
이는 나의 성격의 결함을 상대가 이해하여 주므로 이러한 커플은 검은 머리가 파뿌리가 되도록 오래도록 행복하게 살 수 있습니다.

## 현대적 의미의 속궁합이란

**남성이 사랑을 받고 싶으면 어머니와 같은 배우자를 원할 것이고
여성이 보호를 받고 싶다면 아버지와 같은 배우자를 원할 것입니다.
남성의 보호 본능은 딸과 같은 배우자를 원할 것이고
여성의 모성애는 아들과 같은 배우자를 원할 것입니다.**

자신이 원하는 이상형으로서 부모와 같은 배우자상을 원하는가 하면 자식과 같은 배우자상을 원하는 경우도 있는 것입니다.
부모와 같은 배우자를 원하는 것은
배우자로부터 사랑과 보호를 받고자 하는 것이며
자식과 같은 배우자를 원하는 것은
배우자를 보호하고 사랑하고자 하는 것입니다.

아버지 같은 남편을 만나야 하는데 아들과 같은 남편을 만나거나
어머니 같은 부인을 만나야 하는데 딸 같은 부인을 만난다면 매우 혼란스러워하며 정체성이 무너지기도 합니다.
또한 친구 같은 배우자를 원하는데 부모나 자식 같은 배우자를 만난다면 인생의 흥미를 잃고 방황하는 삶을 살게 될 것입니다.

남성이 어머니와 같은 배우자를 원하는데 딸 같은 배우자라면 내가 사랑을 받지 못하므로 배우자와의 관계가 소원해지는 것이며 배우자는 오히려 자신을 아버지와 같이 여기며 보호해달라고 요구하므로 서로의 입장을 이해하지 못하고 결국 헤어지는 수순을 밟기 마련입니다.

여성이 아버지와 같은 배우자를 원하는데 아들 같은 배우자라면 내가 보호를 받지 못하므로 배우자와의 관계가 소원해지는 것이며 배우자는 오히려 자신을 어머니와 같이 여기며 사랑해달라고 요구하므로 서로의 입장을 이해하지 못하고 결국 헤어지는 수순을 밟기 마련입니다.

상대가 배우자에게 부모와 같은 사랑과 보호를 받고자 하는 것은 인성의 태과불급에서 오는 것이라고 할 수 있습니다.
인성이 불급하게 되면 부모에게서 못 받은 사랑과 보호의 부족함을 메우기 위하여 배우자의 사랑과 보호를 원하게 되며
인성이 태과하여도 부모의 과잉적인 사랑과 보호가 습성이 되어있는 마마보이나 공주처럼 배우자의 사랑과 보호를 받고자 하는 것입니다.

사주팔자에 비겁이 강하다면 남성은 보호 본능이 작동되면서
배우자를 보호하고 싶은 욕구가 생깁니다. 보호 본능은 연상 또는 연하에도 불구하고 배우자를 보호하고 싶어 합니다.
그러므로 이러한 남성은 딸 같은 배우자를 선택하고자 할 것입니다.

비겁이 강한 여성은 모성애 본능을 나타내며
배우자를 자식같이 기르고자 하는 욕구가 생깁니다.
자신이 일을 하며 고생을 하여도 배우자를 기르고자 합니다.
말썽만 일으키는 배우자의 성격이나 생활 태도를 고쳐보겠다고 힘겨운 고생도 마다하기도 합니다. 그러므로 이러한 여성은 아들 같은 배우자를 선택하고자 합니다.

남성이 딸과 같은 배우자를 원하는데
잔소리만 하는 어머니와 같은 배우자라면 남성은 보호 본능을 발휘할 수 없으므로 배우자와의 관계가 소원해지는 것입니다.
배우자는 자신을 아들과 같이 여기므로 서로의 입장을 이해하지 못하고 결국 헤어지는 수순을 밟기 마련입니다.

여성이 아들과 같은 배우자를 원하는데
아버지와 같은 배우자라면 여성은 모성애 본능을 발휘하지 못하므로 배우자와의 관계가 소원해지는 것입니다.
배우자는 아버지처럼 자신을 보호하고자 하므로 서로의 입장을 이해하지 못하고 결국 헤어지는 수순을 밟기 마련입니다.

| 시 | 일 | 월 | 년 | 구분 |
|---|---|---|---|---|
| 丁 | 辛 | 戊 | 乙 | 천간 |
| 酉 | 卯 | 寅 | 巳 | 지지 |
| 庚 辛 壬 癸 甲 乙 丙 丁 | | | | 대운 |
| 午 未 申 酉 戌 亥 子 丑 | | | | |

寅월생에 木재성의 기세가 강하고 일간의 기세가 약하므로 戊土어머니와 같은 배우자의 사랑을 받고 싶어 합니다. 그러나 서방金대운에 재성의 기세가 미약해지면서 딸 같은 배우자와 결혼하고 성격이 맞지 않아 이혼하게 됩니다.

| 시 | 일 | 월 | 년 | 구분 |
|---|---|---|---|---|
| 乙 | 壬 | 己 | 癸 | 천간 |
| 巳 | 申 | 未 | 丑 | 지지 |
| 丁 丙 乙 甲 癸 壬 辛 庚 | | | | 대운 |
| 卯 寅 丑 子 亥 戌 酉 申 | | | | |

未월생에 己土관성의 기세가 강한데 소년기 서방金대운에 강한 기세의 인성으로부터 과잉보호되어 자랐으므로 아버지와 같은 배우자를 원하게 됩니다. 그러나 북방水대운에 비겁의 기세가 강하여지면서 아들 같은 배우자와 결혼하고 성격이 맞지 않는다고 이혼하게 됩니다.

| 시 | 일 | 월 | 년 | 구분 |
|---|---|---|---|---|
| 丙 | 甲 | 乙 | 丁 | 천간 |
| 寅 | 申 | 巳 | 未 | 지지 |
| 癸 壬 辛 庚 己 戊 丁 丙 | | | | 대운 |
| 丑 子 亥 戌 酉 申 未 午 | | | | |

巳월생에 木火의 기세가 강하여 사랑을 베풀어주는 성향이 있으므로 모성애가 강합니다. 북방水대운에 아들 같은 배우자를 만나 사랑으로 따뜻하게 보호하고 감싸주며 행복한 삶을 살게 됩니다.

(3) 배우자의 성격

결혼이란 남자와 여자가 함께 가정을 이루며 사는 것입니다.
그러나 서로의 성격을 이해하지 못한다면 갈등의 연속이 될 것입니다.

**동화 한편을 소개합니다.**
옛날에 호랑이와 소가 이웃 마을에 살았는데 둘이는 한 눈에 반해서 서로를 사랑하게 되었답니다.
둘이는 너무나 사랑한 나머지 주위의 반대를 물리치고 결혼을 하여 가정을 꾸리기로 하였답니다.
결혼식을 마치고 소는 호랑이 남편을 위하여 음식을 준비하였답니다.
맛있는 풀들을 여러 가지 방법으로 요리를 하여 성대한 음식상을 준비하고는 호랑이 남편에게 맛있는 저녁을 먹자고 하였답니다.
호랑이는 소 아내가 요리한 음식에 기대감을 갖고 음식상에 앉자마자 눈이 휘둥그레졌답니다. 모두 풀로만 만든 음식이고 자기가 좋아하는 고기는 한 점도 보이지 않았기 때문입니다.
그래도 사랑하는 소 아내가 만든 음식이기에 웃어가면서 억지로 먹고는 밤새 배탈로 고생을 하였답니다.

호랑이는 소 아내가 아직 자신의 식성을 모른다고 생각하고는 이번에는 자신이 음식을 준비하겠다고 하며 고기로 만든 요리를 음식상에 가득 차려놓고는 소 아내에게 음식 자랑을 하였답니다.
소 아내는 사랑하는 호랑이 남편이 준비한 음식에 잔뜩 기대를 하고 음식상에 앉았는데 자기가 좋아하는 풀은 하나도 없도 모두 고기로만 되어있는 음식에 실망을 하지만 사랑하는 남편이 만든 음식이기에 웃으면서 억지로 먹고는 밤새 배탈로 인하여 고생을 하였답니다.
소와 호랑이 부부는 서로 사랑하지만 음식으로 인하여 서로의 감정이 상하는 일이 많아지자 급기야 상대가 자신을 일부러 골탕 먹이는 것이라고 오해를 하면서 미워하는 마음이 점점 커지게 되었답니다.

이렇게 살기는 어렵다고 생각한 둘이는 헤어지기로 하였답니다.
호랑이는 숲으로 돌아가서 자신이 먹고 싶은 고기를 마음껏 먹으면서 살겠다고 하고 소는 들판으로 가서 자신이 먹고 싶은 풀을 마음껏 먹으면서 살겠다고 하며 각자 갈 길을 가기로 하였답니다.
숲으로 돌아가는 호랑이를 발견한 올빼미가 어찌된 일이냐고 묻자 호랑이는 그간의 자초지종을 이야기하면서 소와 사는 것이 얼마나 어려운지를 호소하였답니다. 호랑이의 이야기를 들은 올빼미는 호랑이의 어리석음을 말하면서 소란 원래 고기를 먹지 못하고 풀만 먹을 수 있다고 일깨워주면서 소가 고기를 먹으면 죽는다고 하였답니다.

올빼미의 이야기를 들은 호랑이는 그제야 자신이 잘 못 하였음을 알고 어찌 해야 하느냐고 물었습니다. 올빼미는 호랑이에게 방법을 알려주며 소에게 돌아갈 것을 권유하였고 호랑이는 올빼미의 말을 듣고는 소가 좋아하는 풀을 구해서 소에게 돌아갔답니다.
올빼미는 호랑이가 돌아가는 것을 보고 소에게 달려가 호랑이는 고기만을 먹을 수 있고 풀을 먹으면 죽는다고 이해를 시키고는 얼른 고기를 준비하여 호랑이를 맞을 준비를 하라고 하였답니다.
호랑이와 소는 식탁에 마주앉아 서로를 바라보면서 소 앞에는 호랑이가 준비한 풀로 만든 음식이 가득하고 호랑이 앞에는 소가 준비한 고기 음식이 가득하여 서로 즐겁게 식사를 하면서 사랑을 확인하고 오래 오래 행복하게 살았다고 합니다.

이야기 속에는 부부의 삶의 지혜가 들어있습니다.
호랑이는 자신이 고기를 좋아하므로 사랑하는 소도 역시 고기를 좋아할 것이라고 착각하고 소도 역시 마찬가지 착각을 하고 있습니다.

부부는 서로 다른 성격을 가진 남녀가 만나서 가정을 이루는 것이므로 소와 호랑이와 같은 각자의 습성과 취미 그리고 성격이 전혀 다른 모습이 되기도 합니다. 이런 것들을 이해하고 상대의 입장을 고려하며 사랑한다면 행복한 가정을 이룰 수 있다는 교훈이 되는 것입니다.

부부는 음양의 기세의 조화입니다.

음양은 서로 상대적이지만 공존하는 것이고
상호 보완하는 성질을 가지고 있습니다.

남녀는 서로 다릅니다. 육체도 다르고 기본 성정도 다릅니다.
남성이 양의 기세이라면 여성은 음의 기세를 가지고 있는 것입니다. 양의 기세는 단단하고 음의 기세는 유연하다고 합니다. 단단한 양의 기세와 유연한 음의 기세는 대조적이므로 상대적이라고 합니다.

음양의 기세는 반드시 공존하며 하나를 이루게 됩니다.
음만이 존재할 수 없으며 양만이 존재할 수 없습니다. 음양은 하나의 몸이므로 따로 떨어질 수 없는 것입니다. 마치 동전의 앞면이 양이고 뒷면이 음이라고 하여 따로 떨어질 수 없는 것과 마찬가지입니다.

음양의 기세는 상호 보완하며 존재합니다.
음이 왕성하면 양이 생겨나고 양이 왕성하면 음이 생겨나면서 서로를 보완하게 됩니다. 음이 쇠약해지는 자리에는 양이 보완하여주고 양이 쇠약해지는 자리에는 음이 보완해주며 서로를 채워주게 됩니다.

음양의 기세를 그린 이치가 태극입니다.

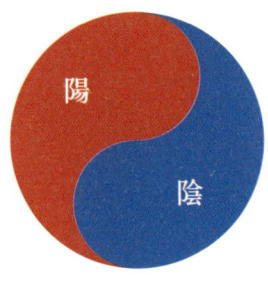

태극

배우자의 성격은 음양의 기세가 조화되어야 좋습니다.

양과 양은 대립하기 쉬우며 음과 음도 대립하기 쉬운 것입니다.
음양의 기세가 만나면 서로 상대적이지만 서로 공존하고 상호 보완할 수 있는 것입니다.

◆ 음양의 기세의 성질

| 양 | 음 |
| --- | --- |
| 외향적, 활동적, 소비성 | 내향적, 비활동적, 저축성 |

양의 기세의 성질은 외향적이고 활동적이며
강하고 빠르고 공격적이므로 남성적이고
음의 기세의 성질은 내향적이고 비활동적이며
유연하고 느리고 방어적이므로 여성적입니다.

양성남陽性男과 양성녀陽性女가 만나면 서로 외향적인 성격으로 밖에서 활동하기를 좋아하므로 부부가 함께 활동하는 직업적인 면이나 취미활동적인 면에서는 화합이 잘되는 장점이 있습니다.
그러나 서로가 강한 성격이므로 서로 자신의 주장을 하며 양보를 하지 않으므로 싸움이 잦고 갈등의 폭이 커지는 단점이 있습니다. 또한 밖으로만 향하므로 가정을 돌보고 아이를 키워야 하는 면에서는 어려움이 따르기 마련입니다.

음성남과 음성녀가 만나면 서로 내향적인 성격으로 조용하고 가정적이므로 집안일을 서로 도와가면서 아이를 키우고 직업적인 면이나 취미활동적인 면에서는 화합이 잘되는 장점이 있습니다.
그러나 서로가 조용한 성격이므로 말을 잘 하지 않으며 한번 오해가 생기면 오래가는 특징으로 인하여 자칫 따분한 삶으로 우울하여지기도 합니다.

양성남과 음성녀가 만나면 음양의 기세가 조화되어 이상적이 되며 서로 보완하고 서로 공존하는 특성이 있지만 서로를 이해하지 못하면 보완과 공존이 어려우므로 소와 호랑이와 같은 어려움이 따를 것입니다.

음성남과 양성녀가 만나면 음양의 기세의 부조화로 인하여 남성과 여성의 역할이 바뀌는 현상이 발생할 수 있지만 요즈음 현대사회에서는 흔히 보는 조합으로 여성의 사회진출이 넓어지면서 여성이 가장이 되고 남성이 가정을 돌보는 형태가 유행하기도 합니다. 그러나 역시 상대를 이해하지 못한다면 어려움이 따를 것입니다.

**사주팔자의 기세가 맑으면 성격의 조화를 이루게 됩니다.**

오행의 흐름이 좋으면 맑다고 하는 것이고
기세의 균형이 알맞으면 역시 맑다고 하는 것입니다.

사주팔자의 기세가 맑으면 성격이 원만하다고 합니다. 그러나 기세가 태과불급되어 편향되어 있다면 성격은 편협하고 괴팍하다고 합니다.

火의 기세가 태과한 남성과 水의 기세가 태과한 여성이 만나면 남성은 매우 양적인 성향으로 불같은 성격을 나타내며 여성은 매우 음적인 성향으로 우울한 성격을 나타내기도 합니다.

火의 기세가 강한 남성이 金水운으로 흐른다면 안정세를 찾아가며 상대를 이해하려고 할 것이지만 木火운으로 흐른다면 자신의 성질을 못 이겨 폭력적으로 변하기도 할 것입니다.

水의 기세가 강한 여성이 木火운으로 흐르면 밝게 발전할 수 있지만 金水운으로 흐른다면 강한 음기로 인하여 오히려 정체되거나 폭풍우와 같은 어려움을 많이 겪을 수도 있다고 할 수 있습니다.

## 소비성향과 저축성향의 성격

**양적이고 화려함을 추구하면 소비성향이고
음적이고 소박함을 추구하면 저축성향입니다.**

소비를 좋아하는 남성과 소비를 좋아하는 여성이 만나면 가정을 유지하기 어렵습니다. 서로가 소비를 하는 성향이므로 밖으로 나가기를 좋아하고 화려한 것을 추구하게 됩니다. 수입에 맞추어 소비를 하면 즐거운 삶을 살 수도 있지만 저축이 없으므로 수입이 없을 경우에는 빚만 늘어갈 뿐이고 경제적 어려움만 가중되기 마련입니다.

저축을 좋아하는 남성과 저축을 좋아하는 여성이 만나면 검소한 삶으로 살아가기 마련입니다. 수입의 대부분을 저축하므로 최소한의 비용으로 삶을 유지하려고 합니다. 그러나 저축에 집착하다보면 돈을 모으는 재미는 있을지언정 주위와의 관계가 소원해지고 고립되는 삶을 살아가기도 합니다.

소비를 좋아하는 남성과 저축을 좋아하는 여성이 만나면 여성은 남편의 소비성향으로 인하여 스트레스를 받을 것이며 남성은 여성의 간섭에 의하여 스트레스를 받을 것입니다. 그러나 여성의 저축과 남성의 적절한 소비는 오히려 삶의 활력을 만들어주기도 합니다.

저축을 좋아하는 남성과 소비를 좋아하는 여성이 만나면 남성은 여성의 소비성향에 스트레스를 받을 것이며 여성은 자신의 욕구를 충족시키지 못하므로 역시 스트레스를 받을 것입니다. 여성의 적절한 소비성향은 가정의 삶의 활력을 불러오기도 하지만 남성의 저축성향으로 인하여 잔소리로 이어지므로 관계가 악화되기도 합니다.

**실질적 소득은 수입에서 필수적인 고정 지출을 뺀 것이며
실질적 소득의 이상적인 지출은 소비와 저축의 비율이 5 : 5입니다.**

| 구분 | 년 | 월 | 일 | 시 |
|---|---|---|---|---|
| 천간 | 戊 | 丙 | 甲 | 戊 |
| 지지 | 戌 | 辰 | 子 | 辰 |
| 대운 | 乙卯 | 甲寅 | 癸丑 | 壬子 | 辛亥 | 庚戌 | 己酉 | 戊申 |

辰월생의 戊土재성의 기세가 매우 강합니다. 辰월의 丙火식신은 화려한 꽃을 피우기 위함이니 소비성향이 강하다고 할 것입니다.
북방水대운에 화려함을 유지하기 위한 소비를 많이 하게 됩니다.

| 구분 | 년 | 월 | 일 | 시 |
|---|---|---|---|---|
| 천간 | 癸 | 己 | 壬 | 乙 |
| 지지 | 丑 | 未 | 申 | 巳 |
| 대운 | 庚申 | 辛酉 | 壬戌 | 癸亥 | 甲子 | 乙丑 | 丙寅 | 丁卯 |

未월생이 화려한 火의 기세를 필요로 하므로 소비를 추구하는 성향입니다. 소년기 서방金대운에 부모의 후광으로 화려함을 누리었으나
북방水대운에 火기의 불급으로 인하여 화려함을 누리기 어려우므로 화려함을 찾게 됩니다.

| 구분 | 년 | 월 | 일 | 시 |
|---|---|---|---|---|
| 천간 | 己 | 戊 | 戊 | 癸 |
| 지지 | 酉 | 辰 | 寅 | 亥 |
| 대운 | 己巳 | 庚午 | 辛未 | 壬申 | 癸酉 | 甲戌 | 乙亥 | 丙子 |

辰월생이 꽃을 피우고 결실을 맺고자 하는 열망이 가득하지만
남방火대운에 金기의 결실만 서두르며 키우다보니 소비를 많이 하고
서방金대운에 水기가 정체되어 흐름이 원활하지 못하므로 어려움을 겪게 됩니다.

(4) 배우자의 직업

배우자의 직업은 가정을 유지하기 위하여 반드시 필요합니다.

직업적 능력이 있어야 가정을 유지할 수 있습니다.
가정을 유지하기 위하여서는 어느 정도의 경제적 능력이 있어야 합니다. 경제적 능력은 직업을 통하여 벌어들인 수입의 정도에 따라 달라집니다.

◆ 생계비 수준(2018년 4인가족 기준)

| 고소득층 | 중소득층 | 저소득층 |
|---|---|---|
| 680만원 이상 | 450만원 | 270만원 미만 |

일반적으로 중소득층의 생계비 수준이 가정을 유지하는 적정수준이라고 합니다. 중소득층 수준의 150% 이상의 수입이면 고소득층으로 분류되고 중소득층 수준의 50% 미만이면 저소득층으로 분류되며 최저생계비의 기준이 된다고 합니다.

가정의 고정적인 소비내용을 2017통계청 자료에 의하여 살펴보면

| 식비 | 주거비 | 교통통신비 | 교육비 | 기타 |
|---|---|---|---|---|
| 29.4% | 21.7% | 26.6% | 7.4% | 14.9% |

생계에 필요한 고정비용으로 식비와 주거비와 교통통신비의 지출이 대부분을 차지하고 있으며 최저생계비는 실질소득이 0%이라고 합니다.
따라서 최저생계비의 수입이라면 저축을 할 수 없는 것입니다.
고정수입이 없다면 가족이 먹고 사는데 지장이 생기기 마련이며 자녀를 교육시키기 어렵습니다.
가정을 유지하기 위하여서는 적정 생계비의 수입을 보장하기 위한 직업이 필수적인 이유이며 직업이 없으면 가정을 유지하기 어렵습니다.

**직업적 능력은 적성과 능력의 기세로 판단합니다.**
적성과 능력의 기세가 맑다면 운세의 등급이 높은 것으로 고소득의 직업을 수행할 수 있으나 기세가 탁하다면 운세의 등급의 낮아지므로 저소득의 직업을 수행할 수밖에 없는 것입니다.

사주팔자의 기세가 좋아 운세의 등급이 높다고 하여도 대운에서 성장운세가 되어야 성장하고 발전할 수 있는 것이며 고소득의 직업을 수행할 수 있는 것입니다. 대운에서 기세의 흐름을 방해한다면 하락운세로 돌변하며 직업을 잃거나 경제적 어려움을 당할 수도 있는 것입니다.

사주팔자의 기세가 태과불급으로 불균형되어 있어도 대운에서 기세의 균형을 맞추어주거나 흐름을 원활하게 하여준다면 성장운세로 변화할 수 있으며 성장운세는 높은 등급의 운세를 만들어주므로 고소득의 직업을 수행할 수 있습니다.

**배우자의 사주팔자에서 직업의 가능성을 보아야 하는 것입니다.**
직업의 가능성은 사주팔자에서 오행의 흐름이 좋아야 하며 기세의 강약이 균형되고 대운에서 도와주는가를 살펴보아야 합니다.
기세가 강하다면 대운으로 흐르는 기세의 흐름이 원활하여 하며
기세가 약하다면 대운에서 기세를 도와 경쟁력을 만들어주고 재물과 명예를 취할 수 있는 여건을 만들어 주어야 합니다.

가능성이 있는 사주팔자가 가정을 유지할 수 있는 능력이 있다고 합니다. 지금 아무리 재물이 많다고 하여도 가능성이 없다면 재물을 유지할 수 있는 능력이 없으므로 결국 가정을 유지하기 어려운 것입니다.

◆ **가능성이 있는 사주팔자의 조건**
1. 오행의 흐름이 좋아야 합니다.
2. 기세의 균형이 이루어져야 합니다.
3. 대운에서 도와주어야 합니다.

| 시 | 일 | 월 | 년 | 구분 |
|---|---|---|---|---|
| 戊 | 甲 | 丙 | 戊 | 천간 |
| 辰 | 子 | 辰 | 戌 | 지지 |
| 戊申 | 己酉 | 庚戌 | 辛亥 | 壬子 | 癸丑 | 甲寅 | 乙卯 | 대운 |

辰월생의 木월령이 火土의 기세로 흐르고 있으므로 사주팔자의 흐름은 좋지만 대운에서 동북방으로 역행하므로 흐름이 끊기며 정체됩니다. 대운에서 도와주지 않기 때문입니다.

| 시 | 일 | 월 | 년 | 구분 |
|---|---|---|---|---|
| 乙 | 壬 | 己 | 癸 | 천간 |
| 巳 | 申 | 未 | 丑 | 지지 |
| 丁卯 | 丙寅 | 乙丑 | 甲子 | 癸亥 | 壬戌 | 辛酉 | 庚申 | 대운 |

未월생의 火土월령이 金水로 흐르고자 하며 기세의 균형을 이루고 있습니다. 대운에서 서북방으로 순행하며 흐름을 유도하므로 흐름이 순조롭다고 합니다. 그러나 甲子대운 이후로는 흐름이 끊기며 정체되는 현상이 발생합니다.

| 시 | 일 | 월 | 년 | 구분 |
|---|---|---|---|---|
| 癸 | 戊 | 戊 | 己 | 천간 |
| 亥 | 寅 | 辰 | 酉 | 지지 |
| 丙子 | 乙亥 | 甲戌 | 癸酉 | 壬申 | 辛未 | 庚午 | 己巳 | 대운 |

辰월생의 木월령이 미약하고 土의 기세가 강하게 나타나므로 기세의 균형이 이루어지지 않고 있으며 대운에서 흐름도 원활하지 않습니다.
남방운에 흐름이 미약하지만 서방운에는 흐름이 다소 원활하여지며 노력한 만큼 결실을 얻을 수 있는 여건이 마련됩니다.

## (5) 배우자의 집안

**집안이란 배우자의 부모와 형제자매 그리고 생활수준을 말합니다.**

**로미오와 줄리엣은 집안이 다르다는 이유로 비극이 됩니다.**
종교가 다르다는 이유로 사랑하는 남녀가 결혼을 하지 못하거나 학력이나 생활수준이 다르다는 이유로 파혼이 되는 경우는 우리 주위에서 얼마든지 찾아볼 수 있습니다.

**사람은 끼리끼리의 삶을 좋아합니다.**
같은 종교의 집안을 선호하고 비슷한 수준의 학력과 생활수준을 선호합니다.
그러나 사랑하는 남녀는 이러한 것들을 초월하므로 문제가 되지 않습니다. 다만, 부모의 눈에 비치는 비교라는 덫에 걸리어 헤어짐을 강요당하는 것입니다.

**사주팔자에서 종교를 구분하지는 않습니다.**
기독교의 사주팔자가 다르고 불교의 사주팔자가 다르지 않습니다.
종교는 개인의 사주팔자와는 무관하며 개인의 자유의지입니다.
그러나 종교로 인하여 가족의 화합이 깨진다면 역시 고려해보아야 할 것입니다.
개인의 종교관을 바꾸기는 어렵기 때문입니다.

진정으로 상대를 사랑한다면 상대 집안의 종교를 인정하고 따르는 것이 도리입니다. 나의 집안의 종교만을 고집한다면 사랑의 의미는 퇴색하여지고 결국 종교적 갈등으로 인하여 가정 파탄의 원인이 됩니다.

**생활수준의 격차가 벌어질수록 상대를 이해하기 어렵습니다.**
신데렐라가 왕비가 된다는 이야기는 동화책에 나오는 이야기입니다. 실제 재벌가의 자손과 결혼을 하며 신데렐라가 된 사람들이 있습니다. 그러나 그들은 재벌가에 적응을 하지 못하고 결국 이혼을 하고 혼자서 쓸쓸히 살아가는 경우가 발생하고 있습니다.

# 05 건강운세

재물과 명예가 아무리 많다고 하여도 건강을 잃으면 소용이 없습니다.

## 1 건강을 지키는 분수

건강하다는 것은 몸과 마음이 병들지 않았다는 것입니다. 건강하여야 삶의 질이 좋아집니다. 건강하지 않다면 직업을 유지하기 어려우므로 경제적으로 어려워지고 가정을 유지하기 어려우므로 가족 모두를 어려움 속으로 이끄는 원인이 되는 것입니다.

재물을 벌기 위하여 열심히 일한 사람이 있습니다. 자신에게 있는 모든 능력을 동원하여 재물을 쌓게 됩니다. 그는 재물을 어느 정도 모았으니 집을 짓고 편안하게 살고 싶어 합니다. 집이 거의 완성되어갈 무렵 그는 갑자기 쓰러지며 저 세상으로 가버립니다.

이러한 경우는 우리 주위에서 얼마든지 보는 사실입니다. 주위 사람들은 안타까워 하면서 평생 돈 모으느라고 안 먹고 안 입고 그렇게 고생하면서도 나중에 집짓고 편안하게 살겠다고 하더니 집이 완성되기도 전에 살지도 못하고 가버렸다고 합니다.

자신의 적성과 능력을 초과하여 재물과 명예를 추구하면 건강에 이상이 생기는 것입니다. 사주팔자에 주어진 적성과 능력의 기세를 판단하고 자신의 분수를 알아야 건강하게 살 수 있는 것입니다.

분수分數란 자신의 능력에 알맞은 한도라고 합니다. 능력도 안 되는데 무리하게 재물이나 명예를 취하려고 한다면 자신의 생명을 내 놓아야 하는 것입니다.
음식도 자신의 분수에 알맞게 먹어야 건강한 것입니다. 좋은 음식이라고 하여 과식하였다가는 배탈이 날 것이며 기름진 음식만 먹다가는 비만증이나 당뇨병으로 인하여 죽음을 앞당길 수 있는 것입니다.

## ❷ 기세의 태과불급에 의한 질병발생 원인

**오행이 조화로우면 일생에 질병이 없다 - 적천수**

**오행의 기세가 조화로워야 건강하다고 합니다.**
기세의 태과불급은 기세의 불균형을 가져오고 기세의 불균형은 심신의 건강을 해치는 주요 요인이 됩니다.
동의수세보원에서 이제마는 사람이 타고난 성품과 감정을 잘 조절하여 어느 한쪽에 치우치지 않고 조화를 이룬다면 병이 없을 뿐만 아니라 장수하고 복을 받으며 부귀하고 명예가 빛난다고 하였습니다.

사주팔자에서 오행의 기세가 균형 잡히고 조화가 된다면 건강하다고 합니다. 그러나 오행의 기세가 태과불급으로 치우쳐 있다면 성격이 괴팍하게 될 뿐만 아니라 건강하지 못하고 질병으로 시달리게 됩니다.

**분수에 알맞은 삶은 만족과 성취감으로 건강하게 됩니다.**
하고자 하는 일이 잘되어 매사에 만족한 삶을 산다면 수명이 길어진다고 합니다. 항상 불만을 가지고 있다면 화병이 날 것이고 화병으로 인하여 여러 가지 질병이 발생되며 고생하는 것입니다.

사주팔자의 오행의 기세가 어그러지면 만족한 삶을 살기 어렵습니다, 그러므로 항상 힘들어하며 욕망을 채우기 위하여 자신의 분수에 맞지도 않은 일을 하거나 무리한 욕심으로 인하여 몸과 마음이 망가지는 것입니다.

월령의 기세가 부족하여 적성을 발휘하기 어렵다면 사주팔자에서 가장 강한 기세를 가진 오행의 기세에 의지하여야 하는데 그마저 어그러져 있다면 기세가 조화롭지 못하여 분수에 알맞은 삶을 살기 어렵습니다. 그러므로 욕구를 채우기 위하여 무리한 수를 두게 되고 결국 질병으로 어려워하는 것입니다.

## 3 사상의 태과불급으로 발생하는 질병

| 사상 | 태양인 | 소양인 | 태음인 | 소음인 |
|---|---|---|---|---|
| 체 | 폐대간소 | 비대신소 | 간대폐소 | 신대비소 |
| 용 | 木기 태과<br>金기 불급 | 火土기 태과<br>水기 불급 | 金기 태과<br>木기 불급 | 水기 태과<br>火土기 불급 |
| 질병신호 | 소변불통 | 변비 | 땀이 안남 | 설사 |
| 대표 질병 | 하체무력 | 발열 염증 | 피부질환 | 소화불량 |

이제마가 창안한 사상체질은 사상의 태과불급에 의한 체질을 분류한 것으로 질병을 치료하는 기준으로 삼고 있습니다.

태양인의 체질은 폐가 크고 간이 작은 것이 특징인데 이는 木기가 태과하고 金기가 불급하여서 생기는 현상으로 질병이 발생하는 것이라고 합니다. 주로 발생하는 질병은 소변이 잘 안 나오거나 하체가 무기력해진다고 합니다.

소양인의 체질은 비장이 크고 신장이 작은 것이 특징인데 이는 火土기가 태과하고 水기가 불급하여서 생기는 현상으로 질병이 발생하는 것이라고 합니다. 주로 발생하는 질병은 변비이며 열로 인하여 생기는 염증이 주증상이라고 합니다.

태음인의 체질은 간이 크고 폐가 작은 것이 특징인데 이는 金기가 태과하고 木기가 불급하여서 생기는 현상으로 질병이 발생하는 것이라고 합니다. 주로 발생하는 질병은 땀이 잘 안 나는 것이며 피부질환이 주증상이라고 합니다.

소음인의 체질은 신장이 크고 비장이 작은 것이 특징인데 이는 火土기가 불급하고 水기가 태과하여서 생기는 현상으로 주로 발생하는 질병은 변비이며 열로 인하여 생기는 염증이 주증상이라고 합니다.

| 시 | 일 | 월 | 년 | 구분 |
|---|---|---|---|---|
| 壬 | 戊 | 戊 | 庚 | 천간 |
| 戌 | 申 | 寅 | 戌 | 지지 |
| 丙 乙 甲 癸 壬 辛 庚 己 | | | | 대운 |
| 戌 酉 申 未 午 巳 辰 卯 | | | | |

金水의 기세가 태과하고 木의 기세가 불급합니다.
남방火대운에 과도한 열정으로 불급한 木기를 태워 폐기가 상하고
서방金대운에 폐병으로 사망하게 됩니다.

| 시 | 일 | 월 | 년 | 구분 |
|---|---|---|---|---|
| 乙 | 壬 | 辛 | 辛 | 천간 |
| 巳 | 戌 | 丑 | 巳 | 지지 |
| 癸 甲 乙 丙 丁 戊 己 庚 | | | | 대운 |
| 巳 午 未 申 酉 戌 亥 子 | | | | |

金水의 기세가 태과하고 木의 기세가 불급합니다.
서방金대운에 열정을 불태우나 남방火대운에는 견디지 못하고 불급한 木기로 인하여 뇌손상을 가져오게 됩니다.

| 시 | 일 | 월 | 년 | 구분 |
|---|---|---|---|---|
| 壬 | 庚 | 丁 | 庚 | 천간 |
| 午 | 午 | 亥 | 辰 | 지지 |
| 乙 甲 癸 壬 辛 庚 己 戊 | | | | 대운 |
| 未 午 巳 辰 卯 寅 丑 子 | | | | |

水火의 기세가 균형을 이루지만 서로 적지에 앉아 항상 대립관계에 있으므로 긴장을 늦추지 못합니다. 동방木대운에 火기가 발현하지만 金水기도 만만치 않으니 치열한 삶으로 인기를 유지하기 위하여 분수를 초과하고 남방火대운에 결국 폐병으로 사망하게 됩니다.

# 06 성격운세

> 모난 물건은 모난 데가 걸려서 잘 구르지 못한다. 그러나 둥글둥글 하면 잘 구른다. 사람도 그 성격이 모난 데가 있으면 세상이란 운동장을 굴러가는데 힘이 들고 잘 구르지 않는 법이다. - 채근담

성격은 사람이 살아가는 요소로서 매우 중요합니다. 성격으로 인하여 적성과 직업이 달라지고 성격으로 인하여 가정의 행복이 달라지는 것이며 성격으로 인하여 건강이 달라지는 것입니다.

사람들은 저마다 다른 성격을 가지고 있으므로 각자가 살아가는 모습이 다릅니다. 수많은 철학자와 심리학자들은 인간의 성격을 분류하여 그들이 살아가는 형식을 규명하려고 노력하였습니다.

학자들이 심리학에서 성격을 분류하는 방법이 여러 가지가 있듯이 사주명리에서도 성격을 분류하는 것도 여러 가지가 있습니다.
적천수 등의 고전에서도 성격을 분류하느라 고심하였으며 학자마다 음양오행과 천간지지의 특성으로 성격을 분류하여 통변에 활용하고 있으나 성격의 중요성을 나타내지는 못하고 있습니다.

성격은 사람이 살아가는데 매우 중요한 요소로서 적성과 직업 그리고 결혼생활과 건강에 매우 밀접한 상관관계를 갖고 있습니다.
단순히 음양의 관계로서 외향적인 성격과 내향적인 성격의 직업의 적성이 다르고 배우자의 선호도가 다르며 건강의 요소가 다른 것은 이미 수많은 임상을 통하여 밝혀진 것들입니다.

성격을 도외시하고는 그 사람의 운명의 변화를 알 수 없으므로 성격의 운세를 활용하여야 제대로 된 통변을 할 수 있는 것입니다.

# 1 성격의 분류

고대 그리스의 히포크라테스Hippocrates(BC460-377)는 혈액, 흑담즙. 황담즙, 점액의 네 가지 체액으로 분류하기도 하고 로마의 의학자 갈렌Galen(129-200)은 이를 발전시켜 담즙질, 다혈질, 우울질, 점액질 등 네 가지 기질로 분류하였지만 현대의 심리학자들은 대체로 5가지의 기질로 분류하는 편이라고 합니다.

음양오행에 의한 분류로는 조선시대 이제마(1837-1899)는 사상체질을 창안하여 태양 태음 소양 소음의 네 가지 성격으로 분류하였으며 스위스의 정신과 의사인 칼 융Carl Gustav Jung(1875-1961)은 외향과 내향으로 분류하고 사고와 감정 그리고 직관과 감각을 대입하여 8가지 성격유형으로 분류하기도 하였습니다.

◆ 성격의 분류와 오행의 연관성

| 木 | 火 | 金 | 水 |
| --- | --- | --- | --- |
| 담즙질 | 다혈질 | 점액질 | 흑담즙질 |
| 태양 | 소양 | 태음 | 소음 |
| 감정 | 감각 | 사고 | 직관 |

히포크라테스는 인간의 체액으로 성격을 분류하고 있습니다. 황담즙질은 분노를 잘 내고 혈액질은 낙천적이며 점액질은 냉담하고 흑담즙질은 우울한 것이 특징이라고 합니다.
이를 오행에 대입하여보면 황담즙질은 木기, 혈액질은 火기, 점액질은 金기, 흑담즙질은 水기로 대입하여 볼 수 있습니다.

조선시대 이제마 선생(1837-1899)은 동의수세보원(1894)에서 사상을 기반으로 하여 체질마다 다른 성격을 분류하고 있습니다.
태양인과 소양인의 외향적인 성격과 태음인과 소음인의 내향적인 성격을 나타내고 있습니다.

스위스의 정신과의사인 칼 융Carl Gustav Jung(1875-1961)은 사람의 성격을 외향과 내향으로 분류하고 직관과 감각 그리고 사고와 감정으로 분류하였습니다.
외향성의 성격은 양적으로 사교적이며 발랄하고 행동 지향적이며
내향성인 성격은 음적으로 자신을 향한 내면의 의식이 강하고 주관적인 경향으로 사물을 인식하며 감정억제가 심한 편이라고 합니다.

**성격의 운세를 적용함에 있어**
이 책에서는 상기와 같은 성격의 분류 연관성을 종합하여 음양오행으로 분류하고 사주팔자와 대운의 운세에 의하여 변화하는 성격의 양상으로 설명하며 직업과 가정 그리고 건강에 대한 운세의 변화가 만드는 삶의 변화를 통변에 활용하고자 합니다.

사주팔자에는 기본적인 성격이 있으며 이 성격은 사회생활을 하면서 인생의 경험을 통하여 나이를 먹어가며 점차 변화하게 됩니다.
대운은 세월의 변화에 따른 환경의 변화이고 세월의 변화에 의하여 기본적인 성격이 점차 변화하는 것입니다. 또한 성격은 직업과 가정 그리고 건강에 영향을 끼치며 변화시킨다는 것을 전제로 합니다.

사상과 오행이 중화가 되어있다면 어그러지지 않은 것으로 성격이 원만하고 조화가 되었다고 하지만 사상과 오행의 태과불급으로 인하여 발생하는 성격은 어그러지고 난잡하여 괴팍하다고 합니다.

사주의 천간 오행이 서로 생하면서 잘 흐른다면 성격은 원만하다고 하며 천간 오행이 서로 상극하는 관계이라면 투쟁적인 성격으로 항상 긴장감이 흐르는 삶을 산다고 할 수 있습니다.

오행의 기운이 서로 어그러지지 않으면 성품이 중화되고
탁하고 난잡하며 너무 왕하거나 너무 쇠약하면 성품이 괴팍하다.

- 적천수

## 2 사주팔자의 선천적 성격과 대운의 후천적 성격

사람이 태어나서 기본적으로 사주팔자에 가지고 있는 선천적이 성격이 있으며 부모와 형제자매들과 생활하면서 형성하는 후천적인 성격이 있다고 합니다.

◆ 성격의 형성

| 선천적 | 후천적 |
|---|---|
| 타고난 성격 | 생활습관으로 형성 |
| 사주팔자 | 대운 |

선천적인 성격은 태어날 때 가지고 나온 성격이므로 바꾸기 어렵습니다. 사자가 사슴이 되지 못하는 이유와 마찬가지로 급한 성격이 느린 성격으로 바꾸어지기 어려운 것입니다.
그러나 아무리 급한 성격도 세월이 지나면서 점차 누그러지기 마련이므로 세월의 경험으로 스스로 자신의 성격을 깨닫고 스스로 변화하는 것이 순리라고 할 수 있습니다.

후천적인 성격은 생활습관으로 만들어지는 경우가 대부분이므로 대운에 따라 형성된다고 하는 것입니다. 세 살 버릇이 여든까지 간다는 속담은 후천적인 습관으로 만들어진 성격을 말하는 것입니다.
습관은 바꾸려고 노력하면 얼마든지 바꾸어질 수 있는 것입니다. 그러므로 어릴 때 습관이 얼마나 중요한지를 알고 아이의 습관을 바로 잡아준다면 후천적 성격을 좋게 만들 수 있는 것입니다.

후천적인 성격은 습관에 따라 달라지므로 습관이 변할 때마다 성격이 변하기도 합니다. 흔히 어릴 때는 안 그러더니 나이가 들면서 성격이 점점 이상하게 변한다고 합니다. 이는 대운의 환경이 변하면서 습관으로 새롭게 만들어지는 성격이라고 보면 될 것입니다.

## 3 음양과 사상의 성격적인 특징

사주팔자의 음양과 사상의 태과불급은 성격 형성에 직접적으로 작용합니다.

◆ 음양과 사상의 성격 대비

| 외향적 | | 내향적 | |
|---|---|---|---|
| 태양 | 소양 | 태음 | 소음 |
| 결단성 | 민첩성 | 안정성 | 유연성 |

외향적 성격은 양적이므로 태양과 소양으로 구분할 수 있으며 내향적 성격은 음적이므로 태음과 소음으로 구분할 수 있습니다.

외향적인 성격의 특징은 외부세계의 사물에 관심이 많고 가만히 앉아 있지를 못하므로 밖에서 놀기를 좋아하고 내향적인 성격은 내면세계의 사색을 좋아하며 가만히 앉아 있기를 좋아한다는 것입니다.

외향적인 성격이 강하다면 호기심이 많고 끊임없이 새로운 것을 찾아다니므로 일반적으로 역마살이 강하다는 이야기를 많이 듣습니다. 또한 친구를 많이 사귀며 리더십을 발휘하고 시작하는 기운이 매우 빠르며 앞뒤 보지 않고 돌진하는 경우도 있고 때로는 모험심과 승부욕이 강하기도 하지만 사행심에 빠지기 쉬운 성격이기도 합니다.

내향적인 성격이 강하다면 사색하며 혼자 있기를 좋아하고 내면세계에 집착하는 경향이 있으므로 학문이나 종교 또는 철학에 심취하고 도의 세계에 빠지기도 하며 이상적인 세계를 그리기도 합니다. 대체로 승부욕이 없으므로 다른 사람과의 경쟁을 싫어하지만 때로는 혼자서 컴퓨터 게임을 즐기는 중독성 폐인이 되기 쉽습니다.

◆ 태양의 외향적 성격

태양의 외향적 성격은 선악을 구분하고 영웅적이며 남성적인 기질이 있으며 진취성이 있으며 추진력과 과감한 결단성으로 사람들을 이끄는 리더십을 발휘하며 청각이 발달하여 음악을 좋아하는 것이 특징입니다.

태양의 외향적인 성격이 태과하다면 사람들이 자신을 업신여기는 것에 분노하며 공격적이고 폭력적인 행동을 서슴지 않고 자신을 과대평가하면서 행동이 천박하며 더러워지며 방종한 마음을 갖기 쉬우며 주위사람들을 잘못된 방향으로 인도하므로 모두에게 피해를 주기도 합니다.

또한 상대적으로 태음의 내향적 성격이 불급하므로 항상 불안정하고 조바심을 내며 밖에서는 왕성한 활동을 하며 주위사람들에게는 리더로서의 영웅적 자질을 발휘하지만 집안에만 들어오면 불안감으로 인하여 폭력적으로 변하며 식구들을 괴롭히기도 합니다.

◆ 소양의 외향적 성격

소양의 외향적 성격은 세상일에 밝으므로 지혜와 어리석음을 알고 밖에서 승부를 가리고자 하며 예의가 바르고 친절하며 명랑하며 민첩하며 활동적인 것이며 시각이 발달하여 미술이나 영화를 좋아하는 것이 특징입니다.

소양의 외향적 성격이 태과하다면 화려한 모습을 보이기 좋아하므로 과도한 치장으로 낭비가 심하지만 일을 하지 않고 게으르며 자신을 과장하지만 남들이 알아주지 않을 경우에는 자존심이 상하여 눈물을 흘리는 것이 보통입니다.

또한 상대적으로 소음의 내향적 성격이 불급하므로 집안에서는 조울증을 보이며 유연성이 떨어지므로 방안에만 틀어박히든지 TV드라마나 컴퓨터 게임에 몰두하는 등 중독성 성향을 보이기도 합니다.

◆ 태음의 내향적 성격

태음의 내향적 성격은 자신의 영역을 지키고 보호하며 부지런하게 일하며 대체로 보수적이며 냉정하지만 안정적이고 즐거움을 추구하는 성격이며 후각이 발달한 것이 특징입니다.

태음의 내향적인 성격이 태과하다면 불안정하고 냉혹한 면이 나타나고 탐욕스러워지며 쾌락을 즐기며 사치하고 교만하고 나태해지는 특징이 있습니다. 물질에 대한 욕망이 과대하므로 냉혹한 고리대금업자의 모습을 보이기도 합니다.

또한 상대적으로 태양의 외향적인 성격이 불급하면서 부정적인 현상으로 인자한 마음이 없고 절약이 지나쳐 자린고비玼吝考妣의 실천을 강요하며 집안사람들을 고립되게 하고 구두쇠의 모습을 보이기도 합니다.


◆ 소음의 내향적 성격

소음의 내향적 성격은 조직에 헌신하면서 조직이 자신을 보호해주기를 바라고 유연하므로 여성적인 기질이 있으며 대체로 미각이 발달한 것이 특징입니다.

소음의 내향적 성격이 태과하다면 자긍심이 지나치고 소극적인 면이 두드러지고 조직에서 어울리지 못하고 남의 것을 빼앗으려고 하는 질투심으로 스스로 고립된 상황을 만들며 때로는 울분을 삼키며 화병을 자초하기도 하며 모든 것을 남의 탓으로 돌려버리는 나약함도 보이기도 합니다.

또한 상대적으로 소양의 외향적 성격이 불급하면서 부정적인 현상으로 남을 미워하며 화를 잘 내며 편협하고 사사로운 마음으로 안일하게 대처하기도 합니다.

## 4 오행의 성격적인 특징

| 木 | 火 | 土 | 金 | 水 |
|---|---|---|---|---|
| 인仁 | 예禮 | 신信 | 의義 | 지智 |
| 추진 | 화려 | 중용 | 냉정 | 변화 |
| 인자 | 겸손 | 신의 | 의리 | 이해 |
| 분노 | 오만 | 독선 | 독재 | 고집 |
| 비겁 | 비굴 | 의심 | 비열 | 불안 |

◆ 木기의 성격

木기는 인자한 마음씨를 가지고 사랑을 베풀기 좋아하므로 육아시설이나 사회복지시설 등에서 적성을 발휘하며
木기의 특성상 추진력이 매우 강하고 외향적이며 항상 새로운 일에 대한 적극성과 모험심을 보이고 사람들을 앞장서서 이끄는 솔선수범의 장점이 있으므로 계획을 실행하는 부서나 사업을 새로이 발주하는 부서에서 능력을 발휘하기도 합니다.

木의 기세가 태과하다면 추진하고자 하는 의지가 너무 강한 데에 비하여 주위 여건이 미치지 못함에 조급성을 보이며 분노와 적개심을 나타내고 또한 앞뒤 가리지 않고 나아가는 저돌성으로 인하여 주위와 조화가 되지 않고 섣불리 추진함에 따라 중도에 실패하는 일이 다분하므로 주위의 따돌림을 당하거나 주위를 혼란스럽게 하며 전체를 망치는 경향이 있습니다.

木의 기세가 불급하다면 추진력과 집중력이 부족하므로 시작하는데 어려움이 많고 계획성이 부족하여 일을 망치기도 합니다. 또한 대인관계에서 인자한 마음을 나타내기 어려우니 약자의 입장을 살피기보다는 상황을 피하며 비겁하게 애써 외면하기도 합니다.

◆ 火기의 성격

火기는 활달한 성격으로 예의가 바르므로 영업직에서 적성을 발휘하며 火기의 특성상 화려하고 명예욕구가 강하고 감성적이며 겉으로 보이는 것을 중요시 여기므로 정치인이나 연예인 등의 인기직이나 예술 계통에서 능력을 발휘하기도 합니다.

火의 기세가 태과하다면 자신의 모습을 과시하기 위하여 무리한 치장을 하고 속임수를 쓰며 겉과 속이 다른 모습을 보이기도 합니다. 화려한 치장에 대한 과도한 욕구로 인하여 사치로 인한 낭비가 심하고 남에게 자신의 위치를 높이려고 오만한 태도와 언행으로 비난을 받기도 합니다.

火의 기세가 불급하다면 어두움에 대한 불안과 공포심이 있으며 대인관계가 원만하지 못하고 소극적인 성격으로 인하여 비굴해지고 친화력이 떨어진다고 할 수 있습니다.


◆ 土기의 성격

土기는 믿음을 우선으로 하므로 금융기관이나 신용기관 또는 판매관리직에 적합하고 성격이 무던하고 중용을 지키려고 하므로 중개나 협상 등의 업무에서 능력을 발휘하기도 합니다.

土의 기세가 태과하다면 사람들이 자신을 믿어야 한다는 마음으로 독선적이기 쉬우며 주위사람들이 자신을 보호한다는 착각을 가지기도 합니다. 자신이 위주가 되므로 자칫 탐욕스러워지고 나태하여지므로 자신의 할 일을 제대로 하지 못하고 주위에 피해를 입히는 원인이 되기도 합니다.

土의 기세가 불급하다면 믿음이 없으므로 의심하는 마음이 가득하고 남을 믿지 못하며 자신도 남에게 신용이 없어지게 됩니다. 결국 스스로 고립되며 어떠한 것도 수용하지 못하게 됩니다.

◆ 金기의 성격
金기는 의리를 중시하며 냉정한 결단이 필요한 정치, 판사, 의사, 경찰 등의 직업에서 적성을 발휘하기도 하며 기업을 이끌어 나가는 오너로서 리더십을 발휘하고 제조 생산이나 금융 분야에서 능력을 발휘하기도 합니다.

金의 기세가 태과하다면 결단이 지나쳐 냉혹한 면을 보이고 선악을 구분하기 어려우며 자신과 뜻이 맞지 않으면 아무리 친하던 사람일지라도 가차 없이 잘라버리는 독재적인 지도자의 모습이 되기도 합니다.

金의 기세가 불급하다면 결단력이 부족하므로 우유부단하기 쉬우며 분노에 노출되기 쉽고 탐욕스러워지며 무례하고 비열한 행동을 보이기도 합니다.


◆ 水기의 성격
水기는 고요하고 지혜를 좋아하므로 주위를 이해하는 마음으로 원만한 성품을 가지며 학자나 연구원 등에서 적성을 발휘하기도 하고 정신적인 활동으로 종교 예술 또는 자영업이나 유통분야 등에서 능력을 발휘하기도 합니다.

水의 기세가 태과하다면 세상의 모든 지식을 자신이 알고 있는 듯한 착각에 빠지고 고집스러워지며 남들이 어리석다고 생각하게 됩니다.
자신의 지식에 동조하지 않는 무리들을 무시하거나 난폭한 행동을 보이며 공격하기도 합니다. 또한 정신세계에 깊이 빠지며 현실을 인식하지 못하고 이상세계에서 환상적인 몽환으로 빠져들기도 합니다.

水의 기세가 불급하다면 불안과 공포를 지니며 사람들과 어울리지 못하고 나약한 마음을 갖게 됩니다. 또한 유연함이 부족하므로 한 곳에 고립되며 마음의 여유가 없고 두려워하게 됩니다.

## 5 오행의 심리

| 木 | 火 | 土 | 金 | 水 |
|---|---|---|---|---|
| 인仁 | 예禮 | 신信 | 의義 | 지智 |
| 추진 | 화려 | 중용 | 냉정 | 변화 |
| 인자 | 겸손 | 신의 | 의리 | 이해 |
| 분노 | 오만 | 독선 | 독재 | 고집 |
| 비겁 | 비굴 | 의심 | 비열 | 불안 |

**오행의 기본적인 심리**

木은 감정의 심리를 가지며 인간적인 측은지심을 기본으로 합니다.
火는 감각의 심리를 가지며 현실적인 사양지심을 기본으로 합니다.
土는 총괄의 심리를 가지며 중개적인 신뢰지심을 기본으로 합니다.
金은 사고의 심리를 가지며 논리적인 수오지심을 기본으로 합니다.
水는 직관의 심리를 가지며 이상적인 시비지심을 기본으로 합니다.

**건전한 오행의 심리는 양방향의 중앙에 있게 됩니다.**

| 木 - 金 | 水 - 火 | 土 |
|---|---|---|

**木과 金의 기세의 태과불급에 의한 심리**

木의 기세가 강하고 金의 기세도 강하다면 인간적인 감정과 정의로운 사고를 동시에 가지므로 사람들을 위하면서도 당근과 채찍을 동시에 구사하며 잘잘못을 따져가며 돌보는 마음이 지극하다고 할 것입니다.

木의 기세가 태과한데 金의 기세가 불급하다면 돌보는 마음은 지극한데 정의와 불의를 구분하지 못하므로 착한 사람으로만 남게 되며 남들에게 이용당하는 경우가 많게 됩니다.

木의 기세가 불급하고 金의 기세가 태과하다면 돌보는 마음이 없이 잘잘못만 따지며 정의만 내세우니 자칫 반감을 사기 쉬우며 냉정하고 냉혹한 사람이 되기 쉽습니다.

## 水와 火의 태과불급에 의한 심리

水의 기세가 태과하고 火의 기세도 불급하다면 직관적이며 감각적인 면을 동시에 가지고 있으므로 현실적이면서도 이상적이며 예의바르고 지혜로운 사람이라고 합니다.

水의 기세가 태과한데 火의 기세가 불급하다면 직관적인 면이 강하고 감각적인 면이 약하므로 현실세계보다는 이상세계를 추구하는 경향이 많고 지혜는 있으되 무례한 사람이 되기 쉽습니다.

水의 기세가 불급하고 火의 기세가 태과하다면 감각적인 면이 강하므로 현실적이며 예의바르지만 지혜가 없으므로 어리석은 사람이 되기 쉬운 것입니다.

## 土의 태과불급에 의한 심리

土의 기세가 태과하다면 신의가 있지만 너무 강하다면 모든 것을 자신을 위주로 생각하려 하므로 이기적이 되기도 하며 土의 기세가 불급하다면 신의가 없다고 합니다.

| 시 | 일 | 월 | 년 | 구분 |
|---|---|---|---|---|
| 丁 | 己 | 丙 | 甲 | 천간 |
| 卯 | 未 | 寅 | 午 | 지지 |
| 甲 癸 | 壬 辛 | 庚 己 | 戊 丁 | 대운 |
| 戌 酉 | 申 未 | 午 巳 | 辰 卯 | |

木의 기세는 강한데 金의 기세가 없습니다. 그러므로 木의 측은지심으로 사람들을 보살피고자 하는 마음이 있지만 金의 수오지심이 없으므로 남의 잘잘못을 따지지 못하고 그냥 지나치게 됩니다.

庚午대운에 金기가 들어오지만 지장간에도 없으므로 생각은 있어도 실행력이 없습니다.

## 6 천간과 지장간의 심리

| 투출된 천간 | 투출되지 않은 천간 | 지장간 |
|---|---|---|
| 의식 | | 무의식 |
| 현실 | 이상, 상상, 꿈 | 잠재적인 능력 |

칼 융은 사람의 정신에는 의식과 무의식의 영역이 있다고 합니다.
의식은 현실세계를 인식하는 것이며 무의식은 내가 의식하지 못하는 것으로 의식은 자각하는 것이며 무의식은 자각하지 못합니다.
의식을 수면위에 드러난 빙산으로 표현한다면
무의식은 수면 아래에 잠겨있는 잠재의식으로 표현하기도 합니다.

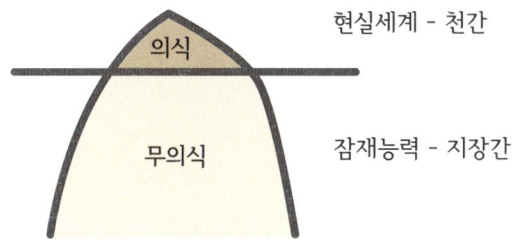

우리가 깨어 있을 때는 사물을 자각하고 생각을 할 수 있으므로 의식적이라고 합니다. 그러나 우리가 잠을 잘 때는 자각할 수 없고 생각할 수 없으므로 무의식적이라고 합니다.
무의식은 꿈의 세계와도 같습니다. 우리가 자각하지 못하는 세계이므로 이상세계라고도 하며 우리가 알지 못하는 선천의 능력이 숨겨져 있는 곳으로 잠재적인 능력이라고도 합니다.

무의식은 때로 의식으로 올라오며 잠재적인 능력을 발휘하기도 합니다. 자신도 모르게 무엇인가 하고 싶거나 자신도 모르는 능력을 발휘할 때는 잠재능력이 올라온 것이라고 보면 될 것입니다.

**천간은 의식이고 지장간은 무의식입니다.**

천간은 의식이고 지지는 무의식인 지장간을 담은 그릇입니다.
지장간은 무의식으로서 잠재의식이라고도 합니다.
빙산으로 비유한다면 수면위에 떠있는 것은 드러나 있으므로 현실세계에 비유하여 의식이라고 하며
무의식은 수면 아래에 있는 것으로 드러나지 않은 잠재의식이라고 합니다.

천간은 드러난 것이므로 의식이라고 하며 현실세계라고 합니다.
의식은 무의식이 드러난 것이므로 지장간에 있는 것이 수면위로 떠오른 천간이라고 보면 될 것입니다.
즉, 지장간에 있는 것이 투출한 것이 천간이며 천간이 지장간에 통근하고 있다면 무의식과 연결되어 있는 것입니다.

천간이 지장간에서 투출하면 무의식의 잠재능력이 드러난 것이므로 현실적으로 실현되고 있는 것입니다.
그러므로 무의식에서 잠자고 있는 지장간은 현실적이 아니므로 이상적이며 실현하지 않은 잠재력이라고 보면 될 것입니다.

지장간에서 투출된 천간은 잠재의식이 나온 것이므로 의식이라고 하며 천간이 지지에 통근하지 못한다면 공중에 떠있는 것이 되므로 이상理想 또는 상상이나 꿈이라고 합니다.
다만 운에서 지지에 지장간을 가지고 온다면 투출된 것과 같아서 의식적이 되므로 실현가능성이 있습니다.

천간에 투출되지 못하고 있는 지장간은 잠재의식으로 잠재력이 됩니다. 운에서 천간으로 온다면 잠재의식이 의식적으로 나오는 것이므로 실현가능성이 있습니다.
운에서조차 천간으로 오지 않는다면 지장간은 잠재능력으로 수면 아래에 가라앉아서 운에서 끄집어 내주기만을 기다릴 뿐입니다.

### 7 합극의 심리

| 합 | 극 |
|---|---|
| 협조성 | 경쟁성 |
| 합생의 흐름 | 상극의 대립 |

합생이란 기가 서로 협동하며 원활하게 흐르는 것입니다.
사주팔자에서 월령의 기가 왕성하고 흐름이 원활하여야 만사가 형통하다고 합니다. 적천수 원류편에서는 근원이 왕성하고 기의 흐름이 원활하여 기가 맺히는 곳이 혈穴이라고 합니다. 풍수이론에 비유하였지만 사주팔자에서 왕성한 기의 흐름이 원활하게 흘러야 육신의 명당자리가 빛이 나고 부귀를 가져온다고 하는 것입니다.

육신의 명당자리는 재관의 육신에만 국한된 것이 아닙니다.
비겁이 명당자리라면 재관을 취할 수 있는 기세가 맑아지는 것이며 식상이 명당자리라면 재관을 취할 수 있는 기세가 맑아지는 것이며 인성이 명당자리라면 재관을 취할 수 있는 기세가 맑아지는 것이며 재관이 명당자리라면 재관 자체가 맑아지니 부귀는 당연하다고 할 것입니다.

합생의 흐름은 전문가와 직장인에게 알맞은 사주의 형태입니다.
직장인의 조직은 시계의 톱니바퀴처럼 각자 자신의 역할에 충실하여야 원활하게 돌아갈 수 있으며
전문가는 주위와 화합하여야 자신의 능력을 발휘할 수 있습니다. 독불장군은 주위 사람들과 화합하기 어려우므로 성공하기 어렵습니다.
또한 상대보다 잘해야 한다는 경쟁의식은 개인의 성장을 위하여서는 필요하겠지만 조직의 입장에서는 서로 협력하는 것이 이상적이라고 할 수 있습니다.
그러므로 처음에는 경쟁의식으로 출발을 하여도 화합하며 합생하는 것이 유리한 것입니다.

**상극의 대립이란 강한 세력끼리 경쟁하며 대립하는 것입니다.**
木金이나 水火의 기세가 비슷하다면 서로 경쟁하며 대립하게 됩니다. 기세가 비슷하면 상대에게 패하지 않으려고 서로의 실력을 키우므로 발전하게 됩니다.
마치 구소련과 서방세계의 세력 경쟁으로 인하여 경제가 발전하였듯이 강한 세력끼리의 경쟁은 발전을 유도하게 되는 것입니다.

태권도나 레슬링 같은 경기에서는 비슷한 체급과 실력을 가진 선수들끼리 시합을 하게 됩니다. 그래야 실력을 제대로 발휘할 수 있으며 경기가 흥미진진하게 되는 것입니다.
한쪽의 실력이 월등히 강하다면 시합 자체가 어렵습니다. 일방적인 승리로 끝나기 마련이니 시합이라고 할 수 없습니다.

대립하는 오행이나 육신의 기세가 서로 비슷하여야 경쟁이 이루어지고 싸울 맛이 나는 것입니다. 상대를 이기기 위하여서는 자신의 실력을 기르고 유지하여야 합니다. 그러므로 실력이 비슷한 상대끼리의 경쟁은 오히려 발전을 가져온다고 하는 것입니다.

상극의 흐름은 경쟁을 하여야하는 사업가에게 유리합니다.
상대와의 경쟁에서 이겨야 살아남을 수 있습니다. 경쟁을 하는 모든 직종에 필요한 사주구조라고 할 수 있습니다. 특히 운동선수나 영업직의 경우에는 필수적이며 상대를 이겨야 하는 정치가나 승진을 목표로 하는 직장인에게도 마찬가지라고 보면 될 것입니다.

선거에서 승리하여야 하는 정치가는 모든 세력을 자신에게 끌어들여야 지지를 받을 수 있습니다. 상대의 세력보다 약하다면 대중의 지지를 이끌어내야 합니다. 이때에는 합생의 작용이 큰 힘을 발휘합니다.
운에서 합생을 도와준다면 기세가 강하여지면서 승리할 수 있는 것입니다. 그러므로 합생과 상극의 개념이 모두 작용한다고 할 수 있습니다. 이는 기업가에게도 마찬가지입니다.

**참고Tip**

### 가. 칼 융의 성격심리유형론

칼 구스타프 융(Carl Gustav Jung 1875-1961)은 인간의 성격심리는 의식과 무의식으로 나누고 외향성과 내향성의 태도가 있다고 합니다.

무의식은 인간의 DNA에 저장된 정보이고 선천적이라고 한다면 의식은 인간이 태어나면서부터 지각에 의하여 무의식이 드러난 것이고 후천적으로 개발되는 것이라고 합니다.

의식과 무의식은 보상적인 작용으로 심리적인 균형을 이루기도 하는데 의식이 외향성의 태도를 나타내면 무의식은 내향적인 태도를 보이고 반대로 의식이 내향성의 태도를 보이면 무의식은 외향적인 태도를 보인다고 합니다. 즉, 밖에서 활발한 활동을 하던 사람이 집안에서는 조용하게 지내는 것은 외향성에 대한 내향성의 보상심리가 작용한다고 보는 것입니다.

외향성과 내향성의 태도유형은 판단이나 평가를 내릴 때 외부의 객관적 정보를 중시하는가 아니면 내부의 주관적 정보에 의하는가에 달려있다고 합니다.

외향성은 자신의 주관적인 판단보다는 외부세계에 순응하며 동화되는 경향이 있습니다. 상대를 비판적으로 바라보기 보다는 상대의 여건을 고려하여 수용하는 편이므로 대인관계가 원활하며 행동지향적이고 솔직하고 대화를 즐기는 편이라고 합니다.

내향성은 자신의 주관적인 판단으로 내면세계에 집중하는 경향이 있다고 합니다. 그러므로 외부세계도 주관적으로 바라보며 융통성이 적고 대인관계에 어려움을 느끼며 수동적이고 자신에게 관심이 더 많으며 혼자서 생각에 잠기는 것을 즐긴다고 합니다. 융은 의식의 외향적과 내향적 태도에 사고, 직관, 감각, 감정의 4가지 특성을 결합하여 8가지의 성격유형을 만들어 냅니다.

사고형은 논리적이며 객관적인 기준을 바탕으로 정보를 비교분석하고 옳고 그름에 대한 명확한 판단을 하므로 차갑고 냉정하다고 합니다. 외향적 사고형은 자연현상에 대한 관심이 많으므로 탐구하는 정신이 강하며 내향적 사고형은 내면의 생각에 몰입하는 유형입니다.

감정형은 원리원칙보다는 친화적이며 조화로운 인간관계를 중시한다고 합니다. 외향적 감정형은 기분파이므로 변덕이 심한 편이라고 합니다.
내향적 감정형은 감정을 나타내지 않으며 얼굴에 표정이 없는 것이 특징이라고 합니다.

감각형은 자기가 직접 경험한 것을 중시하므로 현실적이며 관찰능력이 뛰어나고 구체적이라고 합니다. 외향적 감각형은 현실을 비판없이 그대로 받아들이므로 중독 성향이 많으며 내향적 감각형은 외부세계에 대한 관심이 없고 자신의 내면만이 현실이라고 믿는 편이고 자신을 표현하기를 어려워하며 타인에게는 무의미한 경우가 많다고 합니다.

직관형은 육감으로써 영감에 의하여 구체적인 사실보다는 이면의 관계에 의한 비전과 새로운 미래의 가능성을 추구한다고 합니다. 외향적 직관형은 외부세계에서 항상 신기하고 새로운 것을 추구하지만 쉽게 싫증을 느끼므로 경솔하고 불안정하다고 하며 내향적 직관형은 내부세계에서 새로운 것을 만들어내며 심취하는 경향이 있어 예술가에게 많은 유형이라고 합니다.

◆ 음양과 사상의 성격유형 대입

| 음간 | 양간 | 水 | 火 | 木 | 金 |
|---|---|---|---|---|---|
| 내향성 | 외향성 | 직관 | 감각 | 감정 | 사고 |

## 나. 맹자의 사단론

맹자(BC372 ~ 289)중국 추나라 사람으로 인간은 본래 선하다는 성선설을 주장하며 인간은 사단四端의 성품을 타고 났다고 합니다.

사단은 인간의 본성에서 나오는 네 가지 마음씨이며 맹자의 인성론으로 사단四端을 기본 바탕으로 합니다.
조선시대 이제마 선생은 동의수세보원을 지으며 맹자의 사단론을 기초로 하여 사상의 성품을 논하기도 하였습니다.

◆ 사상과 사단

| 사상 | 木 | 火 | 金 | 水 |
|---|---|---|---|---|
| 사단 | 측은지심 | 사양지심 | 수오지심 | 시비지심 |
| 사덕 | 인 | 예 | 의 | 지 |

인仁의 근본은 측은지심惻隱之心으로 남을 불쌍하게 여기며 돌보는 마음이며
의義의 근본은 수오지심羞惡之心으로 자신의 잘못을 부끄러워하고 다른 사람의 잘못을 미워하는 마음이며
예禮의 근본은 사양지심辭讓之心으로 겸손한 자세로 양보하는 마음이며
지智의 근본은 시비지심是非之心은 옳고 그름을 지혜로써 가리는 마음입니다.

사단 사덕을 사상에 대입하면 인의 측은지심은 木이고 예의 사양지심은 火이며 의의 수오지심은 金이고 지의 시비지심은 水입니다.

사단은 사상을 바탕으로 하였으므로 土가 빠져있으나 오행으로 재편성하여 土의 덕을 신信으로 하여 추가하기도 합니다. 土는 인의예지를 모두 통괄하며 중개하고 조절하는 작용을 하는데 信의 믿는 마음이 없다면 조절하지 못하기 때문입니다.

◆ 운세 활용 시기

| 소년기 | 청년기 | 장년기 | 노년기 |
|--------|--------|--------|--------|
| 학업운세 | 직업운세, 결혼운세 | | 건강운세 |

삶의 시기마다 운세의 활용이 달라집니다.
소년기에는 성격을 형성하고 적성과 진로를 계발하며 성장을 하는 시기입니다. 이 시기에는 부모의 영향을 많이 받으며 학생이라는 신분을 가지고 공부를 하므로 학업운세의 기세가 중요한 것입니다.

청년기와 장년기에는 적성에 따른 직업을 선택하고 사회적 성취를 위한 노력을 하는 때입니다. 재물과 명예를 추구하며 자신의 자아실현을 위한 노력을 하며 성공과 실패를 경험하기도 합니다.

◆ 운세 활용 분야

| 적성, 능력 | 재물, 명예 | 배우자 | 정신, 신체 |
|------------|------------|--------|------------|
| 학업운세 | 직업운세 | 결혼운세 | 건강운세 |

학업운세의 기세는 생존능력을 기르는 것입니다.
적성과 능력은 살아가는데 필수적인 것입니다.
적성과 능력은 생존하기 위한 수단이며 능력입니다.
적성과 능력이 삶의 질을 좌우합니다.

◆ 명예추구형의 학업운세

| 비겁 | 식상 | 재성 | 관성 | 인성 |
|------|------|------|------|------|
| 협동·경쟁 | 인기홍보 | 영역확보 | 조직활용 | 지위자격 |

◆ 재물추구형의 학업운세

| 비겁 | 식상 | 재성 | 관성 | 인성 |
|---|---|---|---|---|
| 협동·경쟁 | 재조생산 | 재물관리 | 재물보호 | 재물권리 |

◆ 격용신의 학업운세

| 격용신 | 식상격 | 재격 | 관살격 | 인수격 | 록겁격 |
|---|---|---|---|---|---|
| 적성 | 인기형 | 재물형 | 조직형 | 자격형 | 독립형 |

**식상격은 생산과 인기를 발산하는 재능이 있습니다.**
정치가, 연예인, 초중고교사, 방송언론인, 작가, 농수산물생산자, 공장제품생산자, 홍보담당자

**재격은 재물을 소유하거나 관리하는 재능이 있습니다.**
기업가, 회계사, 세무사, 국가재정직 기업회계직, 증권거래사, 재정설계사 유통관리사, 물품관리인, 인력공급사

**관살격은 조직을 관리하고 경영하는 재능이 있습니다.**
국가공무원, 회사원, 조합원, 노조원, 협회원, 판검사, 경찰관, 군인, 교도관, 사회복지사, 국회의원, 정당인, 외교관, 공보관

**인수격은 자격형으로 자신의 재능을 인정받는 것입니다.**
변호사, 법무사, 법리사, 의사, 물리치료사, 공인중개사, 설계사, 대학교수, 전문기술사 종교인, 수행자

**록겁격은 독자적이고 자주적인 재능이 있습니다.**
대표이사, 자영업자, 운동선수, 육체노동자

◆ 적성의 성향

| 리더형 | 참모형 | 전문가형 | 봉사형 |
|--------|--------|----------|--------|
| 명예, 재물 | 명예 | 재물, 명예 | 명예 |

리더형은 지도자나 사업가에게 많은 유형으로 명예 또는 재물을 추구하는 경향이 있습니다.
참모형은 공무원이나 직장인 또는 정치가에게 많은 유형으로 명예를 추구하는 경향이 있습니다.
전문가형은 학자나 예술가 그리고 자영업자에게 많은 유형으로 재물 또는 명예를 추구하는 경향이 있습니다.
봉사형은 사회복지시설 및 종교시설 또는 인권단체에 많은 유형으로 명예를 추구하는 경향이 있습니다.

◆ 적성과 능력의 계발

**소년기는 적성과 능력을 계발하는 시기입니다.**
적성과 능력은 소년기에 계발하여야 청년기에 꽃을 피울 수 있으며 장년기에 결실을 맺을 수 있는 것입니다. 적성을 제대로 찾지 못하여 꽃을 피우지 못한다면 결실도 맺지 못하는 것입니다.

**직장인의 적성은 취업이 최선입니다.**
국가나 공기업 또는 기업 등에 취업하여 자신의 능력을 펼쳐나가며 명예를 추구하는 것이 직업적 성취감을 높일 수 있는 것입니다.

**사업가의 적성은 경험을 쌓는 것이 최선입니다.**
사업가의 적성이 있다고 하여도 취업을 통하여 경험을 쌓고 자신만의 노하우를 만들어 사업을 하면 성공 확률이 높아지게 됩니다.

**전문가의 적성은 자격증을 확보하는 것입니다.**
전문가는 자신의 학문과 기술을 연마하여 달인의 경지에 도달하여야 인정을 받을 수 있으며 공증된 자격증으로 증명을 하는 것입니다.

◆ 적성과 직업

| 격용신 | 적성 | 직 업 |
|---|---|---|
| 식상격 | 인기형<br>생산형 | 정치가, 연예인, 초중고교사, 방송언론인, 작가<br>농수산물생산자, 공장제품생산자, 홍보담당자 |
| 재격 | 재물형<br>유통형 | 기업가, 회계사, 세무사, 국가재정직 기업회계직, 증권거래사,<br>재정설계사 유통관리사, 물품관리인, 인력공급사 |
| 관살격 | 조직형<br>사법형 | 국가공무원, 회사원, 조합원, 노조원, 협회원<br>판검사, 경찰관, 군인, 교도관, 사회복지사<br>국회의원, 정당인, 외교관, 공보관 |
| 인수격 | 자격형<br>전문형 | 변호사, 법무사, 법리사, 의사, 물리치료사, 공인중개사,<br>설계사, 대학교수, 전문기술사 종교인, 수행자 |
| 록겁격 | 독립형<br>육체형 | 대표이사, 자영업자, 운동선수, 근로노동자 |

◆ 격용신의 적성과 재능

격국의 격용신은 월령의 기이며 하늘이 부여한 재능입니다. 월령의 기는 사주팔자에서 기가 가장 왕성하므로 자신의 재능이 되는 것이고 운세의 등급을 높이면서 진로로서 훌륭한 직업이 되는 것입니다.

**식상격의 생산과 인기를 발산하는 재능**
**재격의 재물을 소유하거나 관리하는 재능**
**관살격의 조직을 관리하고 경영하는 재능**
**인수격의 자격으로 인정받는 재능**
**록겁격의 독자적이고 자주적인 재능**

◆ 가정의 구성원

| 부모의 가정 | 나의 가정 |
|---|---|
| 부모와 형제 | 배우자와 자식 |

부모의 가정 구성원은 부모와 형제이고
나의 가정 구성원은 배우자와 자식입니다.

사주팔자에서 서로가 원하는 배우자 상을 미리 알고 결혼을 한다면 미연에 사고를 방지하며 행복한 결혼생활을 할 수 있으며 자식들의 불행도 방지할 수 있는 것입니다.

◆ 이상적인 배우자의 조건

| 성격 | 직업 | 건강 | 집안 |
|---|---|---|---|

◆ 현대적 의미의 겉궁합과 속궁합

| 겉궁합 | 가정을 유지할 수 있는 능력의 여부 |
|---|---|
| 속궁합 | 자신이 원하는 배우자상의 여부 |

◆ 음양의 기세의 성질

| 양 | 음 |
|---|---|
| 외향적, 활동적, 소비성 | 내향적, 비활동적, 저축성 |

배우자의 성격은 음양의 기세가 조화되어야 좋습니다.
양과 양은 대립하기 쉬우며 음과 음도 대립하기 쉬운 것입니다.
음양의 기세가 만나면 서로 상대적이지만 서로 공존하고 상호 보완할 수 있는 것입니다.

◆ 가능성이 있는 사주팔자의 조건

1. 오행의 흐름이 좋아야 합니다.
2. 기세의 균형이 이루어져야 합니다.
3. 대운에서 도와주어야 합니다.

◆ 사상의 태과불급으로 발생하는 질병

| 사상 | 태양인 | 소양인 | 태음인 | 소음인 |
|---|---|---|---|---|
| 체 | 폐대간소 | 비대신소 | 간대폐소 | 신대비소 |
| 용 | 木기 태과<br>金기 불급 | 火土기 태과<br>水기 불급 | 金기 태과<br>木기 불급 | 水기 태과<br>火土기 불급 |
| 질병신호 | 소변불통 | 변비 | 땀이 안남 | 설사 |
| 대표 질병 | 하체무력 | 발열 염증 | 피부질환 | 소화불량 |

◆ 성격의 형성

| 선천적 | 후천적 |
|---|---|
| 타고난 성격 | 생활습관으로 형성 |
| 사주팔자 | 대운 |

◆ 음양과 사상의 성격 대비

| 외향적 | | 내향적 | |
|---|---|---|---|
| 태양 | 소양 | 태음 | 소음 |
| 결단성 | 민첩성 | 안정성 | 유연성 |

◆ 합극의 심리

| 합 | 극 |
|---|---|
| 협조성 | 경쟁성 |
| 합생의 흐름 | 상극의 대립 |

합생이란 기가 서로 협동하며 원활하게 흐르는 것입니다.
상극의 대립이란 강한 세력끼리 경쟁하며 대립하는 것입니다.

◆ 오행의 심리

| | |
|---|---|
| 木 | 두뇌가 명석하고 진취적이며 과단성이 있으며 자존심이 강하고 영웅심이 강하므로 후퇴할 줄 모르고 독선적입니다. |
| 金 | 지구력과 끈기가 있고 조심성이 많고 보수적이며 게으르고 재물에 대한 욕심과 집착이 많으며 의심이 많습니다. |
| 火土 | 적극적이고 민첩하며 명랑하고 재치가 있으며 다정다감하고 이해타산이 없어 대인관계는 원만하지만 성질이 급하고 경솔하여 실수가 많고 싫증도 잘 느낀다고 합니다. |
| 水 | 유순하고 침착하며 내성적이고 수줍음이 많고 소극적이지만 세밀하게 계획하며 치밀하지만 소심한 편이라 쉽게 조바심내고 불안해하며 두려워하는 마음이 큽니다. |

◆ 음양과 사상의 성격유형 대입

| 음간 | 양간 | 水 | 火 | 木 | 金 |
|---|---|---|---|---|---|
| 내향성 | 외향성 | 직관 | 감각 | 감정 | 사고 |

마치며

# 마치며

## 통기通氣

공자는 주역 설괘전 제 6 장에서 산택통기를 이야기 합니다.
산택통기山澤通氣란 산과 못이 서로 통해야 한다는 것입니다.

복희팔괘를 보면 택澤은 천天의 오른쪽에 위치하여 양을 대표하고
산山은 지地의 오른쪽에 위치하여 음을 대표하고 있습니다.
산택통기는 음양이 서로 기를 통한 것으로 정을 통하였다고 합니다.
마치 남녀가 정을 통한 것과 같다고 합니다.

택澤은 아버지 천天의 품에서 벗어나 음을 추구하고
산山은 어머니 지地의 품에서 벗어나 양을 추구하며
서로를 갈망하며 만나므로 통한다고 한 것입니다.

복희 팔괘도

사주팔자의 운세를 집필하며
사주팔자의 기세가 통기하는 감각을 느끼려고 하였습니다.
통기는 음양의 교합으로 조화로운 운세를 만들어 냅니다.
기세의 태과불급이 없는 균형으로 맑은 기세를 만들어냅니다.

어느 날 水기가 가득한 사주팔자를 가진 지인이 물어봅니다.
통기를 어떻게 해야 하나요?

오행은 다섯 가지 기운이 흘러가는 모양새입니다.
행行은 흐른다는 뜻이 있기 때문입니다.
木火土金水의 오행이 흐르는 것입니다.
木은 火로 흐르고
火는 土로 흐르고
土는 金으로 흐르고
金은 水로 흐르고
水는 木으로 흐릅니다.

水기가 가득하다면 어디로 흘러야 통기가 될까요? 물론 木으로 흘러야 합니다.
그러나 木의 기세가 약하다면 水의 기세에 木이 떠내려갑니다.
이것을 수다목부水多木浮라고 합니다.

木의 기세가 강하면 水의 강한 기세가 원활하게 흐를 수 있습니다.
이것을 통기되었다고 합니다.

그러나 木의 기세가 약하여 水의 강한 기세를 받아들이기 어렵다면
통기가 어려우므로 인간의 고유권한인 자유의지를 사용해야 합니다.
자유의지는 인간만이 사용할 수 있는 막강한 고유권한입니다.
신도 인간의 자유의지를 간섭하지 못합니다.

개운이란 자유의지를 사용하여 운세를 바꾸는 것입니다.
水의 기세가 강한데 木의 기세가 약하여 통기가 안 된다면
水의 기세가 정체되어 삶에서 하락운세를 겪기 마련입니다.
하락운세를 겪게 되면 어렵고 힘든 삶을 살게 됩니다.
이럴 때 개운으로 통기를 하여야 하는 것입니다.

**개운은 하락운세가 오기 전에 조치를 하여야 효과가 좋습니다.**
사주팔자를 공부하는 이유는 운세의 변화 시기를 알고
적절히 대처하고자 하는데 있습니다.

성장운세를 미리 알고 성장의 기회를 잡아야 성공할 수 있으며
하락운세를 미리 알고 개운을 실행하여야 안정할 수 있습니다.

성장운세와 하락운세는 사주팔자와 대운에서 만들어집니다.
운세의 기미를 알아야 적절한 대처를 할 수 있는 것입니다.
이것이 사주팔자를 공부해야 하는 이유입니다.

**개운은 인간의 자유의지로 실행하여야 합니다.**
사주팔자에 주어진 운명은
하늘에서 정해준 것이므로 바꾸지는 못합니다.
그러나 성장운세의 기회를 잡아 실행하는 것은 인간의 몫입니다.
하락운세의 기미를 알고 개운을 실행하는 것도 인간의 몫입니다.
이것은 신도 간섭하지 못하는 인간의 고유권한입니다.

자신에게 주어진 자유의지라는 권한을 사용하고자 한다면
사주팔자와 대운이 만들어내는
성장운세와 하락운세의 기미를 알아차리고
세운에 적절히 활용한다면 개운할 수 있는 것입니다.

비법은 별도로 존재하지 않습니다.
운세가 작용하는 기미를 알아차리고
통기하는 개운을 할 수 있다면 비법이라고 할 수 있습니다.
무공사주는 이것을 비법이라고 합니다.

무술년 하반기
무공서원에서